5가지 관행의 실행

The Five Practices in Practice [Elementary]

어떻게 하면 수학적 논의를 잘 할까? 초등학교

Margaret Peg Smith · Victoria Bill · Miriam Gamoran Sherin 지음
방정숙 · 이지영 · 김정원 옮김

KM 경문사

5가지 관행의 실행

어떻게 하면 수학적 논의를 잘 할까? [초등학교]

지은이 Margaret (Peg) Smith · Victoria Bill · Miriam Gamoran Sherin
옮긴이 방정숙 · 이지영 · 김정원
펴낸이 조경희
펴낸곳 경문사
펴낸날 2025년 12월 17일 1판 1쇄
등 록 1979년 11월 9일 제1979-000023호
주 소 04057, 서울특별시 마포구 와우산로 174
전 화 (02)332-2004 팩스 (02)336-5193
이메일 kyungmoon@kyungmoon.com

값 21,000원

ISBN 979-11-6073-795-0

이 책에 대해 동료들은 다음과 같이 말합니다.

"이 책은 매우 실용적인 책으로, '5가지 관행'을 실제로 실행했던 경험에 기반을 두고 있습니다! 이 책은 각 관행이 '무엇(what)'인지에 대해 더 중점을 두어 출판했던 이전 책의 아이디어를 바탕으로, 교사들이 수업 계획을 세울 때 각 관행이 '언제', '왜', 그리고 '어떻게' 중요한지 자세히 살펴봅니다. 각 장에서 저자들이 5가지 관행을 활용하면서 겪은 (교사의) 어려움을 설명할 때 저는 고개를 끄덕이며 동의하게 되었고, 저의 수업 계획과 교수법을 관련지어 성찰하는 기회를 얻을 수 있었습니다."

크리스틴 그레이(Kristin Gray)
초등 교육과정 및 전문 학습 이사
일러스트레이티브 매스매틱스(Illustrative Mathematics)

"이 책은 학생들의 학습을 극대화하는 방향으로 초등학교 수학 수업을 전환하기 위한 강력하고 읽기 쉬운 지침서입니다. 그러나 이 5가지 관행을 실행하려고 할 때 우리 모두가 직면하게 되는 어려움에 대해 명확하고 친숙하게 설명합니다. 또 그러한 어려움에 대해 각 장에서 실용적이고 상세한 지침을 제공합니다. 이러한 장점들은 이 책을 차별화하며, 교사의 전문적인 성장에 매우 큰 도움이 됩니다."

스티브 라인완드(Steve Leinwand)
연구원/사회 변혁의 주도자
미국 연구기관(American Institutes for Research)
워싱턴, DC

"이 책은 5가지 관행을 통해 실행하는 야심찬 교수(ambitious teaching)의 실용적인 지침과 지원, 그리고 실제 비디오로 가득합니다. 만약 교실에서 주도적(empowering)이고 공정한 교실을 구현하기 위한 야심찬 교수를 고민 중인 교사나 리더가 있다면, 이 책이 바로 그를 위한 지침서입니다. 이 책을 읽어보세요. 실행해 보세요. 그리고 여러분의 것으로 만드세요. 수학 교실에서 이 책만큼 전략적으로 사고하고 행동하도록 우리를 독려하는 책은 없습니다."

레비 패트릭(Levi J. Patrick)
교육과정 및 수업 담당 부 전무 이사
오클라호마 주 교육부

"페그 스미스(Peg Smith)가 또 한 번 해냈습니다. 스미스는 메리 케이 스테인(Mary Kay Stein, 2018)과의 이전 작업에 기초하여, 이번에는 공동저자인 미리암 쉐린(Miriam Sherin), 그리고 빅토리아 빌(Victoria Bill)과 함께 학생들이 풍부한 수학적 논의에 참여할 수 있도록 교사들을 지원하는 데 한 걸음 더 나아갔습니다. 이 책은 인쇄물과 비디오에 담긴 예와 통찰력으로 가득 차 있으며 교사들이 '실제로 보고(see it in action)', 이해하고, 어려움에 대해 성찰할 수 있도록 도와주며, 5가지 관행을 자신들의 수업에서 실행할 수 있도록 지원과 지침을 제공합니다. 교사, 교사 리더, 코치, 또는 교사의 수업 관행을 지원하는 사람에게 완벽한 이 책은 말 그대로 이론과 실제(practice)를 연결하고 우리의 궁극적인 목표인 학생의 수학 학습과 주체성(agency)을 향해 나아가기 위한 정직하고 사려 깊은 성찰과 지침을 제공합니다."

신시아 칼라드(Cynthia H. Callard)
교수 겸 전무 이사, 전문성 개발 및 교육 개혁 센터
워너(Warner) 교육 · 인간 발달 대학원
로체스터 대학교, 뉴욕

"모든 초등학교 수학 교사는 이 책에 수록된 관행을 이해하고 교실에서 효과적으로 활용하는 방법을 알아야 합니다. 이러한 관행을 활용하면 초등학생들에게 수학에 대한 이해와 수학에 대한 자신감을 심어줄 수 있을 것입니다!"

로이스 윌리엄스(Lois A. Williams)
겸임교수, 수학교육 컨설턴트, 저자
메리 볼드윈 대학교
스코츠빌, 버지니아 주

"이 책에는 바로 활용할 수 있는, 종합적인 전문성 개발 계획이 들어 있습니다! 이 책은 학생 활동(student work), 교실 비디오, 교사들이 직면한 어려움을 소개하고 있으며, 잠시 멈추고 생각하기 위한 성찰적 기회를 제공하고 있습니다. 이 놀랍고 필수적인 자원을 통해 초등학교 수학 교사들은 **5가지 관행**을 '행하는(doing)' 데 진정으로 참여할 수 있을 것입니다."

프란시스 (스킵) 페넬(Francis (Skip) Fennell)
교육학과 대학원 및 전문 연구 명예교수
초등 수학 전문가 및 교사 리더 프로젝트, 프로젝트 이사
맥다니엘 대학
수학 교사교육자연합회(AMTE), 전직 회장
미국 수학 교사 협의회(NCTM), 전직 회장

"이 책은 『**효과적인 수학적 논의를 위해 교사가 알아야 할 5가지 관행**』을 한 단계 더 발전시켜, 유치원부터 5학년까지의 수학 교실에서 이러한 관행이 적용되는 실제 모습을 독자들이 경험할 수 있게 합니다. 독자들은 5가지 관행에 대한 이해가 깊어지면서 비디오와 학생 활동을 분석하는 데 참여하게 됩니다. 저자들은 특히 교실에서 5가지 관행을 실행할 때 직면할 수 있는 어려움을 극복하기 위한 권장 사항과 구체적인 예를 제공합니다."

캐시 마틴(Cathy Martin)
교육과정 및 수업 담당 전무 이사
덴버 공립학교
덴버, 콜로라도 주

"저자들은 교사들의 어려움을 통찰력 있게 예상하고 교사 학습을 지원하기 위한 창의적인 도구를 설계했습니다. 이 책은 5가지 관행 모두와 관련된 매우 실용적이면서 성찰적인 질문으로 가득 차 있어서 교사들이 스스로 생각할 수 있게 해 줍니다. 그 결과로 만들어진 이 책은, 초등학교 교사들이 스스로의 전문성을 확장시켜 학생들의 수학적 삶을 개선할 수 있도록 돕습니다."

루스 히튼(Ruth M. Heaton)
최고 경영자
교사 개발 그룹
웨스트 린, 오리건 주

"초등학교 수학 교사로서 **5가지 관행**보다 더 의도적이고 목적이 있게 수업하는 데 도움이 된 것은 없습니다. 학생 사고를 발전시키기 위한 지속적인 노력을 설명하기 위해, 유치원부터 5학년까지의 특정한 예를 다루어 우리를 안내해준 저자들의 노고에 정말 감사드립니다. 그 덕분에 저는 분명, 제가 가진 기술(craft)을 향상시킬 수 있었습니다."

그레이엄 플레처(Graham Fletcher)
수학 전문가
애틀랜타, 조지아 주

"일러스트레이티브 매스매틱스(Illustrative Mathematics)에서는 교사 관행을 위한 야심차면서도 달성 가능한 목표를 교육과정에 포함할 수 있는 틀을 찾고 있었습니다. 5가지 관행은 우리의 이러한 요구에 완벽하게 들어맞았습니다. 이는 초임 교사들은 물론 경력이 풍부한 교사 모두 학생들을 사고하게 하고 추론을 공유할 수 있도록 하기 위해 활용할 수 있는, 기억하기 쉽고 학습할 수 있는 원리들로 구성되어 있습니다."

빌 맥컬럼(Bill McCallum)
일러스트레이티브 매스매틱스, 회장
수학과 석좌(Distinguished) 교수
애리조나 대학교

"수학적 담화는 효과적인 수업의 핵심이지만 이를 잘 구현하기는 어렵습니다. 이 책은 담화를 조율하는 5가지 관행(예상하기, 점검하기, 선정하기, 계열짓기, 연결하기)을 초등학교 수준의 교실 관행에 완벽하게 적용하기 위한 단계별 지침을 제공하여, 마침내 이를 구현하였습니다. 저자는 비디오 예시, 과제, 학생 활동을 통해 교사들에게 어린 학생들이 스스로의 전략과 수학적 사고에 중점을 둔 강력한 교실 논의에 참여하도록 유도하는 실용적인 조언을 제공합니다. 이 책은 귀중한 전문 자원입니다."

디앤 후인커(DeAnn Huinker)
수학교육과 교수,
위스콘신-밀워키 대학교
NCTM 이사회 이사
밀워키, 위스콘신 주

"이 책은 수학을 깊이 있고 공정하게, 또는 저자인 스미스, 빌, 그리고 쉐린이 사용한 표현처럼 '야심차게' 가르치기를 원하는 모든 초등학교 교사들에게 꼭 필요한 책입니다. 첫 페이지부터 **5가지 관행을** 풀어보고(unpacking), 그 관행과 관련하여 수업의 잠재적인 어려움을 고려합니다. 그리고 비디오, 교사 반응 및 학생 활동을 활용하여 생산적인 학생 담화를 촉진하는, 또한 도전적이면서 보람 있는 일을 분석함으로써 관행 각각에 대해 깊이 빠져들게 만듭니다. 이 책에서 제안된 내용들을 여러분의 교실에 적용해보고, 그로 인해 모든 학생이 의미 있는 수학적 사고와 추론을 통해 진정으로 빛나는 모습을 지켜보세요."

베스 코벳(Beth Kobett)
부교수
스티븐슨 교육대학교
NCTM 이사회
스티븐슨, 메릴랜드 주

“『**5가지 관행의 실행: 어떻게 하면 수학적 논의를 잘 할까?**』는 야심찬 초등 수학 교수법을 현실로 만드는 데 도움이 되는, 바로 그 도구입니다. 이 책은 교실 예화, 과제, 함께 제공되는 비디오를 통해 원래의 획기적인 연구에 대한 풍부하고 기초적인 시각을 제공합니다. 간단히 말하자면, 모든 수학 교사, 코치 또는 관리자에게 꼭 필요한 것입니다.”

존 산지오바니(John SanGiovanni)
초등 수학 코디네이터
하워드 카운티 공립학교 시스템
하워드카운티, 메릴랜드 주

“저는 오랫동안 『**효과적인 수학적 논의를 위해 교사가 알아야 할 5가지 관행**』의 팬이었습니다! 이번 책은 실용적이면서 교사 친화적이었던 전작의 후속편으로, 저자들은 교육자들에게 교실에서 생산적인 수학 논의를 촉진하는 데 도움이 되는 지침서를 제공합니다. 기존 시리즈에 새로 추가된 이번 책에서 교육자들은 5가지 관행을 구현하기 위한 종합적인 청사진을 접할 수 있습니다. 연구에 근거한 실제적인 제안과 현직 교사들의 피드백을 비롯한 실제 자료들, 수업 장면, 학년별 예시, 교실 관행을 성찰할 수 있는 기회 등, 이러한 자료들은 초등 교육자에게 유용한 도구가 될 것입니다.”

라트렌다 나이텐(Latrenda Knighten)
초등 수학 교육 전문가
배턴루지, 루이지애나 주

5가지 관행의 실행 한눈에 보기

"학생들이 활동을 하고 제가 학생들의 활동을 확인하는 동안, 저는 수학 그리고 학생들을 어떻게 계열 지을지를 생각할 것입니다. 제가 생각해둔 아이디어가 있을 수도 있지만, 기다리면서 학생들이 무엇을 하는지를 봐야 합니다. 저는 오늘의 수학 목표를 이해하는 데 도움이 될 수 있는 무언가를 가지고 있는 학생이 누구인지 알아보려고 노력할 것입니다."

- 앤드류 스트롱, 5학년 교사

● 현직 교사들의 솔직한 인용문은 각 장의 주제를 조명합니다.

잠시 멈추고 생각하기

[그림 3.12]의 간식 봉투 과제를 [그림 3.11]에 제시된 각 표현을 사용하여 어떻게 해결할 수 있을까요?

물리적:

언어적:

시각적:

기호적:

맥락적:

● **잠시 멈추고 생각하기**는 교사들이 자신의 관행에 대해 성찰하고 연결해 보게 합니다.

첫째, 과제에 대한 학생들의 현재 사고에 맞추는 것을 목적으로 한다. Ball, Lubienski & Mewborn(2001)은 "학생의 사고를 파악하고 반응하는 것"(p.451)은 학생이 하고 있는 세부적인 것들에 달려 있다고 강조한다. 반드시 학생들의 아이디어와 학생들이 쓰거나 그린 것에 대해 물어보아야 한다. 학생들의 활동에 대한 구체적인 질문을 하는 것은 학생

수업 적용 팁

주의 깊게 보고 들으세요. 학생들이 하거나 말할 것으로 생각했던 것이 아닌, 실제로 학생들이 하는 행동과 말에 근거하여 계획했던 평가적 질문을 수정하세요.

- **수업 적용 팁**(Teaching Takeaways)은 논의된 전략을 교사들이 바로 실행에 옮길 수 있도록 현장 지원(on-your-feet)을 제공합니다.

가르치는 일을 분석하기 2.1

과제를 시작하기

비디오 클립 2.1

이 활동에서는 타라 타이어스의 1학년 교실 비디오 클립 2.1을 시청할 것이다.

비디오 클립을 시청하면서 다음 질문을 고려해 보시오.

• 교사는 학생들이 타이어스 선생님의 마커 과제를 수행할 준비를 하는 데 도움을 주기 위해 무엇을 했나요?

온라인 자료 비디오는 resources.corwin.com/5practices-elementary에서도 볼 수 있다.

- 비디오 쇼케이스 패널(showcase panels)은 각 주제에 대해 이용 가능한 풍부한 비디오를 제공하고 이와 관련하여 고려해 볼 질문을 제시합니다.

스태스트니 교사: 좋아요, 그래서 그녀[타니샤]가 두 조각을 먹었어요. 만약 내가 이것[$\frac{2}{4}$와 해당 모델을 지칭]을 가지고 있다면 데이비드의 라자냐를 어떻게 만들 수 있을까요? 그의 라자냐는 어떻게 생겼을까요? 비니(Vinny)?

비니: 8분의 4(Four-eighths).

스태스트니 교사: 8분의 4? 왜 8분의 4라고 했어요? **(탐색하기)**

비니: 2분의 1에 동의하지 않기 때문이에요. 왜냐하면 데이비드는 4조각을 가졌다고 했으니까요.

스태스트니 교사: 그는 4조각을 가지고 있군요, 좋아요. 그럼 8분의 4여야 한다는 겁니까? 더 말해 볼 사람 있나요? 동의하거나, 반대하거나 뭐라도 누가 거기에 추가할 사람 있나요? 데메트리우스(Demetrius)? **(추가하기, 다시 말하기, 추론하기)**

데메트리우스: 4분의 2를 가지고 데이비드의 라자냐를 만들려면 2조각을 더 추가해야 하고 그러면 4분의 4가 될 거예요.

스태스트니 교사: 자, 이 두 모델($\frac{2}{4}$와 $\frac{4}{8}$)을 살펴보겠습니다. 이 두 가지 모델에 대해 말해 보죠. 이거 맞나요? 타니샤와 데이비드에 대해서? 에이미(Amy)?

에이미: 맞아요.

스태스트니 교사: 좋아요, 좀 더 말해 보세요. **(탐색하기)**

에이미: 왜냐하면 그것은 4분의 2에 실선 두 개를 추가했고 그게 8분의 4와 같기 때문입니다.

스태스트니 교사: 방금 말한 것을 가리켜 볼래요? **(탐색하기)**
방금 두 개의 선을 추가했다고 했어요. 추가된 선들을 가리켜 볼래요?

에이미: 이거랑 이거예요.

스태스트니 교사: 좋아요. 에이미가 방금 이 두 개의 선이 추가되었다고 말했는데, 선생님이 무엇을 했나요? 아나시몬(Anasimon)? **(추가하기)**

아나시몬: 계속해서 그것들을 나누었습니다.

스태스트니 교사: 좋아요. 그러면 조각들을 더 작은 조각들로 나누었나요? 이에 대해 더 말해 줄 수 있는 사람 있나요? 사라(Sara)? **(다시 말하기, 추가하기)**

사라: 선생님이 그것을 쪼개서(splitted, [sic]) 같아졌어요.

스태스트니 교사: 제가 반으로 나눴고 그래서 색칠된 양이 같다. 이 말인가요? **(다시 말하기)**

사라: 네. [긍정]

스태스트니 교사: 알겠습니다. 색칠된 양이 같군요. 저는 두 조각이랑 네 조각을 가지고 있어요. 좋아요. 이것에 대해 더 말할 사람 있나요? 데메트리우스? **(추가하기)**

데메트리우스: 그러니까 중간에 두 개의 선을 추가하면 분모가 더 커지는 거죠.

스태스트니 교사: 좋아요. 그래서 분모가 더 커졌군요. 조각은 더 커졌나요, 아니면 작아졌나요? **(다시 말하기)**

데메트리우스: 더 작아졌어요.

스태스트니 교사: 좋아요.

데메트리우스: 선을 많이 추가하면 더 작아질 거예요.

스태스트니 교사: 좋아요. 선을 더 많이 그으면 조각은 더 작아져요. 제가 그걸 나누었거나 각각의 조각을 반으로 잘랐다는 거지요. 알았나요? 이 둘은 어떻게 동치일까요? 여러분 모두 모둠 친구들과 빠르게 이야기 나눠 보세요. 이 둘은 어떻게 동치일까요? **(옆 사람과 이야기하기와 추론하기)**

스태스트니 교사: 좋아요, 누가 말해 줄 수 있나요? 여러분의 모둠에서 어떻게 결정했나요? 이 둘은 어떻게 동치일까요? 압둘라(Abdulla). **(참여시키기 및 추론하기)**

압둘라: 그래서 4분의 2는 각각의 두 칸에 선을 두 줄씩 그으면 8분의 4와 같은 게 돼요(분자와 분모 각각). 두 배가 된 것처럼요.

● 각 장에서 논의된 개념이 실제로 어떻게 적용되는지를 보여주기 위해, 구체적인 사례(vignettes)와 예시가 제시됩니다.

타이어스 선생님의 마커 과제에 대한 논의를 조직하는 방법에 대해 생각하면서 타이어스 교사는 조슬린부터 시작하여 십진 그림과 그에 대한 등식을 설명하게 하기로 결정했다(조슬린의 최종 활동은 [그림 5.3]의 해결 방법 IIa에 나와 있다). 학급의 많은 학생이 이 접근 방식을 사용했으며 타이어스 교사는 논의를 시작하기에 좋은 부분이라고 생각했다. 다음으로, 그녀는 40개를 주고 난 후 남은 마커의 개수를 구하기 위해 100 차트를 어떻게 사용했는지를 두주안에게 설명하게 하기로 계획했다(그림 5.3의 해결 방법 III). 타이어스 교사는 이 방법을 그 다음에 공유하여 학급 학생들이 100 차트를 사용하는 것과 십진 그림을 명시적으로 비교할 수 있기를 바랐다.

그림 5.3 조슬린과 두주안의 해결 방법

첫 번째 발표 – 조슬린

해결 방법 IIa. 십진 그림과 등식 69 – 40 = 29를 만듦

두 번째 발표 – 두주안

해결 방법 III. 100 차트에서 10씩 거꾸로 셈

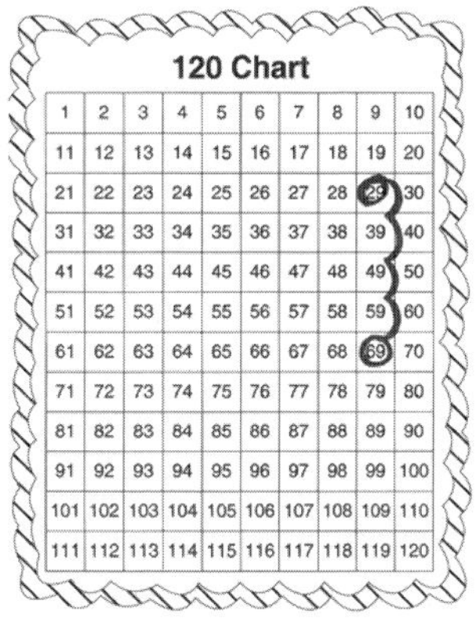

타이어스 교사는 두주안에 이어 등식 6 – 4 = 2를 사용한 리아의 접근 방식을 공유하게 하기로 계획했다(그림 5.4, 해결 방법 IV). 타이어스 교사는 리아가 자신의 등식과 십진 그림 사이의 관계를 강조해 주기를 바랐다. 타이어스 선생님의 마커 과제에 대한 이야기 흐름에서, 타이어스 교사는 반올림 및 보상 전략의 사용이 학생들을 수에 능숙해지도록 이끄는 핵심이라고 생각했다. 그러나 이것은 대부분의 학생들에게 새로운 접근 방식이었기 때문에 그녀는 이 해결 방법을 논의의 마지막으로 남겨두기로 결정했다. 타이어스 교사는 먼저 십진 그림에서 수의 분해를 살펴보고, 100 차트를 사용하여

각 장에서 논의된 개념이 실제로 어떻게 적용되는지를 보여주기 위해, 구체적인 사례와 예시가 제시됩니다.

5가지 관행을 자신의 수업에 연결하기

선정하기와 계열짓기

이제 4장을 바탕으로 가르친 수업을 되돌아볼 시간입니다. 하지만 이번에는 해결 방법을 선정하고 배열하는 관점에서 성찰해 보시오.

1. 전체 모둠 논의에서 어떤 해결 방법을 발표하도록 선정하였나요?
   - 선정한 해결 방법이 수업에서 목표로 했던 수학 아이디어를 다루는 데 도움이 되었나요? 목표를 달성하는 데 더 유용했을 수도 있는 다른 해결 방법이 있나요?
   - 학생들에게 몇 개의 해결 방법을 발표하도록 하였나요? 모든 해결 방법들이 배워야 할 수학을 더 잘 이해하는 데 기여하였나요? 주어진 시간 안에 논의를 마쳤나요?
   - 어떤 학생을 발표자로 선정하였나요? 발표를 자주 하지 않는 학생들도 포함하였나요? 포함할 수도 있었나요?
2. 해결 방법들을 어떻게 계열 지었나요?
   - 일련의 발표가 더해져 결국 무엇으로 이어졌나요? 이야기 흐름이 일관적이었나요?
   - 미완성이거나 부정확한 해결 방법을 포함하였나요? 이러한 해결 방법을 계열 중 어디에 배열했나요?
3. 이 장을 읽고 선정하기와 계열짓기 관행에 대해 더 깊이 있게 이해한 것을 바탕으로, 그 수업을 다시 한다면 무엇을 다르게 할 것인가요?
4. 다음 수업을 계획하고 가르칠 때 활용할 것으로, 무엇을 배웠나요?

5가지 관행을 자신의 수업에 연결하기는 세부적인 지원과 추가적인 성찰의 기회를 제공하여 교사들이 더욱 깊이 있게 실행할 수 있도록 도와줍니다.

그림 3.6 라자냐 과제

라자냐 과제

현장체험학습에서 라자냐 두 판이 있었습니다. 부모들은 각각의 판에 있는 라자냐를 크기가 같은 조각으로 잘랐습니다.
타니샤는 한 판에 있는 라자냐를 2조각 가졌고, 데이비드는 다른 판에 있는 라자냐를 4조각 가졌습니다. 두 학생이 받은 라자냐의 양은 서로 같습니다. 이것이 어떻게 가능할까요?

1. 타니샤의 2조각이 데이비드의 4조각과 같도록 라자냐가 어떻게 나누어졌는지 보이시오.
2. 각 학생이 먹은 라자냐의 양을 색칠해 보시오.
3. 각 학생이 가져간 라자냐 양을 나타내는 분수를 써 보시오.
4. 타니샤와 데이비드가 각각 같은 양의 라자냐를 받았다는 것을 어떻게 알 수 있는지 설명해 보시오. 그림, 기호, 말을 이용하여 자신의 생각을 설명해 보시오.

출처 | 해밀튼 주 교육부(Hamilton Country Department of Education) 4학년 과제 11에서 인용

온라인 자원 이 과제는 resources.corwin.com/5practices-elementary에서 다운로드할 수 있다.

● 명확하게 설계된 과제는 수학적 추론과 문제 해결을 촉진합니다.

그림 4.3 점검하기 관행과 관련된 어려움

어려움	설명
학생들이 생각하고 있는 것을 이해하기 위해 노력하기	학생들이 자신의 생각을 항상 분명하게 설명하는 것은 아니다. 그러니 교사에게 있어, 학생이 말하고자 하는 바를 즉시 파악하는 일은 매우 벅찰 수 있다. 따라서 교사는 학생들이 하는 말을 주의 깊게 듣고, 학생들이 자신의 생각을 더 잘 설명할 수 있도록 돕는 질문을 던져야 한다는 것이다.
모둠의 진행 상황(교사가 어떤 모둠을 방문했고, 모둠에게 무엇을 활동하게 했는지)을 추적하기	교사가 도움을 제공하면서 모둠을 순회할 때, 교사는 각 모둠이 무엇을 하고 있으며, 학생들에게 활동하도록 한 것이 무엇인지 추적해야 한다. 또한, 교사가 제시했던 발전적 질문이 학생들을 진전시키는 데 도움이 되었는지 살펴보기 위하여 다시 모둠으로 돌아오는 것이 중요하다.
모둠의 모든 구성원을 참여시키기	모둠의 모든 구성원은 평가적 질문과 발전적 질문에 대답하도록 도전받아야 한다. 개별 학생이 또래의 사고로부터 혜택을 얻기 위해서는, 다른 학생의 말을 경청하고 덧붙이거나, 반복하고 요약하는 데 책임을 져야 한다.

● **어려움(Challenge) 및 설명** 차트는 교사들이 해당 개념을 가르칠 때 직면하게 되는 몇몇 공통된 이슈를 드러내어 명확히 설명합니다.

5가지 관행의 실행 한눈에 보기

그림 4.1 점검하기 관행을 지원하기 위한 핵심 질문

구성 요소	핵심 질문
학생 사고를 추적하기	수업에서 학생들의 반응을 어떻게 추적할 수 있는가?
	수업 중 모든 학생을 점검하는 것을 어떻게 보장할 수 있는가?
학생 사고를 평가하기	교사의 평가적 질문이 학생들의 수준에 적절히 맞춰져 있는가?
	교사의 평가적 질문이 학생의 사고를 드러나게 하는가?
학생 사고를 발전시키기	교사의 발전적 질문이 수업 목표로부터 이끌어진 것인가?
	학생들 스스로 발전적 질문을 추구할 수 있는가?
	교사의 발전적 질문이 학생들을 진전시키는 데 도움이 되는가?

● **구성 요소/핵심 질문** 차트는 각 관행의 핵심적인 구성 요소를 세분화하고, 성공하기 위해서 무엇을 해야 하는지와 제대로 하기 위해 스스로 물어볼 필요가 있는 질문을 설명합니다.

CHAPTER
목 차

3 학생 반응을 예상하기

4 학생 활동을 점검하기

5 학생 해결 방법을 선정하고 계열짓기

6 학생 해결 방법을 연결하기

7 되돌아보기와 나아가기

자원

*아래의 웹사이트에서 다운로드 가능한 다양한 참고 자료들을 제공하고 있습니다.

HTTP://RESOURCES.CORWIN.COM/5PRACTICES-ELEMENTARY

비디오 클립 목록

* 저자들은 책 곳곳에서 QR코드를 통해 웹 콘텐츠를 제공하고 있으니, 스마트폰 앱 등을 통해 활용하시기 바랍니다. QR코드를 통해 제공되는 비디오 자료는 RESOURCES.CORWIN.COM/5PRACTICES-ELEMENTARY 에서도 확인하실 수 있습니다.

옮긴이의 글

이 책은 Smith & Stein(2011, 2018)의 『효과적인 수학적 논의를 위해 교사가 알아야 할 5가지 관행』을 초등학교 수학 수업에서 어떻게 적용하는지를 구체적으로 다룬다. 이전의 책이 5가지 관행에 대한 기본적인 소개를 바탕으로 초등학교나 중학교에서의 적용 사례를 집약적으로 다룸으로써, 독자들에게 5가지 관행을 소개하는 데 초점을 두었지만, 이 책은 이전의 책을 두 가지 측면에서 확장한다.

첫 번째는 각 관행을 풀어서 각 관행의 구성 요소를 세분화하여 제시하고, 그 각각의 요소에 대해서 핵심 질문의 형태로 교사가 무엇을, 어떻게 해야 하는지를 구체적으로 알게 한다. 이런 측면에서 첫 번째 방향은 교사가 각 관행을 명확하게 이해하는 데 초점을 둔 것이다. 역자는 그동안 5가지 관행이 적용된 수학 수업을 여러 차례 분석하고 논의하는 기회를 가졌는데, 각 관행에 대한 교사 이해가 명확하지 않아서 특정 관행을 제대로 실행하지 못한 경우를 종종 보았다. 예를 들어, 선정하기와 관련하여 어떤 해결 방법을 선정할 것이냐에 대한 것으로 이해하지 않고, 이를 어떤 학생을 우선적으로 선정할 것이냐로 이해함으로써 기대한 만큼 잘 실행되지 않은 경우가 있었다. 5가지 관행을 제대로 실행하기 위해서는 우선적으로 교사가 각 관행의 구성 요소를 명확하게 이해하는 것이 필요하다. 이런 측면에서 이 책의 각 장에서 각 관행을 구체적으로 풀어 제시하였기에, 교사의 이해가 한층 심화될 것이라 기대한다.

두 번째는 교사가 각 관행을 수학 수업에서 실행하는 과정에서 직면하는 어려움을 자세히 알게 한다. 5가지 관행은 수학 교사 교육의 현장에서 교사 교육자가 교사들의 수업 전문성을 향상하기 위해 반복적으로 행한 행동에 대해 이름 붙인 것이다. 그리고 그런 행동이 효과적이며 실제 초중고에서 교사들이 학생들의 수학 학습을 위해 하는 행동과 유사하다는 점이 밝혀졌다. 하지만 그럼에도 불구하고 개별 교사의 입장에서 각 관행을 성공적으로 실행하는 것은 결코 쉽지 않다. 이런 점에서 선배 교사들이 5가지 관행을 실제 수학 수업에 적용할 때 직면했던 어려움을 미리 알고, 그런 어려움을 어떻게 극복해 나갔는지를 안다면, 후배 교사들은 5가지 관행을 한층 수월하게 적용할 수 있을 것이다.

이 책은 특히 각 관행을 풀어보고 교사들이 직면하는 어려움에 대해 설명할 때 구체적인 사례를 제공한다. 뿐만 아니라 수업 전사, 학생 활동지 예시와 함께 실제 비디오 클립을 제공함으로써, 해당 영상을 시청하는 교사에게 제시된 여러 가지 질문을 토대로 실제 상황 속에서 가르치는 일을 분석하고 논의할 수 있는 기회를 제공한다. 비록 미국의 수학 수업 상황이지만, 비디오 속의 교사가 각 관행을 어떻게 실행했는지, 그리고 그 과정에서 직면했던 어려움을 어떻게 극복해 나갔는지 충분히 이해할 수 있을 것이다. 이 외에 이 책은 5가지 관행을 실행한 교사들의 솔직한 인용문이나 '수업 적용 팁'을 제시함으로써 책을 읽는 교사들의 실천을 자연스럽게 유도한다.

이 책을 읽을 때 독자들은 책의 내용을 단순하게 수동적으로 읽지 말고 자신의 생각이나 관점을 토대로 책에서 다루는 여러 가지 사례나 예시에 대해서 충분히 생각해 보기를 기대한다. 이를 위해 책에서는 '잠시 멈추고 생각하기' 코너가 제시되어 있다. 또한 책의 내용을 지식으로만 머물지 않고 직접 실행할 수 있도록 각 장의 말미에 '5가지 관행을 자신의 수업에 연결하기' 코너가 제시되어 있다. 여기서는 독자가 직접 실행하는 과정을 도울 수 있도록 고려할 질문을 제시한다.

5가지 관행은 교사가 가르치는 수학 내용에 맞추어 수업을 세밀하게 설계하고 실행할 수 있다는 점, 효과적인 수학적 논의를 위해 교사가 수업 전과 수업 중에 명확하게 무엇을 어떻게 준비하고 실행해야 하는지에 대한 지침을 제공한다는 점, 수업 후에도 각 관행별로 수업에 대한 성찰을 면밀히 수행할 수 있다는 점, 어떤 교사든 실행가능하며 더 많이 실행해 볼수록 더 잘 실행할 수 있다는 점 등의 장점이 있다. 이런 장점은 미국에서뿐만 아니라 우리나라에서도 여러 연구를 통해 지속적으로 보고되고 있다.

이에 이 책을 읽는 독자들이 5가지 관행에 대한 명확한 이해를 토대로 자신의 수학 수업에서 적극적이고 지속적으로 5가지 관행을 실행해 보기를 기대한다. 물론 이 책의 7장에서 제시한 바와 같이 5가지 관행을 실행할 때 교사 공동체를 구성하여 수업을 계획할 때 서로 협력하고, 수업 후에는 공동체 내에서 보고하고 성찰하는 기회를 가짐으로써 더 효과적으로 실행하기를 기대한다. 이런 측면에서 이 책은 수학 수업 전문성과 관련된 예비 교사 및 현직 교사 교육이나 교사 연수를 진행할 때 유용한 책이며, 초등학교 수학과 관련된 연구회 및 전문적 학습 공동체에서 읽고 함께 논의하며 실행하기에 적합한 책이다.

되돌아보니 역서를 발간할 때마다 원서 번역의 어려움에 직면한다. 원문의 의미를 살리면서 자연스러운 한국어로 다듬는 작업은 끝이 없어 보인다. 여전히 다듬지 못한 문장이 많고 원문의 의미를 충분히 전달하지 못하는 아쉬움이 있지만, 그럼에도 불구하고 수학적 논의가 의미 있게 일어나는 초등학교 수업을 하고 싶은 교사, 영어보다 한글이 편한 교사, 그리고 그런 교사들을 구체적으로 지원하고 돕고자 하는 교사 교육자를 위한 작업이었음을 밝힌다. 이 번역서가 나오기까지 5가지 관행을 다루는 대학원 강의를 수강하면서 초벌 번역본에 대해 여러 가지 제안을 해 준 선생님들께, 그리고 여러 차례 수정 작업을 담당해 준 경문사 편집부에 깊이 감사드린다.

2025년 가을에
다락골 연구실에서 역자를 대표하여

머리말

여러분은 왜 교사가 되었습니까?

제가 함께 일했던 많은 초등학교 선생님들과 마찬가지로 아이들을 사랑했기 때문이었나요? 아마도 여러분은 어릴 때부터 뛰어난 돌봄자였고, 눈에 보이는 필요를 넘어 다른 사람이 진정으로 필요로 하는 것을 챙기며 돌보는 방법을 알고 있었을 것입니다. 여러분은 다른 사람들에게 귀를 기울였고, 동시에 그들이 여러분의 **귀 기울임**(listened to)을 느끼게 했습니다. 여러분은 한 사람의 가치와 힘을 보는 안목을 가지고 있었습니다. 여러분은 사람들이 그들의 삶의 어느 지점에 있는지를 이해했고, 적절한 질문이나 관찰이 어떻게 그들이 원하는 방향으로 나아가게 하는지 이해했습니다.

수십 년 동안 다른 사람들이 자신의 목소리를 낼 수 있도록, 그리고 그들이 자신의 역량을 발휘하고 활용할 수 있도록 도우면서, 아마도 여러분은 매일 오전 7시에서 오후 4시 사이의 시간을 그렇게 사용하는 것이 가치 있는 일이라고 생각했을 것입니다.

수학을 가르치는 일이 학생들에 대한 여러분의 애정에 어떠한 영향을 끼치나요?

어쩌면 여러분은 수학을 **사랑하며**, 학생들이 여러분처럼 수학을 경험하도록 도울 수 있는 기회를 얻게 된 것에 감사하고 있을지도 모릅니다. 또는 수학에 두려움을 느끼며, 수학에 대해 여러분과 같은 감정을 가진 학생들에게 공감하고 있을지도 모릅니다. 여러분이 어떤 유형이든, 제가 여러 수학 선생님들과 함께 일하면서 배운 것은 학생들에 대한 사랑과 수학에 대한 감정(feelings) 및 지식을 분리할 수 없다는 사실입니다. 학생과 수학이라는 두 가지 에너지의 원천(sources)은 모두 중요하며, 둘은 독립적일 수 없습니다. 학생들을 인간으로서 사랑하는 데 어려움을 겪는 교사들은 학생들의 수학 학습을 돕는 데도 어려움을 겪을 것입니다. 또 수학을 사랑하지 못하는 교사들은 학생들을 인간으로서 사랑하고, 표현할 기회를 놓치게 됩니다.

예를 들어, 교사들이 수학에서만 에너지를 얻는다면, 학생 개개인은 추상적인 존재, 대체 가능한 존재로 여겨질 수 있습니다. 교사들은 **'학생들이 누구인지**(who they are)' 에 대해 관심을 가지지 않고도 **'학생들이 아는 것**(what students know)'에 영향을 줄 수 있다고 생각할 수 있습니다. 다시 말해, 학생들의 정체성(identity)에 부정적인 영향을 주지 않으면서도 학생들의 **지식**을 결함이 있어 교정이 필요한 것으로 취급하는 일이 가능하다고 확신할 수 있습니다. 그러나 학생들은 더 잘 알고 있습니다. 대부분의 학생들은 교사가 자신은 모든 것을 알지만 학생들은 아무것도 모른다고 여길 때의 기분을 알고 있습니다. 학생들이 느끼기에 그들에 대한 교사의 관심보다 수와 연산에 대한 교사의 관심이 더 크다면, 그 상황에서 교사가 가진 수학에 대한 사랑과 이해는 학생들에게 전혀 도움이 되지 않습니다.

반면에 교사들이 학생들로부터만 에너지를 얻는다면, 오늘 배워야할 수학을 다른 날로 미루게 될 수 있습니다. 그런 교사들은 학생들이 좌절감을 느낄 만큼 어려운 수학은 건너뛰는 일이, 어쩌면 수학 자체를 건너뛰는 일이 학생들을 배려하는 행동이라 생각할 수 있습니다. 그러나 교사들이 건너뛴 그날의 수학은 다른 날, 또는 다른 해의 수학을 위한 기초입니다. 결국 학생들에게 그날의 좌절감은 되돌아올 것이며, 심지어 복리(compound interest)로 되돌아올 것입니다. 학생들에 대한 사랑과 배려가 항상 학습에 대한 좌절감으로부터 학생들을 보호하는 것은 아닙니다.

물론 학생들과 수학에 대한 사랑은 필요합니다. 이러한 진리를 이야기하는 격언과 문장들은, 여러분 중 이 진리를 믿지 않는 일부를 설득하기에 충분할 만큼 많이 있습니다. 그러나 이는 여전히 '어떻게?'라는 핵심 질문에 대한 답은 되지 않을 것입니다.

나의 대답은 예상하기, 점검하기, 선정하기, 계열짓기, 그리고 연결하기입니다.

스미스(Smith)와 스테인(Stein)이 2011년에 처음으로 제안했고, 이 책에서 교실 비디오, 교사 증언, 그리고 학생 활동 예시를 통해 설명하고 있는 이 5가지 관행은 수학과 학생 모두를 중요하게 만드는 방법으로, 학생들에 대한 그리고 수학에 대한 교사의 사랑을 지지합니다.

이 5가지 관행은 학생들에 대한 사랑으로부터 동기부여를 받는 교사들이 수학을 더 깊이 배울 수 있도록 유도합니다. 교사가 수학을 더 깊이 이해할수록, 교사는 학생들이 사고하는 방식에서 가치를 찾기가 수월해집니다. 교사의 수학적 지식은 학생 사고의 **정확성**(correctness)보다는 **흥미**(interest)를 확인하는 데 더 유용합니다. 학생의 답이 정답이든 아니든, 그 학생의 생각을 학급의 아이들과 공유하는 일이 전체 학급에 **흥미로운** 대화를 촉진할 수 **있을까?** 교사의 수학적 지식은 한 학생의 흥미로운 아이디어를 다른 학생들의 아이디어와 연결시켜주는 역할을 할 수 있습니다. 또 교사의 수학적 지식은 학생 사고를 서로 연결하고, 학생들이 그들의 아이디어가 엄청난 가치를 지니고 있음을 설명해 줄 수 있습니다.

그리고 만약 여러분이 수학에 대한 사랑으로부터 동기를 부여받는, 그리고 학생들도 여러분처럼 수학을 사랑하기를 원하는 교사라면, 이 5가지 관행을 통해 학생들에게 수학이라는 학문과 연결될 수 있는 방법을 제시할 수 있을 것입니다. 학생들은 교사들이 자신들의 지식을 투영하고 추적할 수 있는 빈 화면이 아닙니다. 의미는 학생들이 **만들어내는**(made) 것이지, 교사에 의해서 **전이되는**(transferred) 것이 아닙니다. 흥미로운 수학적 아이디어를 사랑할수록, 또 그런 수학을 사랑하기를 원할수록, 교사는 학생들이 그 아이디어에서 어떤 의미를 만들어내는지 더 깊은 관심을 가져야 합니다. 이 5가지 관행을 통해 나는 학생들의 아이디어와 표준적인 수학적 아이디어를 연결할 수 있었고, 학생들은 그들의 아이디어와 표준적인 수학적 아이디어 양쪽 모두가 가치 있다는 사실을 알게 되었습니다.

학생에 대한 사랑이나 수학에 대한 사랑 중 어느 하나만으로는 수학 교육이라는 일(work)을 지속할 수 없습니다. 우리에게 **수학을 배우는 학생들**(math students)은, 수학적 아이디어와 '사람'으로서의 정체성이 결합된 복합적 존재입니다. 생산적인 수학적 논의를 조율하기 위한 5가지 관행과 이러한 관행을 실행하기 위한 아이디어는 수학과 학생 양쪽 모두가 중요하다는 믿음을 개발하고 유지할 수 있도록 하는 구체적인 행동을 제시해줍니다.

어쩌면 여러분은 교사로서 자신의 진로를 수학에 대한 사랑, 또는 학생에 대한 사랑으로 구분하여 생각할 수도 있습니다. 하지만 그 두 가지는 같은 길입니다. 그 길은 여러분의 생각보다 넓은 길이며, 여러분의 생각보다 더 다양한 사람들과 더 많은 아이디어를 나눌 수 있는 길입니다. 이 책은 여러분과 여러분의 학생들이 그 길을 함께 걸어갈 수 있도록 도와줄 것입니다.

댄 마이어(Dan Meyer)
데스모스(Desmos), 최고 학술 책임자(Officer)

서문

2001년에, 피츠버그 대학교의 한 연구팀은 국립과학재단(National Science Foundation)의 지원을 받아 '교사 교육 연구: 수업 설계 연구(A Study of Teacher Education: Research on Instructional Design, ASTEROID)'라는 프로젝트를 시작했습니다. 이 프로젝트에서는 수학 교사들이 관행 기반(practice-based) 교사 교육과정, 즉 인지적으로 도전적인 수학 과제, 내러티브 사례(narrative cases), 그리고 학생 활동을 비평, 탐구, 조사의 초점으로 활용하는 과정에 참여하여 무엇을 학습했는지를 조사했습니다(Smith, 2001). 메리 케이 스테인(Mary Kay Stein)과 나(페그, Peg)는 이 프로젝트의 공동 연구책임자였고 그 과정의 강사였습니다.

2002년 여름에 가르쳤던 첫 번째 과정은 비례 추론에 초점을 맞추었습니다. 이 과정의 목표는 교사 자신의 비례 추론 능력을 향상시키고 비례 추론을 가르치기 위한 교사의 역량을 향상시키는 것이었습니다. 이 과정에 초등 교사 14명과 중등 교사 3명이 참여했습니다. 그중에는 교수법 석사 학위(Master of Arts in Teaching)를 막 마친 교사들도 있었고 교육학 석사 학위 과정 중에 있는 교사들도 있었습니다. 이 과정에서 우리는 교사들이 무엇을 배웠는지, 그리고 우리의 수업(instruction)이 학습을 어떻게 지원했는지 또는 방해했는지를 조사하기 위해 각 세션을 비디오로 녹화했습니다. 또한 교사들에게 사전 검사 및 사후 검사를 실시했고, 면담을 진행했으며, 그 과정에서 제작된 모든 작업물(work)을 공책에 기록했습니다.

연구팀은 교사-학생들이 인지적으로 도전적인(일명 높은 수준의) 과제를 해결하는 비디오를 시청하였고, 비디오 속 강사인 내가 학생들의 과제 해결과 논의를 촉진하는 방법에서 특정한 패턴을 발견하였습니다. 나는 수업(class) 전에 먼저 여러 가지 방법으로 문제를 풀어보았고, 종종 대학원생들에게 대안적인 방법에 대한 의견을 구하기도 했습니다. 연구원들은 내가 문제를 해결하고 있는 학생들과 어떻게 상호작용하는지, 그리고 특정 학생의 행동을 어떻게 메모하는지를 보았습니다. 연구원들은 내가 해결 방법을 발표할 학생들을 찾고, 그 해결 방법들을 순서 매기는 특정한 패턴을 보았습니다. 그리고 수학적 아이디어를 중심으로 학생들이 서로의 각기 다른 전략들을 연결할 수 있도록 돕는 모습을 보았습니다. 나는 나의 행동을 인식하고는 있었지만, 그 이유에 대해서는 깊이 생각해본 적이 없었고, 내 행동을 체계화(codify)하지도 않았습니다.

연구팀은 나의 교수 패턴(teaching pattern)의 규칙성에 주목하는 한편, 그 패턴이 높은 수준의 과제를 다루는 논의의 질에 끼치는 영향에도 주목했습니다. 연구팀은 교사들을 가르치는 교사 교육자의 수업과 아이들을 가르치는 유치원-12학년 교사들의 수업 사이에서 유사성(parallel)을 발견했습니다. 그리고 유치원-12학년 교사들이 하는 일을 지원하는 데 있어, 그들이 발견한 교육 모델이 가진 잠재력에 흥분했습니다. 우리 모두는 우리가 강력한 무언가를 하고 있다는 것을 알았습니다. 우리는 이 교육 모델을 다른 사람들이 배울 수 있도록 각 행동에 이름을 붙여 구분하였습니다. 그로 인해 '예상하기', '점검하기', '선정하기', '계열짓기', 그리고 '연결하기'라는 '5가지 관행'이 탄생하게 된 것입니다.

그 순간부터 나는 다른 사람들과 협력하여 5가지 관행에 대해 저널 논문을 썼고, 공동 저자인 메리 케이 스테인과 함께 이 새로운 시리즈의 중심이 되는 책인 『**효과적인 수학적 논의를 위해 교사가 알아야 할 5가지 관행**』(2011)을 출간했습니다. 이 책은 2018년에 2판을 출간하기 전까지 10만 부 이상 판매되었습니다.

5가지 관행의 놀라운 성공 비결은 무엇일까요? 지난 30년 동안 전통적인 형태의 수학 교수법으로는 학생들이 학교에서의, 그리고 그 이후의 성공을 위한 기반을 충분히 쌓을 수 없다는 공감대가 형성되어 왔습니다. 『**공통 핵심 주 규준**』(*Common Core State Standards*, National Governors Association Center for Best Practices & Council of Chief State School Officers, 2010)이 발표되면서 보다 야심찬 교수에 대한 새로운 요구가 생겨났고, 학생들의 수학적 논의 참여의 중요성에 대한 관심이 높아졌습니다. 학생들은 수학적 논의에 참여하여 아이디어를 공유하고 이해를 명확히 합니다. '어떤 것(things)'의 작동 원리에 대해 설득력 있는 주장을 개발하고, 수학적 아이디어를 언어로 표현하는 방법을 익히며, '어떤 것'을 다른 사람의 관점으로 보는 법을 배울 수 있습니다.

성공 비결에 대한 한 가지 대답은, 이 5가지 관행이 수업에서 특히 어려운 부분인

'논의'를 촉진하는 데 도움이 된다는 점입니다. 5가지 관행은 교사가 수업 전과 수업 중에 할 수 있는 5단계 모델을 제공함으로써, 논의를 촉진하는 데 어느 정도 통제력을 부여합니다. 이러한 5가지 관행은 **실행가능한**(doable) 것이며, 시간이 지남에 따라 교사들이 점점 더 잘할 수 있는 것입니다.

그런데 교사와 교사 교육자들이 이 5가지 관행을 받아들인 이후에도 교사들은 계속해서 5가지 관행에 대한 어려움을 호소합니다. "좋은 과제를 어디에서 찾을 수 있나요?", "적절한 계획을 세울 시간을 어떻게 확보할 수 있나요?", "학생들의 문제 해결 방법이 모두 같다면 무엇을 해야 하나요?", "수업 말미에 교사의 개입 없이 학생들이 대화를 마무리하도록 유도하는 방법이 있나요?" 등과 같은 질문들이 넘쳐납니다.

또한, 교사들과 교사 교육자들은 반복해서 "5가지 관행을 실행하는 교사들의 비디오를 가지고 있나요?" 라고 나에게 묻습니다. 실제 교실에서 이러한 관행이 어떤 모습인지 보여주는 진짜 예시가 필요하다는 것은 분명했습니다.

『5가지 관행의 실행: 어떻게 하면 수학적 논의를 잘 할까?-초등학교 편』(Smith, Bill & Sherin, 2019)은 수년 동안 교사들이 나에게 제기했던 많은 질문을 다룬 시리즈의 두 번째 책이며, 교사들과 교사 교육자들이 요구해 온, 생산적인 논의를 조율하는 교사들과 교실의 모습을 담은 비디오를 제공합니다. (중학교 사례집은 2019년 봄에 출간되었으며, 고등학교 사례집은 2020년에 출간됩니다.)

이 책은 5가지 관행의 이전 1판과 2판 책을 개선하여 5가지 관행에 대한 상세한 설명과 함께, 각 관행과 관련하여 교사들이 직면하는 구체적인 어려움에 대한 내용을 다루고 있습니다. 이 책은 초등학교 교실에서 실제로 있었던 예시를 통해 5가지 관행과 관련된 어려움을 설명합니다. 이러한 예시의 핵심은 초등학교 교실의 모습을 담은 비디오 발췌문입니다. 이는 생산적인 논의를 조율하기 위해 5가지 관행을 활용했었던 실제 교사들의 노력을 생생한 이미지로 제공합니다.

이 책이 교사들에게 가치 있는 자원이 되기를 바랍니다!

– 페그 스미스(Peg Smith)

감사의 글

『효과적인 수학적 논의를 위해 교사가 알아야 할 5가지 관행』(Smith & Stein, 2011)이 출간된 이후, 우리는 자신들의 교실에서 5가지 관행을 실행하는 데 있어 성공과 어려움(struggle)에 대해서 보고해 온 수백 명의 교사들과 함께 일하며 그들의 의견을 들었습니다. 우리는 교사들의 피드백을 마음에 새겼습니다. 이 책은 초등학교 교실에서 5가지 관행을 실행하는 데 필요한 추가적인 지침을 제공하기 위한 시도입니다.

이 책은 공동 작업의 결과물로, 다양한 사람들의 노력과 지원, 그리고 헌신이 없었다면 출간되지 못했을 것입니다. 특별히 우리는 다음과 같은 분들의 기여에 감사드립니다.

- 코윈 수학(Corwin Mathematics)의 편집장인 에린 널(Erin Null)은 이 책의 집필을 격려했고, 글 쓰는 과정의 모든 단계에서 사려 깊은 제안과 통찰력 있는 피드백을 제공했습니다.

- 세이지(SAGE)의 프로듀서인 줄리 슬래터리(Julie Slattery)와 비디오 제작진인 마이크 라벨라(Mike Labella), 데이비스 레스터(Davis Lester), 그리고 존 빌링스(John Billings)는 이 책의 핵심인, 설득력 있는 비디오 클립에서 그들의 전문성을 드러냈습니다.

- 메트로 내슈빌 공립학교는 이 프로젝트의 초기 단계에서부터 프로젝트의 시작과 계획, 촬영과 마지막 집필까지 프로젝트 전반에 걸쳐 열정적으로 지원해주었습니다.

- 메트로 내슈빌 공립학교의 교사들인 올리비아 스태스트니(Olivia Stastny, 우나 초등학교), 앤드류 스트롱(Andrew Strong, 웨스트 엔드 중학교), 그리고 타라 타이어스(Tara Tyus, 우나 초등학교)는 자신들의 수업을 공개하는 데 동의해 줬고 다른 사람들이 자신들의 어려움과 성공으로부터 배울 수 있게 했습니다.

- 메트로 내슈빌 공립학교의 아멜라 듀크스(Amella Dukes, 우나 초등학교)와 러셀 영(Russell Young, 웨스트 엔드 중학교) 교장 선생님은 우리의 학교 방문을 열렬하게 환영해 줬고 촬영 일정에 협조해 주셨습니다.

- 교육청 리더인 숀 조셉(Shawn Joseph, 전 교육감), 데이비드 윌리엄스(David Williams, 교육과정 및 수업 담당 전무 이사), 그리고 제시카 슬레이튼(Jessica Slaton, 수학 디렉터)은 이 책을 위한 촬영이 가능하도록 도와주었습니다.

출판사(발행인)의 감사의 글

코윈(Corwin)은 다음 검토자들의 기여에 감사드립니다.

캐시 배틀(Cathy Battles)
교육 컨설턴트
미주리 대학교 캔자스시티 지역의 전문성 개발 센터
캔자스시티, 미주리 주

나탈리 크리스트(Natalie Crist)
초등 수학 장학관(Supervisor)
볼티모어 카운티 공립학교
볼티모어, 메릴랜드 주

케빈 디케마(Kevin Dykema)
8학년 수학 교사
마타완 중학교
마타완, 미시간 주

캐시 마틴(Cathy Martin)
교육과정 및 수업 담당 전무 이사
덴버 공립학교
덴버, 콜로라도 주

제니퍼 노박(Jennifer Novak)
교육 준회원(Associate), 수학
델라웨어 교육부
엘크리지, 메릴랜드 주

로이스 A. 윌리엄스(Lois A. Williams)
겸임교수, 수학 교육 컨설턴트, 저자
메리 볼드윈 대학교
스코츠빌, 버지니아 주

캐시 옌카(Cathy Yenca)
중학교 수학 교사
인즈(Eanes) 독립 교육청
오스틴, 텍사스 주

저자에 대하여

마가렛 (페그) 스미스(Marget (Peg) Smith)는 피츠버그 대학교의 명예교수입니다. 지난 20년 동안 수학 교사의 전문성 개발에 활용하기 위한 연구 기반 자료를 개발해 왔습니다. 베스트셀러인 『**효과적인 수학적 논의를 위해 교사가 알아야 할 5가지 관행**』(메리 케이 스테인과 공저)을 포함하여 90권 이상의 교재와 단행본, 학술지 논문을 단독 혹은 공동 저자로 집필하였습니다. 『**원리를 행동으로: 모두를 위한 수학적 성공을 보장하기**』 집필 팀의 일원이기도 했으며, 『**원리를 행동으로**』에서 처음에 설명된 교수 관행을 자세히 설명한 최근 두 권의 책(『**행동하기: 6-8학년과 9-12학년에서 효과적인 수학 교수 관행을 실행하기**』)의 공동 저자입니다. 미국 수학 교사교육자 협회(2001~2003년, 2003~2005년), 미국 수학 교사 협의회(2006~2009년), 교사 개발 그룹(2009~2017년)의 이사회 구성원이었습니다.

빅토리아 빌(Victoria Bill)은 전직 초등학교 및 중학교 수학 교사입니다. 현재는 피츠버그 대학교의 학습 연구 개발 센터, 학습 연구소의 연구원이자 수학 팀 리더입니다. 그녀는 20년 이상 도시 교육청의 관리자, 코치, 교사들과 함께 전문성 개발을 설계하고 촉진해 왔습니다. 그녀는 또한 교육과정, 중재(intervention) 자료, 수행 기반 평가도 개발합니다. 빌은 학습 연구 개발 센터, 학습 연구소, 그리고 테네시 교육부의 연구원들이 공동으로 진행한 연구 프로젝트의 공동 연구 책임자인데, 여기서 수학 코칭 모델이 개발되었습니다. 빌은 미국 수학 교사 협의회(NCTM), 미국 수학 장학관 협의회(National Council of Supervisors of Mathematics), 미국 수학 교사 협의회의 연구 컨퍼런스에서 정기적으로 연설합니다. NCTM의 베스트셀러인 『**행동하기: 유치**

원-5학년에서 효과적인 수학 교수 관행을 실행하기』의 공동 저자입니다.

미리암 가모란 쉐린(Miriam Gamoran Sherin)은 노스웨스턴 대학교의 학부 교육 부학장(Associate Provost)이자 앨리스 가브리엘 트와이트(Alice Gabrielle Twight) 학습 과학 교수입니다. 그녀의 연구 분야는 수학 교수 및 학습, 교사 인지, 교사 학습을 지원하는 데 있어서의 비디오의 역할 등을 포함합니다. 쉐린은 교사 노티싱의 본질과 역동성, 특히 교사가 수업 중에 학생의 사고를 파악하고 해석하는 방법을 탐색합니다. 『**수학 교사 노티싱: 교사의 눈으로 보기**』는 쉐린(Sherin), 제이콥스(V. Jacobs), 그리고 필립(R. Philipp)이 편집했는데, 2013년에 미국 교육 연구 연합회(American Educational Research Association) K 분과에서 교수법 및 교사 교육 분야 우수 연구상(Excellence in Research in Teaching and Teacher Education award)을 수상했습니다. 2016년에 쉐린과 그녀의 동료들은 NCTM의 연구와 실행 연계 우수 출판물상(Linking Research and Practice Outstanding Pulication Award)을 수상했습니다.

" 우리 교육청에서는 약 3년 전에 5가지 관행(five practices)을 소개받았는데, 이 관행이 매우 막강하였기에 교사를 위한 전문성 학습에 도입하기로 결정했습니다. 우리는 이미 미국 수학교사 협의회(NCTM)의 『원리를 행동으로』(Principles to Actions)와 수학적 담화를 촉진하는 아이디어를 적용하고 있었습니다. 하지만 교사들이 수업 설계를 계획할 때, 그리고 높은 수준의 과제(tasks)에 참여 중인 학생들의 생산적 애씀(productive struggle)을 지원하는 방법을 찾을 때 이 5가지 관행이 큰 도움이 된다고 느꼈습니다. "

- 제시카 슬레이톤(Jessica Slayton), 메트로 내슈빌 공립학교 수학 디렉터

CHAPTER 01

도입

유치원생부터 초등학교 5학년 학생들의 수학 학습을 돕기 위한 노력의 중심에는 **야심찬 교수**(ambitious teaching)라는 아이디어가 있다. 여기서 **야심찬**이라고 말하는 이유는 모든 학생이 '진정한(authentic) 문제를 해결하기 위해 지식을 이해하고 활용하기 위한' 기회를 가진다는 중요한 학생 학습 목표 때문이다(Lampert & Graziani, 2009, p.492). 『수학과 공통 핵심 주 규준』(*The Common Core State Standards for Mathematics*, National Governors Association Center for Best Practices & Council of Chief State School Officers, 2010)은 학년별, 영역별 내용 규준 및 여러 학년에 걸친 수학적 실행 규준에 대해 기술함으로써 이러한 목표에 대한 강력한 비전을 제공한다.

이러한 목표에 부합하는 방식으로 가르치는 것은 엄청난 작업이기 때문에 **야심찬 교수**라는 표현도 적절하다고 믿는다. 여러분과 다른 교사들의 이해를 돕기 위해 『원리를 행동으로: 모두를 위한 수학적 성공을 보장하기』(National Council of Teachers of Mathematics, 2014)에서는 야심찬 교수의 토대가 되는 8가지 교수 관행을 설명한다(그림 1.1 참조). 이러한 관행은 학생들의 수학 학습을 효과적으로 지원하는 방법에 대한 연구를 기반으로 한다.

그림 1.1 8가지 효과적인 수학 교수 관행

학습에 집중할 수 있도록 수학 목표를 설정한다. 효과적인 수학 교수(teaching)는 학생들이 배우고 있는 수학에 대한 명확한 목표를 설정하고, 그 목표를 학습 진도(learning progressions) 내에서 정하며, 그 목표를 활용하여 교수학적 결정을 내린다.
추론과 문제 해결을 촉진하는 과제를 구현한다. 효과적인 수학 교수는 수학적 추론과 문제 해결을 촉진하며 여러 가지 시작점과 다양한 해결 전략을 허용하는 과제를 학생들이 해결하고 논의하는 데 참여하게 한다.
수학적 표현을 활용하고 연결한다. 효과적인 수학 교수는 학생들이 수학적 표현을 연결하여 수학 개념과 절차에 대해 깊이 있게 이해하고 문제 해결을 위한 도구로 활용할 수 있게 한다.
의미 있는 수학적 담화를 촉진한다. 효과적인 수학 교수는 학생들의 접근 방법과 주장을 분석하고 비교함으로써 수학적 아이디어에 대한 공유된 이해를 구축할 수 있도록 학생들 간의 담화를 촉진한다.
의도적인 질문을 제기한다. 효과적인 수학 교수는 목적이 있는 질문을 활용하여 중요한 수학적 아이디어와 관계에 대한 학생들의 추론과 이해(sense-making)를 평가하고 발전시킨다.
개념적 이해를 바탕으로 절차적 유창성을 구축한다. 효과적인 수학 교수는 개념적 이해의 토대 위에 절차에 대한 유창성을 구축하여 시간이 지남에 따라 학생들이 맥락 문제와 수학 문제를 해결할 때 절차를 유연하게 활용하는 데 능숙해지게 한다.
수학 학습에서 생산적 애씀(productive struggle)을 지원한다. 효과적인 수학 교수는 학생들이 개별적으로든 집단적으로든 수학적 아이디어와 관계에 대해 고민할 때 생산적 애씀에 참여할 수 있는 기회와 지원을 지속적으로 제공한다.
학생 사고의 증거를 도출하고 활용한다. 효과적인 수학 교수는 학생의 사고에 대한 증거를 활용하여 수학적 이해의 진전을 평가하고 학습을 지원하고 확장하는 방식으로 수업을 지속적으로 조정한다.

출처 | 미국 수학 교사 협의회의 『원리를 행동으로: 모두를 위한 수학적 성공을 보장하기』로부터 허가를 받아 재인쇄. 모든 권리 보유.

야심찬 교수는 공정성(equity)에도 주의를 기울여야 한다. 수학은 오랫동안 일부 학생에게는 기회를 제한하고 다른 학생에게는 기회를 촉진하는 문지기(gatekeeper) 역할을 하는 것으로 여겨져 왔다(Martin, Gholson, & Leonard, 2010). 이러한 기회의 차이는 일찍이 유치원 때부터 드러나는데, 아프리카계 미국인과 라틴계 학생들은 수학의 절차적 측면에 초점을 맞추는 교실에 있거나, 이 학생들이 가진 높은 수준의 문제 해결 능력을 과소평가하는 교실에 있을 가능성이 높다(Aguirre et al., 2017; Turner & Celedón-Pattichis, 2011). 야심찬 교수는 교사가 이러한 오랜 관행에 도전하고 모든 학생들에게 접근과 기회를 제공해 줌으로써, 학생들이 수학 학습자로서 긍정적인 정체성을 형성할 수 있게 한다(Aguirre, Mayfield-Ingram, & Martin, 2013).

야심찬 교수의 핵심은 교실 담화에 초점을 맞추는 것이다. 교사가 학생들과의 의미 있는 논의를 촉진할 때 대개 목적이 있는 질문을 하기, 학생 사고의 증거를 도출하고 활용하기, 다양한 수학적 표현에 연결하기, 학생들이 수학을 학습할 때 학생들 간의 생산적 애씀을 지원하기를 포함하여 몇 가지 효과적인 수학 교수 관행에 참여하게 된다(그림 1.1 참조). 또한 학생들이 자신들의 생각을 학급에서 공유할 수 있도록 허용하면 모든 학생들이 학습을 위한 가치 있는 자원으로 자리매김하고 공정한 학습 환경을 조성하는 데 도움이 될 수 있다. 이러한 방식으로 학생들의 아이디어를 중심으로 논의를 조직하는 것은 야심찬 교수를 성공적으로 실행하는 데 매우 중요하다.

그렇다면 생산적인 논의를 조직하고 실행하려면 무엇이 필요할까? 이 책에서는 『**효과적인 수학적 논의를 위해 교사가 알아야할 5가지 관행**』(Smith & Stein, 2018)에 설명되어 있는 5가지 관행을 활용하기 위한 지침을 제시한다.

1 5가지 관행을 실행하기: 개요

5가지 관행은 교사가 학생들의 사고에 기반을 두는 방식으로 중요한 수학적 내용을 다루는 수업을 계획하고 실행하는 데 도움이 되는 일련의 관련성 있는 수업 루틴(instructional routines)이다(그림 1.2 참조). 주의: 실제로 나머지 관행의 토대가 되는 관행 0이 있으며, 이는 총 6개의 관행이 있음을 의미하지만, 역사적인 이유로 이 세트를 여전히 '5가지 관행'이라고 부를 것이다. (5가지 관행에 대한 초기 논문을 게재한 이후, 페그와 함께 일하고 있었던 수학 코치가 스미스 교수에게 한 가지 관행 즉, 교사들이 5가지 관행에 참여하기 전에 목표를 설정하고 과제를 선정할 필요가 있다는 것이 누락되었다고 제안했다. 이 아이디어는 이미 5가지 관행에 암시되어 있었지만, 그 코치는 스미스 교수를 설득하여 이를 명시적으로 만들게 했고, 그렇게 해서 관행 0이 탄생했다!)

그림 1.2 5가지 관행을 실행하기

<table>
<tr><td colspan="2" rowspan="2">수업을 계획할 때 일어나는 관행</td><td>관행 0: 목표를 설정하고 과제를 선정하기(2장) 학습 목표를 구체화하고 그 목표에 맞는 높은 수준의 과제를 선정하기</td></tr>
<tr><td>관행 1: 학생 반응을 예상하기(3장) 학생이 과제를 어떻게 해결할 것으로 기대하는지 살펴보고 학생 사고에 대해 물어볼 질문을 준비하기</td></tr>
<tr><td rowspan="4">수업 중에 일어나는 관행이지만 계획하는 동안에도 고려해야 하는 관행</td><td>학생들이 개별 또는 모둠별로 학습할 때</td><td>관행 2: 학생 활동을 점검하기(4장) 학생들이 과제를 수행할 때 면밀하게 보고 학생의 이해 정도를 평가하고 학생 사고를 진척할 수 있도록 질문하기</td></tr>
<tr><td rowspan="2">모둠별 활동에서 전체 논의로 옮겨갈 때</td><td>관행 3: 학생 해결 방법을 선정하기(5장)
수업 목표 달성에 도움이 되는 핵심 수학 아이디어를 강조할 수 있도록, 학생들의 해결 전략 중 공유할 전략 선정하기</td></tr>
<tr><td>관행 4: 학생 해결 방법을 계열짓기(5장)
수업의 일관된 이야기 흐름(storyline)을 만들기 위해 해결 방법을 공유할 순서 결정하기</td></tr>
<tr><td>전체 논의</td><td>관행 5: 학생 해결 방법을 연결하기(6장)
학생 해결 방법 간, 그리고 논의 중에 끌어내고자 의도한 수업 목표와의 연결성을 확인하기</td></tr>
</table>

교사들은 종종 야심찬 교수를 교실에서 학생들의 말과 행동을 바탕으로 모든 교수학적 결정을 수업 중에 내려야 하는 것으로 생각한다. 그러나 5가지 관행은 가르치는 데 **앞서** 수업의 모든 측면을 생각하도록 도와주므로 수업 중에 순간적으로 내려야 하는 의사결정의 수를 줄여준다. 수업 전에 신중하게 계획을 세우면 수업 중에 생각해야 하는 것을 줄여, 교사가 더 적극적으로 경청하고, 더 신중하게 질문하며, 더 예리하게 반응할 수 있는 시간을 확보할 수 있다.

관행 0인 **목표를 설정하고 과제를 선정하기**는 나머지 5가지 관행의 토대를 마련한다. 학생들이 무엇을 배우기를 원하는지 명확히 하고 그러한 목표에 부합하는 인지적으로 도전적인 과제를 선정하는 것이 핵심이다. 과제를 생각하고 나면 **학생 반응을 예상하기**로 넘어갈 수 있다. 여기서 목적은 학생들이 그 문제를 어떻게 해결할지, 어떤 어려움에 직면할지, 교사가 학생들의 사고에 어떻게 반응할지 생각해 보는 것이다. 이렇게 하면 학생들에게 이러한 다양한 접근 방법에 대해 물어볼 질문들을 수업 전에 미리 개발할 수 있다는 이점이 있다.

다음 네 가지 관행은 수업 중에 일어나지만, 수업을 계획할 때도 신중하게 생각할 수 있다. **학생 활동을 점검하기**는 교사가 학생들을 순회 지도하는 동안 대개 모둠별로 활동하는 학생들에게 과제를 수행할 시간을 주는 것이다. 학생의 진행 상황을 면밀히 살펴볼 때, 학생들이 무엇을 이해했는지 평가하고 학생들의 사고를 발전시킬 수 있도록 보면서 앞서 개발했던 질문을 활용할 수 있다. 전체 논의로 전환되도록 학생들을 준비시키면서, 교사는 **학생 해결 방법을 선정하기**—논의에서 어떤 해결 방법을 공유할 것인지와 그 해결 방법을 누가 발표하게 할 것인지 결정하기—와 **학생 해결 방법을 계열짓기**—해결 방법의 발표 순서를 어떻게 할지 결정하기—에 참여하게 된다. 선정하기와 계열짓기를 하기 위해서는 여러 가지 해결 방법에서 강조되는 수학적 아이디어와 모든 학생들이 논의에서 공유된 아이디어에 접근할 수 있도록 도와주는 데 세심한 주의를 기울여야 한다. 수업을 계획할 때, 학생들의 활동을 점검하는 동안 어떤 해결 방법을 주의 깊게 살펴볼 것인지, 어떤 해결 방법을 통해 목표로 하는 수학적 아이디어를 드러내는 데 도움을 받을 것인지, 모든 학생들이 접근할 수 있도록 어떤 순서로 해결 방법을 제공할 것인지 고려할 것이다.

마지막 관행인 **학생 해결 방법을 연결하기**는 교실에서 논의가 전개될 때 이루어진다. 이 관행의 목적은 학생들의 해결 방법과 수업의 수학적 목표 사이의 연결을 명확히 하는 것이다. 학생들이 논의에서 교사가 의도했던 바를 얻을 수 있도록 하려면 이러한 연결 고리를 이끌어내는 것이 필수적이다. 이 역시 수업을 계획할 때 교사가 고려할 수 있는 사항이다!

결과적으로, 이 5가지 관행은 학생들과 의미 있는 논의, 즉 학생들의 사고를 중심으로 한 논의를 준비하고 진행하는 데 도움이 될 수 있다. 이것이 바로 야심찬 수업의 본질이다!

2 목적과 내용

이 책의 목적은 Smith & Stein(2018)이 설명한 5가지 관행을 깊이 이해하는 것이다.

이 목적을 위해 2장부터 6장까지는 두 부분, 즉 1부에서는 관행을 풀어보기(unpacking), 2부에서는 그 관행을 실행할 때 교사가 직면하는 어려움으로 구성되어 있다. 1부에서는 해당 관행에 참여하는 것과 관련된 세부 사항을 자세히 기술하고, 교사가 해당 관행을 수행할 때 스스로에게 물어봐야 할 질문을 제공하며, 그 관행의 구성 요소를 설명하기 위해 초등학교 교실의 예를 활용한다. 2부에서는 교사들에게 어려운 것으로 입증된 관행의 측면을 강조하고, 이러한 어려움을 해결할 수 있는 방법을 제안하며, 교사들이 이러한 어려움을 어떻게 극복하고 있는지에 대한 예를 제공한다.

장(chapters) 전반에 걸쳐, 여러분이 내용에 적극적으로 참여할 것을 권장한다. 이 목표를 위해 세 가지 유형의 참여 기회를 마련했다: **잠시 멈추고 생각하기** 질문(성찰), **가르치는 일(Work of Teaching)을 분석하기** 활동(분석), **5가지 관행을 자신의 수업에 연결하기** 과제(실행)이다. 잠시 멈추고 생각하기 질문은 이슈에 대해 더 많이 읽기 전에 자신의 수업 경험을 바탕으로 그 이슈에 대해 생각해 볼 수 있는 기회를 제공한다. 가르치는 일을 분석하기 활동은 교사의 학년별 수업 계획 및 실행의 측면을 분석하게 한다. 5가지 관행을 자신의 수업에 연결하기 과제는 이 장에서 논의한 아이디어를 자신의 수업에 적용할 수 있는 기회를 제공한다.

이 책 전반에 걸쳐 초등학교 교실에서 가져온 다양한 유형의 사례를 포함하여 5가지 관행의 측면과 관련된 어려움을 설명한다. 이 장의 뒷부분에 소개된 세 명의 교사가 등장하는 비디오 발췌본과 관련 교실 산출물(artifacts)은 생산적인 논의를 조율하기 위해 5가지 관행을 활용하는 실제 교사의 생생한 이미지를 제공한다. 이 책에 등장하는 내러티브 사례는 전문성 개발 프로그램(initiatives) 및 교사 교육 수업에서 초등학교 교사들과 함께 일했던 경험을 바탕으로 한다. 이러한 사례는 교사가 5가지 관행에 참여할 때 직면하는 특정한 어려움에 대한 통찰력을 제공하기 위한 것으로, 그 특정한 교사의 관행을 정확하게 표현한 것은 아니다. 각 교사는 가명을 사용했다[예, 2장에 소개된 야다 터너(Jada Turner), 카르멘 오티즈(Carmen Ortiz), 마이클 맥카시(Michael McCarthy), 제시 샘손(Jesse Samson)]. 비디오와 내러티브 사례는 그대로 모방하여 따라 하도록 의도된 것이 아니라 분석, 토론, 그리고 새로운 학습의 기회를 제공하기 위한 것이다.

5가지 관행을 처음 접하는 경우라면, 마거릿 스미스와 메리 케이 스테인의 『**효과적**

인 수학적 논의를 위해 교사가 알아야 할 5가지 관행』으로 시작하는 것이 도움이 될 수 있다. Smith & Stein(2018)은 5가지 관행에 대한 소개와 개요를 읽기 쉽게 정리한 훌륭한 책이다. 지금 읽고 있는 이 책은 5가지 관행에 대해 훨씬 더 깊이 파고들며, 잠시 멈춰서서 생각하고, 관행이 실제로 실행되는 비디오를 보고, 각 관행에서 무엇이 어려운지 생각해 보게 한다. 분명히 이 책으로 5관행을 시작할 수는 있지만, Smith & Stein(2018)에서 제공하는 5가지 관행에 대한 개요를 먼저 읽으면 더 깊이 들어가기 전에 큰 그림을 파악하는 데 도움이 될 수 있다.

이 책은 5가지 관행을 성공적으로 수행하기 위해 무엇이 필요한지 자세히 살펴볼 수 있는 귀중한 자료가 될 것이다. 각 관행별로, 해당 관행의 필수 구성 요소를 식별하는 핵심 질문을 제공한다. 이러한 질문을 통해 각 관행에 대한 이해를 높이고 각 관행의 목표와 기대치에 대한 새로운 정보를 제공할 수 있을 것으로 예상한다. 또한 이 책에서는 우리와 함께 일해 온 교사들이 겪었던 각 관행과 관련된 어려움과 이러한 어려움을 성공적으로 해결하기 위한 구체적인 제안을 설명한다. 이미 5가지 관행을 활용해 본 적이 있다면 이러한 어려움 중 일부는 여러분에게 익숙할 수 있으며, 이러한 논의가 특히 유용할 것이다.

1) 교실 비디오 맥락

비디오에 등장할 교사를 선정할 때 우리는 독자들이 진정성을 느낄 수 있는 학구(school district) 즉, 다양성, 빈곤, 학생 수행 능력 등의 어려움에 직면해 있지만 수학 교수 · 학습을 개선하기 위해 열심히 노력하고 있는 학구를 선정하는 것이 중요하다고 생각했다. 메트로 내슈빌 공립학교(Metro Nashville Public Schools, MNPS)가 여러 가지 이유로 진정성 기준을 충족했기 때문에 이 교육청을 선정했다. 이 책의 제2저자인 빅토리아 빌(Victoria Bill)은 이 학구에서 수년 동안 일해왔으며, 이 학구는 이 책에 소개되는 것을 흔쾌히 받아들였다.

MNPS는 테네시주 내슈빌에 위치한 도시 교육청이다. [그림 1.3]에서 볼 수 있듯이 MNPS는 유치원생부터 12학년에 이르기까지 다양한 집단의 학생들로 구성되어 있으며, 무료 또는 할인 급식 자격을 갖춘 학생이 50.6%, 영어 학습자로 분류되는 학생이 15.68%에 달한다. 약 85,000명의 학생들이 76개의 초등학교, 31개의 중학교 및 유치원부터 8학년(K–8)까지의 학교, 17개의 고등학교에 재학 중이다. 또한 31개의 차터(charter) 학교와 17개의 비전통 및 특수 교육 학교도 있다.

그림 1.3 메트로 내슈빌공립학교 학생들의 인종과 민족

아메리칸 인디언/알래스카 원주민	0.4%
흑인	43%
라틴 아메리카인	23%
아시아인/태평양 섬 거주자	4%
백인	29%

출처 | 테네시 주 교육부, 2018

웹사이트(https://www.mnps.org/about-mnps/)에 명시된 바와 같이, MNPS는 '모든 학생이 대학, 직업, 그리고 인생에서 성공할 준비가 된 평생 학습자가 될 수 있도록 미국에서 가장 빠르게 발전하는 도시 학교 시스템'을 만드는 데 헌신하고 있다. 이 학구의 수학적 사명(mission)은 학생들이 매일 철저한 교육을 통해 수학적으로 추론하고, 자신의 아이디어를 다른 사람들과 소통하며, 수학의 가치를 배우는 기회를 제공하는 것이다.

MNPS의 수학 디렉터인 제시카 슬레이튼은 이러한 비전을 교실에서 실현하기 위해 필요한 것이 무엇인지 설명한다.

> 학생들은 자신들의 아이디어를 소통할 수 있는 기회가 필요하며, 이는 교사가 교실 담화를 촉진할 수 있어야 한다는 것을 의미한다. 그래서 우리는 교사들이 교실에서 이러한 대화를 효과적으로 촉진할 수 있도록 구조와 지원을 제공하고 있다. 담화는 우리 사명의 핵심이기 때문에 5가지 관행은 매우 중요하다.

교사들이 참여한 전문성 개발의 결과로, 슬레이튼 디렉터는 교사들의 관행에 많은 변화를 목격했다. 그녀는 다음과 같이 설명한다.

5가지 관행에 참여 중인 학구

비디오 클립 1.1

비디오 클립 1.1에서는 수학 디렉터인 제시카 슬레이트이 5가지 관행을 활용하여 교실 담화를 촉진하는 교사를 지원하기 위한 학구의 노력을 설명한다.

QR 코드를 읽으려면 카메라가 있는 스마트폰이나 태블릿이 있어야 한다. 사용 중인 휴대폰 또는 태블릿 브랜드에 맞게 제작된 QR코드 리더 앱을 다운로드하는 것이 좋다.

온라인 자원 비디오는 resources.corwin.com/ 5practices-elementary에서도 볼 수 있다.

가장 먼저 떠오르는 것은 학생들에 대한 교사의 믿음입니다. 처음에는 용기가 없는 교사들이 많았고, 학생들이 실제로 학년 수준에 맞는 수학을 할 수 있을지 확신하지 못했습니다. 우리는 "한번 해 보세요. 5가지 관행을 시도해 보고, 여러분이 예상할 수 있는지, 그리고 학생들을 지원하는 방법을 결정할 수 있는지 알아보세요"라고 말했습니다. 교사들이 그렇게 해 본 후에 다음과 같이 말했습니다. "그렇습니다, 나의 학생들은 할 수 있어요." 영어가 서툰 학생이라도 상관 없었습니다. 왜냐하면 그런 학생이 어떤 어려움을 겪을지 예상했기 때문에 학생들을 지원할 방법을 알고 있습니다.

우리가 목격한 또 다른 변화는 계획에 대한 자각입니다. 나의 학생들에게서 이것을 끌어내고 싶다면, 만약 이것이 나의 수학적 목표라면, 나는 학생들이 그 목표를 향해 나아가게 할 수 있어야 하고, 그러기 위해서는 어떻게 할 것인지 계획해야 합니다. 우연히 그렇게 되는 것은 아닙니다. 혼자서 계획을 세우는 것은 어려운 일입니다. 한 사람이 5가지의 다른 해결 전략을 예상하지 못할 수도 있지만, 동학년 동료 교사들과 함께 일하면 서로 다른 관점을 가지고 협력할 수 있으며, 학생들에게 더 의미 있는 수업을 함께 만들 수 있습니다.

2) 교사 만나기

이 책에 소개된 비디오 녹화물과 관련 수업 자료는 MNPS의 유치원생부터 5학년까지의 교사들 중 세 명의 교사인 올리비아 스태스트니(Olivia Stastiny), 앤드류 스트롱(Andrew Strong), 타라 타이어스(Tara Tyus)의 작업물(work)에서 발췌한 것이다. 타이어스 교사의 수업은 2장부터 6장까지의 1부에서 초점을 두고 있는 관행을 풀어보기 위해서 활용된다. 여러 장에 걸쳐 같은 교사에게 초점을 맞추면 그 교실에서 이루어지는 수업에 대해 일관된 모습을 알 수 있고, 관행들이 어떻게 시너지를 내는지 더 잘 이해할 수 있다. 스태스트니 교사와 스트롱 교사가 가르치는 수업은 2장부터 6장까지의 2부에서 특정한 어려움이 어떻게 해결될 수 있는지에 대한 예시를 제공하기 위해서 활용된다.

올리비아 스태스트니 교사는 4년 전에 교직 생활을 시작한 이래로 우나 초등학교에서 학생들을 가르치고 있다. 그녀는 초등 교육 학사 학위와 교육과정 및 교수법에 관한 교육학 석사 학위를 받았다. 그녀는 모든 학생이 학업적으로, 사회적으로, 정서적으로 최대한 성장할 수 있도록 돕기 위해 교사가 되기를 원했다.

스태스트니 교사는 자신의 3학년 학생들이 수학 교실에서 매일 실제적이고 철저한 기회를 통해 자신들의 능력을 최대한 발휘할 수 있어야 한다고 믿는다. 이 목표를 위해 스태스트니 교사는 낮은 바닥(low floor)을 가지고 있어서 학생들이 과제를 시작할 수 있고 높은 천장(high ceiling)을 가지고 있어서 수학적으로 중요한 것을 실제로 성취할 수 있는 잠재력을 가지고 있는 과제를 고르는 것이 중요하다고 느낀다. 여기에는 학생들이 다양한 지식과 경험을 가지고 수업에 참여하기 때문에, 다양한 방법으로 과제를 해결할 수 있으며, 동시에 학습을 발전시킬 수 있어야 한다는 개념이 포함되어 있다.

스태스트니 교사는 이 5가지 관행이 수업을 준비하는 데 중요한 역할을 한다고 생각하며 다음과 같이 설명한다.

> 저는 제 학생들에게 가장 적합한 과제를 선정할 수 있고, 계획하고 계획하고 계획할 수 있는데, 이는 5가지 관행을 실행하는 데 가장 큰 부분 중의 하나입니다. 계획하기가 가장 중요합니다! 교사는 수업을 시작하기 전에 수업의 목표를 알아야 하고, 해결 방법을 예상해야 하며, 가능한 계열짓기에 대해서 생각해야 하고, 이 모든 것을 어떻게 연결할지 생각해야 합니다.

앤드류 스트롱 교사는 16년 전에 교직 생활을 시작한 이래로 메트로 내슈빌에서 일하고 있다. 그는 영화 제작 학사 학위와 초등 교육 석사 학위를 가지고 있다. 그는 현재 웨스트 엔드 중학교(5-9학년)에서 5학년 수학을 가르치고 있으며, 지난 2년간 이 학교에서 근무했다. 그는 자신의 인생을 헌신할 수 있는 것에 교직보다 더 중요한 것은 없다고 믿으며 교사가 되었고, "그 일을 즐기고 있다"고 말한다.

스트롱 교사는 학생들을 사랑하고, 학습 과정에 대한 자신감과 기쁨을 심어주며, 어디에서든 성공하는 데 필요한 도구를 제공하는 것이 자신의 사명이라고 느낀다. 그는 학생들이 생각하는 법을 배우고 자신의 학습에 책임을 지는 법을 배워서 스스로 생각할 수 있는 책임감 있는 성인이 되기를 바란다. 그는 이것이 이 세상에서 절실히 필요하다고 생각하며 깊은 사명감을 가지고 있다.

스트롱 교사는 수업에 대한 자신의 생각을 정리하는 지침으로 5가지 관행을 본다. 그는 다음과 같이 설명한다. "이것은 아이들이 자신들의 생각과 씨름하고 실제로 필요한 이해를 얻도록 하는 확실한 방법입니다."

타라 타이어스 교사는 6년 전에 교직 생활을 시작한 이래로 우나 초등학교에서 가르쳐왔다. 그녀는 유아 교육 학사 학위와 초등 교육에 초점을 둔, 교육과정 및 교수법에 관한 석사 학위를 가지고 있다. 타이어스 교사는 학생들이 생각하게 만드는 수업에 참여하여 최선의 모습으로 성장할 수 있도록 돕는 것이 자신의 사명이라고 믿는다.

타이어스 교사는 그녀의 1학년 학생들이 자신들이 배우고 있는 절차의 저변에 있는 개념을 이해하도록 도움으로써 학생들이 일련의 단계를 아무 생각 없이 따르지 않기를 원한다. 그녀는 다음과 같이 설명한다. "학생들이 문제를 해결할 때 비판적으로 생각하는 방법을 배울 수 있도록 수학 과제를 활용하는 것이 필수적입니다. 이를 통해 학생들은 다양한 해결 경로를 학습하고 나중에 문제를 성공적으로 해결하는 데 도움이 되는 효율적인 전략을 결정할 수 있습니다. 따라서 학습된 지식이 단순히 역류하지 않고 유지됩니다."

이 5가지 관행은 타이어스 교사가 높은 수준의 수학 과제에 대한 논의를 계획하고 촉진하는 데 도움이 된다. 그녀는 다음과 같이 설명한다.

> 학생들은 수학을 탐구하고 재미있게 즐길 수 있는 높은 수준의 과제를 좋아합니다. 교사로서 이 5가지 관행은 제가 수업을 준비하고 목표한 것을 달성할 수 있도록 도와주기 때문에 매우 중요합니다. 이 5가지 관행이 없었다면 수업은 매우 혼란스러워질 수 있었습니다.

이 세 명의 교사들은 다른 사람들이 그들의 노력으로부터 배울 수 있도록 자신의 교수 관행(teaching practice)을 공개하고 있다. Hiebert, Gallimore & Stigler(2003)는 "자신들의 교실 문을 개방할만큼 용감한"(p.56) 교사들을 존중해야 한다고 주장한다. 이 교사들의 용기를 존중하기 위해, 교실에서 발췌한 내용을 읽고 볼 때 본 것을 비판하거나 해당 교사가 '어떻게 했어야 했는지'에 대해 논의하는 것은 피하기를 제안한다. 대신, 우리의 목표는 우리에게 주어진 접근 권한을 진지한 성찰과 분석을 위한 학습의 기회로 삼아 학생들에게 새로운 학습 기회를 열어주는 방법으로 우리 자신의 교수법을 개선하는 것이다.

3 이 책을 활용하기

수학 교실에서 학생들이 생산적인 논의에 참여할 수 있는 기회를 늘리는 야심찬 교수를 실행하고자 한다면 이 책으로부터 많은 것을 얻을 수 있을 것이다. 이 책의 아이디어를 활용하면 교실 논의에서 학생들의 참여와 학습을 높이는 방법에 대해 많은 것을 배울 수 있을 것이다.

이 책은 여러 가지 방법으로 활용될 수 있다. 제안된 질문, 활동, 과제를 수행하면서 혼자서 책을 정독할 수 있다. 대안적으로, 아마도 더 강력한 방법으로, 전문적 학습 공동체, 부서 모임, 또는 시간이 허락될 때 동료 교사들과 함께 이 책을 읽어볼 수도 있다. 이 책은 교실 논의의 질을 개선하는 데 관심이 있는 동료 교사들과 함께 독서 모임(book study)을 하기 위해서도 좋은 선택이 될 것이다. 또한 실습 교사나 예비 교사를 위한 대학 교육 과정에서, 또는 여름이나 학기 중 전문성 개발 워크숍에서 이 책을 접했을 수도 있다. 7장에서는 5가지 관행을 수업의 중심에 두는 방법에 대해 더 많은 아이디어를 살펴볼 것이다.

1) 비디오 시청 지침

이 책과 함께 제공되는 비디오 발췌본의 의도는 5가지 관행에 대한 논의의 기초로서 초등학교 교실의 실제 예를 제공하기 위한 것이다. 이러한 예를 최대한 활용하려면 다음의 세 가지 비디오 시청 지침을 따르기를 제안한다. 이러한 지침은 비디오가 교사의 학습과 성찰을 어떻게 지원할 수 있는지에 대한 최근 연구를 기반으로 한다(Sherin & Dyer, 2017; Sherin & van Es, 2009).

학생 이해(sense-making)에 초점을 두시오. 이 책에서 시청하게 될 대부분의 비디오 클립은 학생들에게 초점을 맞추고 있다. 이는 의도적인 것이다. 5가지 관행은 교사가 취해야 할 행동을 설명하지만, 여기에는 학생들이 하는 것과 말하는 것을 면밀히 살펴보는 것이 포함된다. 따라서 이 비디오는 가르치는 데 있어 즉각적인 요구를 벗어나 여러분이 학생의 이해에 초점을 둘 수 있는 기회를 제공한다.

비디오에서 학생들의 행동을 탐색할 때, 단순히 학생의 생각이 옳은지 그른지 여부를 넘어서서 살펴볼 것을 권장한다. 대신 학생이 무엇을 이해하고 있는지 조사해 보시오. 학생의 아이디어는 무엇인가? 그 아이디어의 출처는 어디인가? 학생이 이해한 것을 고려할 때 왜 그럴듯한가? 학생들의 생각에 대해 이해가 되는 것이 무엇인지에 집중하시오.

여러분이 주목(notice)한 것에 대해서 구체화 하시오. 비디오 시청의 큰 가치는 교실 내 상호작용의 속도를 늦추고 무슨 일이 일어나고 있는지 자세히 주목할 수 있는 시간을 가진다는 점이다. 또한 비디오를 활용하면 특정 학생이 누구에게 무슨 말을 하는지, 그 학생이 어떤 제스처나 그림을 그리는지 등 특정 사건에 초점을 맞춰 자세히 살펴볼 수 있다.

비디오 발췌본을 볼 때, 여러분이 주목한 것에 대해서 구체화하기를 권장한다. 어떤 일이 일어나고 있는지에 대한 여러분의 주장을 뒷받침할 수 있는 자세한 증거를 제시하시오. 비디오에서 특정한 해석을 유도하게 하는 것이 무엇인지 설명하시오.

대안적인 해석을 고려해 보시오. 비디오를 시청하다 보면 무슨 일이 일어나고 있는지, 왜 그런지에 대해 재빨리 추측하는 자신을 발견할 수 있다. 교사로서 우리는 종종 빨리 반응해야 하고, 학생의 혼동(confusions)을 진단해야 하며, 학생의 질문에 반응하고, 수업의 방향을 변경해야 한다. 그러나 비디오는 시간이라는 사치(luxury)를 제공한다. 이 점을 잘 활용하시오!

비디오에서 무슨 일이 일어나고 있다고 생각하는지 일단 파악한 후에는 대안을 찾아보시오. 그밖에 무슨 일이 일어나고 있다고 이해할 수 있을까요? 이는 학생들의 아이디어를 조사할 때 특히 중요하다. 학생의 전략이나 진술 뒤에 숨은 이유를 안다고 가정하지 말고 대안을 찾아보시오. 다른 해석을 고려하는 것은 중요한데, 왜냐하면 학생이 의미하는 것을 이해한다고 가정할 때 우리는 종종 이전에 학생들로부터 들었던 것에 국한시키는 경우가 많기 때문이다.

2) 시작하기!

이제 5가지 관행에 대해 자세히 알아볼 준비가 되었다. 다음 5개의 장에서 관행에 대해 많이 배울 것이다. 제기된 질문에 답변하고 궁금한 점을 메모할 수 있는 일지나 노트를 작성하기를 권장한다. 그러한 일지는 다른 교사들과 대화하거나 자신의 생각이 어떻게 발전하고 변화하고 있는지 수시로 성찰하는 데 도움이 될 수 있다.

"수업 목표를 설정한 후에는 그 목표에 부합하는 과제를 찾아야 합니다. 즉, 수업 중에 하고 싶다고 말한 것을 실제로 달성할 수 있는 잠재력을 가진 과제를 찾아야 합니다. 그래서 이상적으로는, 수업에서 논의할 때 학생들이 배울 것을 명시적으로 말하는 학습 목표와 그 학습 목표에 도달할 수 있는 잠재력 있는 높은 수준의 과제가 필요합니다."

- 올리비아 스태스티니, 3학년 초등학교 교사

CHAPTER 02

목표를 설정하고 과제를 선정하기

5가지 관행을 시작하기 전에 먼저 학생 학습을 위한 목표를 설정해야 하고 그 목표에 맞는 과제를 선정해야 한다. Smith & Stein(2018)은 이를 **관행 0(Practice 0)**이라고 설명했는데, 이는 전체 학급 논의를 포함하고 있는 수업을 계획하기 시작할 때 교사들이 반드시 해야 하는 필수 단계이다. 스미스와 스테인은 다음과 같이 설명한다.

> 생산적인 수학적 논의를 하려면 교사들은 먼저 학습할 수학과 관련된 명확하고 구체적인 목표를 설정해야 하고, 그런 다음 높은 수준의 수학 과제를 선정해야 한다. 이는 교실에서 선정되고 활용되는 모든 과제가 반드시 높은 수준이어야 한다고 말하는 것이 아니라, 학생들이 해결하고 있는 과제가 제한된 사고와 추론만을 필요로 한다면, 핵심적인 수학적 아이디어를 강조하는 생산적인 논의는 일어날 것 같지 않다고 말하는 것이다(Smith & Stein, 2018, p.27).

이 장에서는 먼저 목표를 설정하고 과제를 선정하는 데 무엇이 포함되는지 풀어보고 실제 초등학교 교실에서 이 관행이 어떻게 실행되는지를 예를 들어 설명한다. 그런 다음 교사들이 이 관행에 참여할 때 직면하는 어려움을 탐색하고 자신의 교수 관행에서 목표를 설정하고 과제를 선정하는 것을 탐색할 기회를 제공한다.

1부 관행을 풀어보기: 목표를 설정하고 과제를 선정하기

이 관행(즉, 목표를 설정하고 과제를 선정하기)에 참여하려면 무엇이 필요할까? 이 관행은 먼저 수업의 학습 목표를 구체화하고 그런 다음에 학습 목표에 부합하는 높은 수준의 과제를 확인할 것을 필요로 한다. [그림 2.1]은 목표를 설정하고 과제를 선정하는 과정을 안내하기 위해 이 관행의 구성 요소 및 핵심 질문을 강조한다.

그림 2.1 목표를 설정하고 과제를 선정하는 관행을 지원하기 위한 핵심 질문

구성 요소	핵심 질문
학습 목표를 구체화하기	목표는 (학생들이 할 것과는 대조적으로) 학생들이 수학에 대해 배울 것에 초점을 맞추고 있는가?
목표에 부합하는 높은 수준의 과제를 확인하기	과제는 학생들에게 사고하고 추론하며 문제를 해결할 수 있는 기회를 제공하는가?
	모든 학생들이 과제에 접근할 수 있도록 학생들에게 어떤 자원을 제공할 것인가?
	학생들이 이 과제를 수행하여 목표를 달성했다는 증거로 무엇을 고려할 것인가?

다음 절에서는 타라 타이어스 교사가 1학년 교실에서 가르친 수업을 바탕으로 이 관행에 대한 예시를 제공한다. 타이어스 교사가 수업을 계획하면서 생각하고 명료하게 표현한 내용을 읽으면서, 핵심 질문에 대한 이 교사의 관심(attention)이 수업 계획에 어떻게 영향을 끼치는지 고려해 보시오.

1 학습 목표를 구체화하기

수업을 계획할 때 첫 번째 단계는 목표(들)를 구체화하는 것이다. [그림 2.2]의 각 수학적 아이디어에 대한 목표 A와 B를 생각해 보시오. 이 목표들의 공통점과 차이점은 무엇인가? 차이점이 중요하다고 생각하는가?

그림 2.2 특정한 수학적 아이디어를 학습하기 위한 다양한 목표

목표가 되는 아이디어	목표 A	목표 B
세기 유치원	학생들은 20까지 물체의 수를 셀 수 있을 것이다.	학생들은 물체를 셀 때, 마지막으로 말한 수가 세어지는 물체의 수를 나타낸다는 것을 이해할 것이다.
자릿값 2학년	학생들은 세 자리 수를 정확하게 읽고 쓸 수 있을 것이다.	학생들은 세 자리 수의 각 숫자가 서로 다른 크기를 나타내며 왼쪽의 각 숫자는 그 이전 숫자보다 10배 더 크다는 것을 이해할 것이다.
동치 분수 4학년	학생들은 동치 분수를 인식하고 만들 수 있을 것이다.	학생들은 시각적 모델을 활용하여 두 분수가 왜 동치인지 또는 동치가 아닌지 설명할 수 있을 것이다.

출처 | 목표는 『수학과 공통 핵심 주 규준』(http://www.corestandards.org/Math/)을 기반으로 함(National Governors Association Center for Best Practices & Council of Chief State School Officers, 2010)

[그림 2.2]에서 목표로 하는 각 수학적 아이디어에 대해 A열에 나열된 목표는 수행 목표(performance goal)로 간주된다. 수행 목표는 학생들이 수업에 참여한 결과로 무엇을 할 수 있게 될지 나타낸다. 이와 대조적으로, B열에 나열된 각 목표는 학습 목표(learning goal)이다. 학습 목표는 특정한 수업에 참여한 결과로 학생들이 수학에 대해 무엇을 이해하게 될지를 명시적으로 진술한다. 학습 목표는 수업 중 교사의 의사 결정을 안내할 수 있도록 충분히 구체적으로 진술될 필요가 있다(예, 학생들이 해결하도록 어떤 과제를 선정할 것인지, 학생들이 과제를 해결하는 동안 어떤 질문을 할 것인지, 전체 학급 논의를 하는 동안 어떤 해결 방법을 발표하게 할 것인지 등). Hiebert와 그의 동료들(2007)은 다음과 같이 말했다.

> 명시적인 학습 목표가 없으면 무엇이 학생들의 학습에 대한 증거로 간주되는지, 학생들의 학습은 특정한 수업 활동과 어떻게 연결될 수 있는지, 그리고 학생들의 학습을

보다 효과적으로 촉진하기 위해 수업을 어떻게 수정하는지 알기가 어렵다. 명확하고 명시적인 학습 목표를 설정하는 것은 다른 모든 것의 발판이 된다(p.51).

일반적으로 "목표가 좋을수록 교수학적 결정을 더 잘 내릴 수 있고 학생 학습을 향상시킬 수 있는 기회가 더 커진다"(Mills, 2014, p.2).

Hunt & Stein(출간 중)에 따르면, "우리는 너무 자주, 학생들의 행동 기저에 대한 이해 없이 학생들이 '알게(know)' 되기를 바라는 수학을 수행능력(performance)이나 학생들이 '할 것(do)'으로 정의한다." 학생들이 수학을 이해하면서 배우기를 원한다면, 수업 참여의 결과로 학생들이 수학에 대해 정확히 무엇을 이해하기를 기대하는지 구체적으로 명시할 필요가 있다. 따라서 수업을 위해 설정하는 목표는 수행능력에만 초점을 맞추는 것이 아니라 무엇을 배울 것인가에 초점을 맞춰야 한다.

타이어스 교사의 1학년 학생들은 두 자리 수 뺄셈을 공부하고 있었다. 학생들은 이미 두 자리 수가 십의 개수(a number of tens)와 일의 개수(a number of ones)로 구성되어 있다는 것을 알고 있었고, 두 수가 모두 10의 배수인 두 자리 수의 뺄셈을 시작했다. 학생들은 이제 막 더 큰 수(즉, 피감수)는 10의 배수가 아니지만 빼지고 있는 수(즉, 피감수)가 10의 배수인 두 자리 수끼리의 뺄셈을 시작했다.

수업의 결과, 타이어스 교사는 학생들이 다음을 이해하기를 원했다.

1. 두 자리 수끼리의 뺄셈을 할 때, 십의 자리는 십의 자리끼리, 일의 자리는 일의 자리끼리 빼야 한다. 10의 배수를 빼는 경우는 빼야 할 일의 자리 수가 없기 때문에 십의 자리에 있는 수만 바뀐다.

2. 체계적인 방법으로 수를 분해(decomposing)하고 재합성(recomposing)하면 문제를 해결하고 십의 자리와 일의 자리의 양 사이의 관계를 보다 가시적으로 만드는 데 도움이 된다.

3. 빼기를 하기 전에 10의 배수를 만들기 위해서 수를 올림(또는 버림[1])할 수 있다. 그런 다음 처음에 더하거나 뺀 양을 보상(compensate)하기 위해서 올리거나 버린 양은 차(difference)에서 빼거나 더해야 한다.

4. 여러 가지 표현(예, 모델, 그림, 수, 등식)을 사용하여 문제를 해결할 수 있으며, 다른 표현을 서로 연결할 수 있다.

타이어스 교사가 수업의 학습 목표를 구체화한 수준은 학생들에게 적합한 과제를 파악하는 데 도움을 줄 것이며, 결과적으로 학생들이 목표를 향해 나아갈 수 있는 질문을 하고 의도했던 것을 학생들이 어느 정도 학습했는지를 판단하는 데 도움이 될 것이다.

수업 적용 팁

구체성(specificity)은 학습 목표를 설정하고 적절하게 연계된 과제를 찾기 위한 핵심 중의 하나입니다.

2 목표에 부합하는 높은 수준의 과제를 확인하기

수업 계획의 다음 단계는 학습 목표에 부합하는 높은 수준의 과제를 선정하는 것이다. 높은 수준 또는 인지적으로 도전적인 수학 과제는 학생들이 추론과 문제 해결에 참여하도록 유도하며, 학생들이 수학을 이해하면서 배우도록 지원하는 데 필수적이다. 대조적으로, 낮은 수준의 과제, 즉 규칙과 절차를 적용하여 해결될 수 있는 과제는 (그 과제의) 저변에 깔린 수학적 개념에 대해 제한적인 사고나 이해가 필요하다. Boston & Wilhelm(2015)에 따르면, "높은 수준의 사고와 추론의 기회가 수업 과제(instructional tasks)에 포함되지 않으면, 그러한 기회는 수학 수업 중에 거의 실현되지 않는다"(p. 24). 또한, 정기적으로 높은 수준의 과제에 참여할 기회가 있는 학생들은 수업 중 주

[이 책의 각주는 모두 독자의 이해를 돕기 위해 역자들이 추가한 것입니다.]

1 여기서 올림(be rounded up) 또는 버림(be rounded down)은 정확한 계산 대신 문제 상황에 적절한 값을 구하기 위해 '수의 어림하기'에서 활용되는 올림이나 버림과는 다르다. 여기서는, 예를 들어, 69−20과 같은 문제를 해결할 때, 계산하기 편리하도록 69를 70으로 올려서 생각하는 것을 말한다. 그런 다음, 70−20=50으로 계산한 후, 앞에서 1을 올린 만큼 계산 결과(차)에서 1을 빼는 보상 전략을 적용한다.

로 낮은 수준의 과제에 참여하는 학생들보다 학습 효과가 더 크다는 것을 보이는 연구가 있다(예, Boaler & Staples, 2008; Hiebert & Wearne, 1993; Stein & Lane, 1996; Stigler & Hiebert, 2004).

생산적인 논의를 위한 가장 풍부한 기반을 제공하는 과제를 **수학 행하기**(doing-mathematics) 과제라고 한다. 이러한 과제는 비알고리즘적 과제로서, 문제 해결 경로를 제안하거나 암시하지 않고 학생들은 알려진 규칙을 단순히 적용하여 문제를 해결할 수 없다. 따라서 학생들은 과제가 무엇을 요구하는지 파악하기 위해 과제를 탐구해야 하고, 과제를 해결하기 위해서 사전 지식과 경험을 바탕으로 계획을 수립하고 실행해야 한다(Smith & Stein, 1998). 이러한 과제를 통해 학생들은 문제를 이해하고, 계획을 세우며, 그 계획을 실행하고, 되돌아보는 문제 해결 과정에 참여할 수 있는 기회를 가지게 된다(Polya, 2014). 이 과정의 핵심은 학생들이 과제의 본질적인 부분인 수학적 아이디어 및 관계와 씨름할(wrestle) 수 있는 기회이다.

인지적 요구(cognitive demand) 수준은 논의할 만한 가치가 있는 과제를 선정할 때 중요한 고려 사항이지만, 과제를 선정할 때 또한 고려해야 하는 다른 특징도 있다. 구체적으로, 교사는 그 과제에 접근하고 해결할 수 있는 방법의 수, 정당화나 설명이 필요한 정도, 수학을 표현하고 연결할 수 있는 다양한 방법, 패턴을 찾고 추측하며 일반화를 형성할 수 있는 기회를 고려해야 한다. 이러한 특징들은 풍부한 수학 과제의 특성이며 학생들이 수학적 능숙함(proficiency)을 개발하는 데 필수적인 것으로 간주되는 수학적 관행 또는 과정 (예, 문제를 이해하고 끈기 있게 해결하기, 추상적이며 양적으로 추론하기, 타당한 논증을 구성하기, 반복 추론을 활용하기)에 참여할 수 있는 기회를 갖도록 도와준다. 과제의 잠재력을 평가할 때는 [그림 2.3]에 제시된 질문을 염두에 두고 검토한다. 이러한 질문은 핵심적인 수학적 관행 및 과정에 참여할 수 있는 풍부한 과제를 선정하는 데 도움이 될 것이다.

그림 2.3 과제의 풍부함을 평가하는 데(size up) 도움이 되는 질문

- 과제를 시작하고 역량(competence)을 보여줄 수 있는 여러 가지 방법이 있는가?
- 과제는 학생들에게 정당화 또는 설명하라고 하는가?
- 과제는 수학적 아이디어의 다양한 표현을 활용하고 연결하는 기회를 제공하는가?
- 과제는 패턴을 찾고 추측하거나 일반화할 수 있는 기회를 제공하는가?

이러한 각 질문에 '예'라고 답한다고 해서 학생들이 수학적 관행에 참여하게 될 것이라고 보장하지는 않는다. 그러나 지금까지 설명한 특징을 가진 수학 행하기 과제와 함께 5가지 관행을 활용하면 학생들이 수학적 관행에 참여하는 데 도움이 될 것이다. 따라서 우리는 『수학과 공통 핵심 주 규준』(National Governors Association Center for Best Practices & Council of Chief State School Officers, 2010)이 제시하는 수학적 관행 규준과 같은 별도의 과정 목표(process goals)를 생각하기보다는 학생들에게 그러한 과정에 참여하는 기회를 제공할 수 있는 과제의 특징을 교사가 고려할 것을 권고한다.

> **수업 적용 팁**
> 절차적 연습 문제보다는 수학 행하기 과제가 풍부하고 생산적인 수학적 논의에 적합합니다.

타이어스 교사는 수업을 위해 [그림 2.4]에 제시된 바와 같이 타이어스 선생님의 마커(Markers) 과제를 만들었다. 이 과제를 만들 때, 타이어스 교사는 자신이 고려한 맥락과 수에 매우 세심한 주의를 기울였다. 첫째, 맥락은 학생들이 이해할 수 있는 것이었다. 타이어스 교사는 실제로 학생들에게 마커가 담긴 바구니를 보여주고 일부를 주는

그림 2.4 타이어스 선생님의 마커 과제

타이어스 선생님의 마커 과제

1. 타이어스 선생님은 향기 마커 69개를 가지고 있습니다. 선생님은 친구에게 향기 마커 40개를 줍니다. 선생님에게 남은 마커는 몇 개일까요? 안나(Anna)가 이 문제를 어떻게 해결할 수 있는지 다이어그램으로 그리고 등식을 쓰세요.

2. 타이어스 선생님은 네온 마커 79개를 가지고 있습니다. 선생님은 친구에게 네온 마커 30개를 줍니다. 선생님에게 남은 마커는 몇 개일까요? 안나가 이 문제를 어떻게 해결할 수 있는지 다이어그램으로 그리고 등식을 쓰세요.

각 문제를 해결하세요.

59 - 20 = ___________　　88 - 30 = ___________

출처 | 타라 타이어스 선생님의 과제, 이미지 출처는 Pixababy.

온라인 자원 이 과제는 resources.corwin.com/5practices-elementary에서 다운로드할 수 있다.

행위를 할 수 있었다. 둘째, 학생들이 마커를 일일이 세지 않도록 문제에서 상대적으로 큰 수의 마커(예, 69와 79)를 사용하고자 했다. 이렇게 하면 학생들이 다른 전략을 활용하도록 장려할 수 있을 것이다. 또한 타이어스 교사는 반올림[2]과 보상(rounding and compensating) 전략을 고려하기에 적합하도록 10에서 1(한번은 2)을 빼도록 마커 수를 선택했다. 또한 학생들이 1씩 거꾸로 세는 것을 지루하게 여기도록, 빼는 수를 충분히 큰 10의 배수로 선택했다. 교사가 맥락과 수를 신중하게 고려한 것은 학생들이 과제를 이해하고 수업에서 목표로 하는 수학적 아이디어에 참여할 기회를 가지도록 확실히 하는 데 있어서 핵심이었다.

학생들이 이 과제에 접근할 수 있도록 타이어스 교사는 학생들이 평소 사용하는 도구 키트(toolkits)와 함께 과제를 해결할 때 그릴 수 있는 100 차트(그림2.5a 참조)와 십진 블록(그림 2.5b 참조)을 제공하려고 계획했는데, 이 중 어떤 것이 유용할지는 학생들이 결정하도록 내버려 두기로 했다. 타이어스 교사는 이러한 물적 자원 이외에도, 학생들이 둘씩 또는 셋씩 과제를 수행하도록 하여 함께 의논할 수 있는 '인적' 자원도 제공하기로 결정했다. [주의: 타이어스 교사가 언급하는 100 차트는 실제로는 120까지 올라

그림 2.5 타이어스 교사의 학생들에게 제공되는 자료

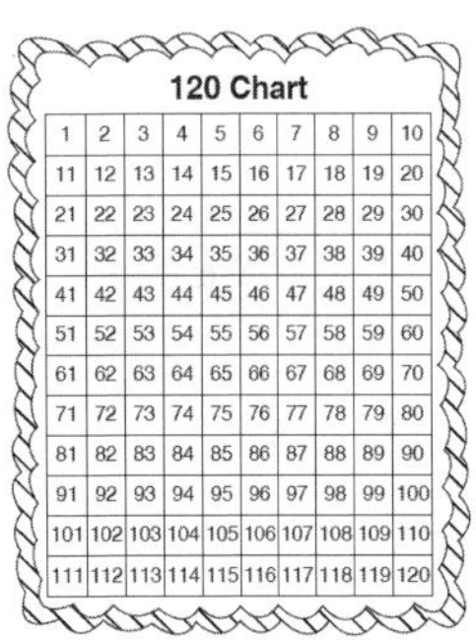

a. 100 차트

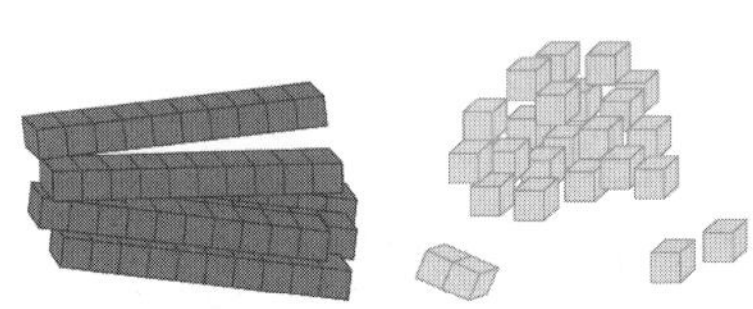

b. 십진 블록: 검은색(10을 나타내는 막대) 및 회색(1을 나타내는 단위)

2 수의 어림하기에서의 반올림은 구하려는 자리 바로 아래 자리의 숫자를 보고 올리거나 버려서 나타내는 방법을 말한다. 여기서는 반올림 및 보상 전략을 함께 사용하여, 예를 들어, 69−20과 같은 문제를 해결할 때, 계산하기 편리하도록 69를 70으로 반올림하여 생각하고, 이후 계산에서 1을 올린 만큼 다시 1을 빼는 것을 말한다.

간다. 이는 1학년 학생들이 120까지 세고 숫자를 읽고 쓸 수 있으며 이 범위의 숫자가 쓰인 사물의 수를 나타낼 수 있어야 한다는 사실에 기인한다.]

학생들이 이 과제를 수행하면서 수업의 목표를 이해했다는 증거로 무엇을 말할지, 행할지, 또는 만들어낼지 질문을 받았을 때, 타이어스 교사는 학생들이 다음을 행할 것이라고 답했다.

- 69에서 40을 빼는 전략을 기술하고 다양한 해결 전략들이 어떻게 연결되어 있는지 설명한다.
- 올림하면 처음에 가지고 있던 마커보다 더 많은 마커를 얻게 되므로 처음에 추가했던 마커를 보상하기 위해 빼야 한다고 설명한다.
- 두 자리 수를 십의 자리와 일의 자리로 분해한 다음, 십의 자리에서 십의 자리를 빼고, 빼야 할 일의 자리가 없으므로(예, 9 − 0 = 9) 여전히 같은 일의 자리 수를 가지게 되고, 이를 십의 자리와 합한다고 설명한다.

3 핵심 질문에 대한 타이어스 교사의 관심: 목표를 설정하고 과제를 선정하기

수업 계획의 초기 단계동안 타이어스 교사는 핵심 질문에 세심한 주의를 기울였다. 첫째, 수업 목표를 설정할 때 학생들이 과제에 참여함으로써 수학에 대해 무엇을 배우기를 원하는지 명확하게 표현했다. 목표를 구체적으로 명시한 덕분에 학생들이 이러한 아이디어에 대해 무엇을 이해했는지 파악하고 학생들이 앞으로 나아가는 데 도움이 되는 질문을 만들 수 있었다. 타이어스 교사는 학생들이 2개의 두 자리 수 사이의 차를 찾기를 원했고, 또한 학생들이 뺄셈은 양을 제거하거나 덜어내야 한다는 것, 뺄셈할 때 숫자의 자릿값에 주의해야 한다는 것을 이해했는지 분명히 하기를 원했다.

둘째, 그녀는 자신의 목표에 부합하는 높은 수준의 **수학 행하기** 과제를 만들었다. 학생들은 아직 학습하지 않았기 때문에 알려진 규칙이나 절차를 적용하여 타이어스 선생님의 마커 과제를 해결할 수 없었으며, 이 과제는 학생들의 인내심과 이해(sense-making)가 필요했다. 타이어스 교사는 과제가 몇 가지 다른 중요한 특징을 가질 수 있도록 과제를 **풍부하게 만들었다**(그림 2.3 참조). 구체적으로, 학생들이 과제를 해결할 때 사용할 수 있는 여러 가지 접근 방법(예, 블록이나 그림으로 69개 마커의 십진 모델을 만들고 10을 4번 거꾸로 세어(counting back) 29에 이르기, 69를 70으로 반올림한 후 40을 뺀 30에서 다시 1을 더 빼기)이 있었고, 교사가 학생들의 활동을 지원할 수 있도록 제공하려고 계획했던 물적 자원과 인적 자원이 있었다. 학생들은 여러 가지 다른 표현을 사용하고(예, 맥락, 십진 블록, 100 차트, 도구 상자의 내용물) 산출할 수 있는 기회를 가졌다(예, 등식, 다이어그램). 따라서 학생들은 이 과제를 해결하면서 중요한 수학을 학습하고 핵심적인 관행에 참여할 수 있었다.

타이어스 선생님의 마커 과제는 교사가 학생들에게 제공한 자원과 함께 모든 학생이 어느 정도 수준에서 과제에 들어갈 수 있게 (과제를 시작할 수 있게) 했다. 학생마다 다른 과제를 제공하여 수업을 차별화하기보다는 한 가지 과제를 선정하고 학생들이 고려할 수 있는 여러 가지 자원과 다양한 수준의 학습자에게 도전할 수 있는 질문을 제공함으로써 다양한 학습자의 요구를 충족시켰다. 또한 교사의 주된 의도는 타이어스 선생님의 마커 과제에서 처음 두 문제에 집중하는 것이었지만, 추가 문제(즉, 59−20과 88−30)를 포함하여 타이어스 선생님의 마커 과제를 빠르게 푼 학생에게 반복 추론에 참여하고 이전에 활용했던 전략이나 다른 전략을 시도해 볼 기회를 제공했다.

마지막으로 타이어스 교사는 학생들이 학습하기를 원했던 아이디어에 대해 진전을 보인다는 증거를 제공하기 위해 학생들이 말하거나 행할 것으로 예상되었던 몇 가지 사항을 제시했다. 수업에 앞서 이러한 증거를 고려함으로써 그녀는 학생들의 이해가 진전되고 있다는 징후를 찾기 위해 학생들의 활동에 세심한 주의를 기울일 준비가 되어 있었다.

목표를 설정하기와 과제를 선정하기에 세심한 주의를 기울인 덕분에 타이어스 교사는 생산적으로 계획하기 시작했고, 5가지 관행에 참여할 준비가 되었다. 다음 장에서는 타이어스 교사가 과제를 제시했을 때 학생들이 무엇을 할 것인지와 교사가 어떻게 반응할지 예상하면서 그녀의 수업 계획 과정을 계속 살펴볼 것이다. 이제 목표를 설정하고 과제를 선정할 때 교사들이 직면하는 어려움에 주목해 본다.

2부 교사가 직면하는 어려움: 목표를 설정하고 과제를 선정하기

이 장의 도입에서 진술했듯이, 목표를 설정하고 과제를 선정하는 것은 생산적인 논의를 조율하는 데 기본이 된다. 그러나 목표를 설정하고 과제를 선정하는 데 어려움이 없는 것은 아니다. 이 절에서는 [그림 2.6]에 제시한 바와 같이, 이 관행과 관련된 4가지 구체적인 어려움에 초점을 두는데, 어려움은 우리가 교사들과 함께한 활동을 통해 확인한 것이다.

그림 2.6 목표를 설정하고 과제를 선정하는 관행과 관련된 어려움

어려움	설명
학습 목표를 확인하기	목표는 학생들이 과제에 참여한 결과로 무엇을 할 것인지가 아니라, 무엇을 배우게 될지에 초점을 둘 필요가 있다. 목표가 명확하면 다른 모든 것의 기반이 된다!
수학 행하기 과제를 확인하기	수학 행하기 과제는 학생 학습에 가장 큰 기회를 제공하지만, 일부 교과서에서는 쉽게 찾아보기 어렵다. 교사는 기존 과제를 변형하거나 다른 자원에서 과제를 찾거나 과제를 만들 필요가 있을 수 있다.
과제와 목표가 부합하는지 확실히 하기	학습 목표가 구체적이라 하더라도 교사는 학생들이 그 특정한 목표로 진전을 이루지 못하게 하는 과제를 선정할 수도 있다.
학생이 접근할 수 있도록 과제 시작하기	교사는 수학적 요구가 줄어들고 핵심 아이디어가 그냥 **제시되지**(given away) 않도록, 시작할 때 맥락과 수학에 접근할 수 있게 할 필요가 있다.

1 학습 목표를 확인하기

학습 목표를 확인하는 것은 어렵지만, 모든 수업을 계획할 때 중요한 첫 단계이다. 학습 목표를 확인하는 것이 어려운 이유는 학생들이 수학에 대해 무엇을 배울 것인가

가 아니라 수업에 참여한 결과로 무엇을 할 수 있을 것인가에 초점을 맞추는 경우가 많기 때문이다.

예를 들어, 3학년 학생들을 위해 야다 터너 교사가 계획했던 수업을 생각해 보자. 터너 교사는 분수에 대한 단원을 시작하고 있었고, 피자 비교 과제(그림 2.7 참조)를 그 수업의 기초로 사용하기로 결정했다. 그녀는 피자 맥락 때문에 피자를 좋아하는 학생들이 과제에 쉽게 참여할 것으로 생각하여 이 과제를 선정했다. 또한 학생들이 그림, 단어, 수를 사용하여 호세(Jose)의 주장을 고려할 수 있으므로 다양한 방법으로 문제를 풀 수 있을 것으로 생각했다.

그림 2.7 피자 비교 과제

피자 비교 과제

다음 질문에 대해서 신중하게 생각하세요. 완전한 답을 작성하세요. 그림, 단어, 수를 사용하여 답을 설명할 수 있습니다. 모든 해결 과정을 제시해야 합니다.

호세는 피자의 $\frac{1}{2}$을 먹었습니다.
엘라(Ella)는 다른 피자의 $\frac{1}{2}$을 먹었습니다.

호세는 자신이 엘라보다 피자를 더 많이 먹었다고 말했지만, 엘라는 둘 다 같은 양을 먹었다고 말했습니다. 단어와 그림을 사용하여 호세의 말이 옳을 수 있음을 보여주세요.

출처 | 피자 비교 과제는 1992년 『국가 교육 향상 평가』(National Assessment of Educational Progress)에 등장함. 미국 교육부, 교육 과학 연구소, 국립 교육 통계 센터, 국가 교육 향상 평가(NAEP), 1992년 수학 평가.

터너 교사는 처음에 학생들이 분수를 이해하는 것이 수업의 목표였다고 말했다. 수학 코치로부터 학생들이 수학에 대해 무엇을 배우기를 원하는지 보다 구체적이어야 한다는 요청을 받았을 때, 터너 교사는 "그게 저에게는 어려운 부분입니다"라고 인정했다.

후속 팀 회의에서 터너 교사는 코치 및 학년 동료 교사들과 함께 학생들이 피자 비교 과제를 해결하기 위해 어떤 수학적 이해가 필요한지 자세히 설명하기 위해 협력하였고, 그 결과로 수업을 위해 다음과 같은 학습 목표를 결정했다. 구체적으로, 터너 교사는 수업에 참여한 결과 학생들이 다음을 이해하기를 원했다.

- 분수 $\frac{1}{b}$은 전체를 똑같이 b 부분으로 분할했을 때 한 부분에 의해 형성되는 양이다. 피자의 $\frac{1}{2}$은 피자를 똑같은 두 개의 부분으로 잘랐을 때의 한 부분이다.
- 분수는 대상의 크기(이 경우 피자 한 판)와 관련하여 해석되어야 한다.
- 비교는 두 분수가 동일한 크기의 전체를 가리킬 때만 유효하다. 즉, 두 피자가 동일한 크기일 때만, 한 피자의 $\frac{1}{2}$은 다른 피자의 $\frac{1}{2}$과 같다.

학생들이 이해하기를 바라는 것이 명확해지자, 터너 교사는 이제 학생들이 과제를 통해 무엇을 할 것인지 예상할 준비가 되었고, 학생들이 이러한 아이디어에 대해 무엇을 이해하고 있는지 파악하는 데 도움이 되는 질문을 준비할 수 있게 되었다.

왜 이 정도 수준까지의 구체성이 중요한가? 왜냐하면 학습 목표의 구체성이 이 수준은 되어야 학생들이 분수 $\frac{1}{2}$의 의미를 이해하는지 즉, 모든 $\frac{1}{2}$이 동일한 양을 나타내지는 않는다는 것과 다른 크기를 가진 전체 2개가 있다면 그 각각의 $\frac{1}{2}$은 동일한 크기가 아니라는 것을 이해하는지 교사가 판단할 수 있기 때문이다. 그래서 학생들이 과제를 수행하는 동안 터너 교사가 이러한 학습 목표를 염두에 두고 실제로 학생들과 상호작용할 때 호세의 주장이 옳다는 것이 무엇을 의미하며 어떤 조건에서 가능한지 설명하도록 학생들에게 요청할 수 있다. 또한 이러한 수준의 구체성은 터너 교사가 전체 학급 논의 중에 학생들이 공유했으면 하는 해결 방법과 수업 후반부에 학생들에게 물어보고 싶은 질문을 고려하는 데 도움이 된다.

따라서 목표의 구체성은 수업 중에 교사에게 지침을 제공하고 학생들이 무엇을 이해하고 이해하지 못하는지 판단하는 데 도움이 될 것이다. 그런 다음, 이 정보는 교사가 후속 수업을 계획하는 데 도움이 될 것이다. (교사가 개별적으로 또는 집단적으로 학생들의 학습을 위한 목표를 만들고 정교화하는 데 사용할 수 있는 상호 연결된 세 가지 단계 즉, 목표를 정의하기, 수학을 풀어내고 목표를 정교화하기, 목표와 교수법을 관련짓기에 대한 설명은 Hunt & Stein(출간 중)을 참조하시오.)

2 수학 행하기 과제를 확인하기

수학 행하기 과제는 전체 학급 논의를 위한 최적의 수단을 제공하지만, 모든 교육과정 자료가 이러한 과제로 가득 차 있는 것은 아니다. 전통적인 교과서에는 추론과 문제 해결의 기회가 제한되는, 절차적 과제가 더 많이 포함된 경향이 있다. 그러한 자원에는 **문장제**(word problems)도 포함되어 있지만, 그런 문제는 이전에 소개되고 모델링된 절차를 사용하여 해결되는 경우가 많으며 제한된 사고를 필요로 한다. 규준 기반 교재(Senk & Thompson, 2003)에는 일부 절차적 과제도 포함되어 있지만 추론 및 문제 해결을 촉진하는 높은 수준의 과제도 포함되어 있다. 높은 수준의 과제가 포함되지 않은 자원을 사용하고 있다면, 교사가 어떻게 해야 할까? 이 절에서는 기존 과제를 변형하거나, 다른 자원에서 과제를 찾거나, 자신만의 과제를 만드는 세 가지 가능한 옵션을 살펴볼 것이다.

> **수업 적용 팁**
> 교과서에서 논의할만한 가치 있는 과제를 충분히 제공하지 않는다면, 교사는 변형하거나, 찾거나, 또는 자신만의 과제를 만들 수 있는 옵션이 있습니다!

1) 기존 과제 변형하기

대부분의 교과서에는 현재 장에서 소개했던 절차를 사용하여 해결될 수 있는 낮은 수준의 과제를 포함한다. 규칙(rule)을 회상할 수 있다면 새로운 문제를 해결하기 위해서 단순히 그 규칙을 적용할 수 있다. 규칙이 기억나지 않는다면, 대개 해당 장의 예제 문제를 다시 참조하여 거기에 포함된 단계를 따라 할 수 있다. 이러한 문제는 학생들에게 학습한 규칙을 연습할 기회를 제공하지만, 수학적 관계와 연결에 대해서 생각하고 추론할 수 있는 기회는 제한적이다. 따라서 한 가지 고려해야 할 사항은 연습을 위한 시간을 제공하면서 더 많은 사고 기회를 어떻게 제공하느냐이다.

예를 들어, 쿠키 굽기 과제를 생각해 보자. 원래 과제(그림 2.8의 왼쪽)에서 학생들은 문제를 곱셈 상황으로 인식할 필요가 있고 (교과서의 해당 장에 문제가 배치된 것을 보면 알 수 있듯이) 표준 알고리즘을 적용하여 60분이라는 답에 도달할 수 있다.

카르멘 오티즈 교사는 교과서에서 쿠키 굽기 과제를 보고 학생들이 더 많은 사고와

그림 2.8 원본 및 변형된 쿠키 굽기 과제

<table>
<tr><th>쿠키 굽기 과제 – 원본</th><th>쿠키 굽기 과제 – 변형</th></tr>
<tr><td>쇼나(Shawna)는 학급 파티를 위해 쿠키 5판(batch)을 구울 계획입니다. 각 쿠키 판을 오븐에서 굽는 데 12분이 걸립니다.

쿠키 5판을 모두 굽는 데 시간이 얼마나 걸리나요?

</td><td>쇼나는 학급 파티를 위해 쿠키를 구울 계획입니다. 각 쿠키 판을 오븐에서 굽는 데 12분이 걸립니다.

1. 쿠키 5판을 굽는 데 시간이 얼마나 걸리나요?

2. 쿠키 6판을 굽는 데 시간이 얼마나 걸리나요? 7판은? 8판은? 9판은? 20판은? 다른 수의 쿠키 판을 굽는 데 걸리는 시간을 설명하는 수식을 써 보세요.

3. 그림, 표, 수, 또는 단어를 활용하여 문제 세트에서 주목한 패턴을 설명하세요.

4. 임의의 수의 쿠키 판을 굽는 데 걸리는 시간을 결정하기 위해서 여러분의 패턴을 활용하는 방법을 기술하시오.</td></tr>
</table>

이미지 출처 | Pixabay.

온라인 자원 이 과제는 resources.corwin.com/5practices-elementary에서 다운로드할 수 있다.

추론을 할 수 있도록 그 과제를 변형하기로 결정했다(그림 2.8의 오른쪽에 있는 변형된 과제 참조). 원래 과제와 변형된 과제를 비교하면 오티즈 교사는 다음과 같이 변형했음을 알 수 있다.

- 교사는 학생들에게 다양한 수의 쿠키 판을 굽는 데 걸리는 시간을 구하고 각각을 설명하는 수식을 써 보도록 요청했다.
- 교사는 학생들에게 다양한 표현을 활용하여 학생들이 주목한 패턴을 설명하도록 요청했다.
- 교사는 학생들에게 임의의 수의 쿠키 판을 굽는 데 걸리는 시간을 설명해 달라고 요청했다.

이러한 변형을 통해 오티즈 교사는 낮은 수준의 과제를 수학 행하기 과제로 만들었다. 게다가 변형된 과제에는 우리가 앞에서 논의했던 몇 가지 추가적인 특징(그림 2.3 참조)이 있다. 즉, 학생들이 서로 다른 표현을 사용하고 연결하도록 요구하며, 패턴을 찾고 특정한 상황을 뛰어넘어 일반화하도록 요구한다. (과제를 변형하는 방법에 대한 더 많은 통찰을 위해서는 Arbaugh, Smith, Boyle, Stylianides, & Steele(2018); Boyle & Kaiser(2017); 그리고 Smith & Stein(2018)을 보시오.)

원래 과제는 수와 연산(즉, 범자연수에 한 자리 수를 곱하기)에 초점을 두었지만, 수정된 과제는 수와 연산뿐만 아니라 대수적 사고(즉, 분석하기)에도 초점을 둔다. 초기 과제에 일련의 문제를 추가함으로써 학생들이 패턴을 찾고 궁극적으로 일반화하도록 격려한다. Blanton & Kaput(2003)은 오티즈 교사가 이 문제를 변형하기 위해 활용했던 과정을 '대수화하기(algebrafying)'라고 기술한다. 그들은 다음과 같이 설명한다.

> 기존의 산술 활동과 문장제는 하나의 수치적 정답이 있는 문제에서 패턴을 만들고, 추측하고, 일반화하고, 수학적 사실과 관계를 정당화할 수 있는 기회로 변형된다(Blanton & Kaput, p.71).

대수화하기 기술은 여러 학년에 걸쳐 다양한 범위의 산술 과제에 적용될 수 있으며 '학생들의 흥미를 유발하고 무의미하게 수를 다루는 학습지를 피할 수 있는 맥락에서 많은 양의 계산 연습'을 학생들에게 제공할 수 있다(Blanton & Kaput, 2003, p.73). 대수화된 과제는 학생들에게 수학적 관행 규준 중 하나인 반복 추론에서 규칙성을 찾고 표현할 수 있는 기회를 제공한다(National Governors Association Center for Best Practices & Council of Chief State School Officers, 2010).

수업 적용 팁

기존 과제를 대수화함으로써 학생들이 계산 연습을 하는 동시에 패턴을 찾고 일반화할 수 있는 기회를 제공할 수 있습니다.

2) 다른 자원에서 과제 찾기

많은 인쇄물 및 전자 자원에서 높은 수준의 수학 행하기 과제를 찾을 수 있다. 여기서 관건은 수학적 목표에 부합하고, 학생들이 접근하기 쉬우며, 학생들의 현재 수준을 뛰어넘어 학습을 발전시킬 수 있는 잠재력이 있고, 교육과정의 내용과 흐름에 부합하는 과제를 찾아야 한다는 것이다.

마이클 맥카시 교사의 5학년 학생들은 패턴을 생성하고 분석해 본 경험이 있었다. 그는 자신의 학생들이 패턴의 저변에 있는 구조를 파악하고, 그 파악된 구조를 활용하여 수열에서 어떤 패턴이든 기술할 수 있도록 증가 패턴(growth pattern)을 분석하는 경험을 쌓기를 원했다. 패턴을 분석하고, 기술하며, 일반화하는 능력은 대수적 사고의 핵심 요소이며(Driscoll, 1999), 맥카시 교사는 학생들이 특정 수와 상황을 뛰어넘어 일반화할 수 있는 기회를 많이 가지기를 원했다.

맥카시 교사가 사용하고 있었던 교과서에는 일부 시각적 패턴 과제가 포함되어 있었지만, 그는 그 문제가 너무 많은 비계(scaffolding)를 제공하고 학생들이 실제로 애써 볼 수 있는 여지는 거의 남기지 않았다고 느꼈다. 그 결과, 그는 Mathwire(http://mathwire.com)에서 온라인으로 찾았던 식탁 및 의자 조사 과제(그림 2.9 참조)를 활용하기로 결정했다. 이 과제는 학생들이 앉을 수 있는 손님의 수와 필요한 정사각형 식탁의 수 사이의 관계를 탐색하고 궁극적으로 임의의 식탁의 수에 대해 앉을 수 있는 손님의 수를 일반화할 수 있는 실세계 맥락으로 구성되었다.

맥카시 교사는 교과서 단원의 한 과제를 수학 행하기 과제로 대체하여 잘 평가된 **풍부한**(sized up) 과제를 학생들에게 제공했다(그림 2.3 참조). 특히 이 과제는 모든 학생에게 참여를 허용하고(예를 들어, 학생들은 후속 표를 만들거나 그릴 수 있었고, 만들고 세어서 표를 완성할 수 있었음), 다양한 표현(즉, 맥락, 시각적 다이어그램, 표, 언어적 설명)을 사용하도록 요구했으며, 학생들이 패턴을 찾고 특정 사례를 뛰어넘어 일반화하도록 했다. 게다가, 앉을 수 있는 총 손님의 수를 결정하는 다양한 방법이 있었는데, 각각을 대수적으로(예, $c = 2n + 2$, $c = 2(n + 1)$, $c = 4 + 2(n - 1)$) 또는 서술적으로(예, 식탁 수에 위쪽과 아래쪽의 좌석을 곱한 다음 양옆 쪽 좌석의 2를 더한다) 표현할 수 있다.

맥카시 교사는 좋은 과제가 가득한 웹사이트를 발견했다. 그러나 모든 웹사이트의 가치가 같은 것은 아니다. 부록 A에는 수학 행하기 과제를 찾는 데 도움이 될 수 있는 웹 자원 목록이 포함되어 있다. 이 목록은 완전한 것은 아니지만 시작하는 데 도움이 될 것이다.

그림 2.9 식탁 및 의자 조사 과제

식탁 및 의자 조사 과제

레스토랑은 종종 작은 정사각형 식탁을 사용하여 손님을 앉게 한다. 식탁의 각 변에 의자를 하나씩 놓는다. 정사각형 식탁 하나에 의자 4개를 놓을 수 있다. 레스토랑은 식탁을 서로 붙여 더 많은 손님이 앉게 한다. 식탁 2개를 붙이면 손님 6명이 앉을 수 있다.

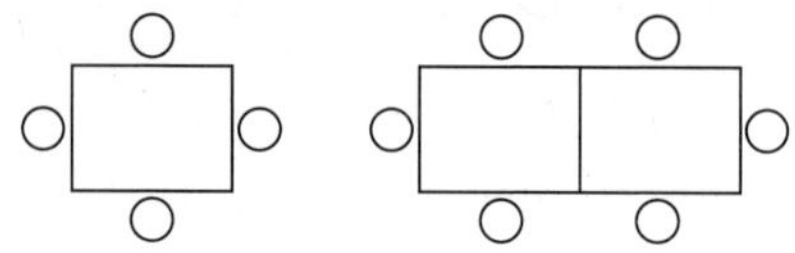

그림 1　　그림 2

- 정사각형 식탁 3개를 붙였을 때 몇 명의 손님이 앉을 수 있는지를 나타내는 그림을 그리시오.

- 참고용으로 표를 완성하시오.

식탁의 수	손님의 수
1	4
2	6
3	
4	
5	
6	

- 어떤 수의 식탁이든지 간에 앉을 수 있는 손님의 수를 예측하는 데 활용할 수 있는 패턴을 찾으시오. 그 패턴을 단어로 기술하시오.

도전

- 그림을 그리거나 조작물을 사용하지 않고 패턴을 활용하여 이 표를 완성하시오.

식탁의 수	손님의 수
10	
25	
100	

출처 | 이 과제는 Mathwire, http://mathwire.com/algebra/tableschairs.pdf에서 찾을 수 있음.

3) 새로운 과제 만들기(Creating a task)

교사가 사용하고 싶은 과제를 찾을 수 없다면 직접 새롭게 만들 수도 있다. 이것은 제시 샘손 교사의 사례였다. 샘손 교사의 유치원 학생들은 수 세기와 기수성

(cardinality)을 공부하고 있었다. 그는 『**판매용 모자: 행상인, 원숭이, 그리고 원숭이 사업 이야기**』(Slobodkina, 1940)를 바탕으로 새로운 수학 과제를 만들기로 결정했다. 이 이야기는 모자를 팔고 있는 행상인에 관한 것이다. 이 행상인의 특이한 점은 자기 머리 위 체크무늬 모자 위에 회색 모자 4개, 갈색 모자 4개, 파란색 모자 4개, 빨간색 모자 4개를 이고 다닌다는 것이다(그림 2.10 참조). 어느 날 오후, 피곤한 행상인은 큰 나무줄기에 기대어 잠이 들었다. 잠에서 깨어났을 때 이 행상인은 모든 모자가 사라진 것을 알게 된다.

그림 2.10 책 『판매용 모자』에 나온 행상인과 그의 모자 이미지

출처 | 『**판매용 모자: 행상인, 원숭이, 그리고 원숭이 사업 이야기**』(Esphyr Slobodkina, 1940. Harper Collins, 뉴욕)

그는 고개를 들어 나무에 있는 원숭이들이 각자 자신의 모자를 쓰고 있는 것을 보았다. (이 이야기에 익숙하지 않다면 YouTube에서 '판매용 모자(caps for sale)'를 검색해 보시오.)

이 책은 어린 아이들에게 인기가 많았고, 샘손 교사는 이 책이 사물(objects)의 수를 세고 비교하는 데 재미있는 맥락을 제공한다고 생각했다. 그는 인터넷에서 이 이야기

와 관련된 여러 가지 활동을 찾았지만, 어느 활동도 정확하게 맞는 것이 없어서 모자 과제를 만들었다(그림 2.11 참조). 그는 둘씩 짝을 지은 학생들에게 모자를 나타내기 위해 색칠된 원 17개 세트와 크레파스, 종이, 풀을 제공하기로 계획했다. 또한, 학생들이 참고할 수 있도록 모자를 쓴 큰 버전의 원숭이를 재현하여 게시하기로 결정했다.

그림 2.11 모자 과제

모자 과제

삽화(illustration)를 활용하여 아래 질문에 답하시오.

1. 행상인은 몇 개의 모자를 가지고 있나요? 어떻게 알 수 있을까요? 원숭이들로부터 되찾아야 하는 모자의 수를 행상인에게 말해 줄 수 있도록 모자의 수를 추적하는 방법을 찾으시오.

2. 행상인의 전체 모자 개수를 보여주기 위해 수를 쓰고 그림을 그리시오.

3. 파란색 모자의 수는 빨간색 모자의 수보다 더 큰가요, 작은가요. 아니면 같은가요? 그림을 그리거나 동그라미를 사용하여 자신의 생각을 나타내시오.

4. 체크무늬 모자의 수는 갈색 모자의 수보다 더 큰가요, 작은가요. 아니면 같은가요? 그림을 그리거나 동그라미를 사용하여 자신의 생각을 나타내시오.

온라인 자원 이 과제는 resources.corwin.com/5practices-elementary에서 다운로드할 수 있다.

아동 문학과 수학을 연결하려는 샘손 교사의 아이디어는 좋은 것이다. 존경받는 수학 교육자이자 수학 솔루션(Math Solutions)의 설립자인 마릴린 번스(Marilyn Burns)는 다음과 같이 설명한다.

> 저는 아동 도서(children's books)가 수학을 가르치는 데 매우 효과적인 도구라는 것을 알게 되었습니다. 아동 도서는 교과서나 익힘책과는 다른 방법으로 학생들의 수학적 상상력을 자극할 수 있습니다. 수학을 문학과 연결하면 책을 좋아하지만 수학을 경계하는 아이들에게 자신감을 심어줄 수 있습니다. 그리고 이미 수학을 좋아하는 학생들

은 완전히 새로운 방법으로 이야기를 감상하는 것을 배울 수 있습니다(Burns, 2015).

새로운 과제를 만드는 것은 분명히 선택 사항이지만, 도전적인 작업이다! 과제를 직접 만들기로 결정한 경우, 학생에게 과제를 제공하기 전에 발생할 수 있는 문제점을 확인할 수 있도록 다른 사람에게 과제를 검토하고 해결하도록 요청할 것을 권한다. 이것은 바로 샘손 교사가 모자 과제에 대해 했던 일이다! (초등 학년의 수학 수업에 활용될 수 있는 아동 도서의 자세한 주석이 달린 참고 문헌은 Monroe, Young, Fuentes & Dial(2018)을 참조하시오. 또한 특정한 수학적 주제나 아이디어를 가르치는 데 활용할 수 있는 도서 목록은 이 사이트를 참조하시오. https://proudtobeprimary.com/children-books-teaching-math/)

3 과제와 목표가 부합하는지 확실히 하기

교사들이 종종 직면하는 또 다른 어려움은 과제와 목표가 부합하는지, 즉 수업의 기초로 선정했던 과제가 학생들에게 수업 중에 목표로 하는 수학적 아이디어를 탐구할 기회를 제공하는지 확실히 하는 것이다.

이 장의 1부에서 기술했듯이 타이어스 교사는 학생들이 수학에 대해 무엇을 배우기를 원하는지(단순히 무엇을 할 것인지가 아니라)를 분명히 알고 있었고, 그러한 학습 목표와 일관되었던 높은 수준의 수학 행하기 과제를 선정했다. 이러한 높은 수준의 과제와 명확한 학습 목표의 조합은 학생들이 수학을 이해하면서 배울 수 있는 기회를 제공하는 데 최적이다.

하지만 불일치가 발생하면 어떤 모습일까, 그리고 이런 불일치가 교수 · 학습에 어떤 영향을 미칠까? 예를 들어, 4학년 수업에서 범자연수의 곱셈을 가르치고 있다고 가정해 보자. 교사는 학생들이 여러 자리 수(multidigit)의 곱셈을 수행하기 위해 자릿값에 대한 이해와 연산의 성질을 활용하기를 원한다고 결정한다. 구체적으로 학생들이 다음을 이해하기를 원한다.

- 두 수의 곱셈은 그 수 중 하나인 **곱해지는 수**(multiplicand)를 다른 수인 **곱하는 수**(multiplier)의 값만큼 반복하여 더하는 것과 같다(예, 42 + 42 + 42 + 42 + 42는 5 × 42와 같으며, 여기서 5라는 인수는 다른 인수인 42를 몇 번 더하고 있는지를 말해준다).[3]
- 9보다 큰 수는 자릿값에 기초하여 분해할 수 있으며(예, 42 = 40 + 2), 이렇게 분해된 수를 활용하여 곱셈식을 다시 작성할 수 있다(예, 5 × 42는 5(40 + 2)로 다시 작성할 수 있다).
- 덧셈에 대한 곱셈의 분배 법칙(distributive property)은 합(sum)을 곱하는데, 각각의 가수(addend)를 개별적으로 곱한 다음 그 곱(products)을 더한다는 것을 명시한다. (예, 5(40 + 2) = (5 × 40) + (5 × 1))
- 곱셈은 수, 직사각형 배열 및 넓이 모델을 활용하여 나타낼 수 있다.

교사가 학생들에게 (5 × 35, 4 × 64, 9 × 26, 7 × 42, 그리고 3 × 89와 같은) 일련의 곱만 찾게 하는 과제를 선정했다고 가정해 보자. 이 **순수 수식**(naked numbers)[4] 과제는 학생들에게 인수의 의미, 곱셈과 동수 누가(repeated addition)의 관계, 또는 자릿값과 분배 법칙 간의 관계에 대한 이해를 발전시킬 수 있는 기회를 제공하지 않는다. 사실, 아무런 자원도 제공하지 않고 학생들에게 곱만 구하라고 한다면, 학생들에게 이러한 과제를 해결하는 절차가 있다는 것을 암시하는 것이다. 결과적으로 학생들은 정답 또는 오답을 제시할 수 있지만 목표한 수학적 아이디어에 대한 이해는 제한된다. 이 상황에서, 교사는 **학습** 목표를 설정하기는 했지만, 이 목표를 단순히 알려진 절차를 적용하기만 하면 되는 낮은 수준의 과제와 짝지어 놓은 것이다. 학생들이 한 자리 수와 두 자리 수의 곱한 값을 찾는 것만이 목표였다면, 낮은 수준의 과제가 이 목표에 잘 맞을 것이다.

학생들이 덧셈에 대한 곱셈의 분배 법칙을 이해하기를 원한다면 [그림 2.12]에 제시된 것과 같은 과제를 선정하는 것이 더 낫다. 크레파스 상자 과제는 문제를 이해하기

---

3 우리나라에서 42 + 42 + 42 + 42 + 42 = 42 × 5로 표현되며, 42개씩 5묶음을 나타낸다. 영어에서 5 × 42는 5 groups of 42이므로 이 역시 42개씩 5묶음을 나타낸다. 즉, 한글과 영어의 어순 때문에 곱해지는 수와 곱하는 수의 순서만 바뀔 뿐 의미는 같다.

4 naked numbers는 참조(referent) 대상이 없이 수만 활용된 것을 의미한다(Whiteford, T. (2009). Is mathematics a universal language? *Teaching Children Mathematics*, *16*(5), 276–283).

위한 맥락을 제공하고 학생들이 답을 설명하기 위한 여러 가지 도구 중에서 선택할 수 있게 한다. 학생들이 자신의 답과 생각을 표현할 수 있는 여러 가지 방법에 대한 설명을 포함하고, 십진 블록, 모눈 종이(base ten paper), 격자 종이(grid paper)와 같은 자료를 이용할 수 있게 함으로써, 이 과제는 교사가 목표로 하는 수학의 근본적인 의미와 관계를 강조하는 데 활용할 수 있는 다양한 접근 방식을 생성할 수 있을 것이다.

그림 2.12 크레파스 상자 과제

크레파스 상자 과제

펠프스(Phelps) 선생님은 학생들과 나누기 위해 상점에서 크레파스 네 상자를 샀습니다. 각 상자에는 총 64개의 크레파스가 들어 있었습니다. 펠프스 선생님이 가게에서 샀던 크레파스의 총 개수는 몇 개입니까? 도표, 그림, 수학적 식, 또는 단어를 사용하여 답을 설명하시오.

출처 | Smarter Balanced Assessment Consortium, MAT.05.ER.2.00NBT.A.245 Claim 2에서 발췌

목표와 과제가 부합하는지 확실하게 하는 것은 필수적이며, 5가지 관행을 시작하기 위한 기초가 된다. 과제가 목표에 부합하지 않는다고 생각되면, 앞에서 설명했던 대로 학생들이 생각하고 추론하는 기회를 더 많이 제공하기 위해서 과제를 변형하는 방법을 고려해 보자.

4 학생이 접근할 수 있도록 과제 시작하기

과제 시작(launching) 또는 설정은 학생들이 과제를 시작하기 전에 교사가 하는 것을 일컫는다. 교사가 과제를 나눠주고 학생 중 자원자에게 그 과제를 소리 내어 읽게 한 다음, 과제의 결과로 학생들이 무엇을 산출하기를 기대하는지 학생들에게 말해 주는 것은 드물지 않지만, 과제를 시작하는 방식에 주의를 기울이면 수업이 끝날 때 더 성공적인 논의로 이어질 수 있다는 연구 결과가 있다. Jackson과 그녀의 동료들(Jackson, Shahan, Gibbons & Cobb, 2012)은 효과적인 시작의 이점에 대해 다음과 같이 설명한다.

> 학생들은 복잡한 과제를 풀기 시작할 가능성이 훨씬 높아지므로 교사는 학생들의 사고에 주목하고 전체 학급 논의를 마무리할 계획을 세울 수 있다. 결과적으로 이는 모든 학생이 과제를 해결하고 논의하면서 중요한 수학을 배울 수 있도록 지원받는 기회를 증가시킨다(p.28).

그렇다면 무엇이 효과적인 시작일까? **가르치는 일을 분석하기 2.1**에서 타이어스 교사가 타이어스 선생님의 마커 과제를 어떻게 시작했는지 살펴볼 것이다. 여러분은 우리가 수업을 분석한 것을 읽기 전에 비디오 클립을 분석하고 아래 제시된 질문을 고려해 보기 바란다. [주의: 과제의 시작은 수업 중에 일어나지만 수업 전에 계획되어 있다. 타이어스 교사가 하기로 의도했던 것을 설명하는 대신에 여러분이 직접 확인할 수 있도록 여러분을 타이어스 교실로 안내한다!]

1) 과제 시작하기 - 분석

타이어스 교사는 학생들이 문제의 맥락을 이해할 수 있도록 유도하며 수업을 시작했다. 학생들에게 향기 나는 마커가 69개가 담긴 바구니를 보여주고 자신의 동료 교사 중 한 명인 깁슨 교사가 와서 마커 40개를 빌리도록 했다(깁슨 교사는 처음에 모든 마커를 가져갔지만 결과적으로는 그녀가 필요했던 마커 40개를 빼고 다시 바구니를 돌려주었다). 타이어스 교사와 깁슨 교사 간의 이 역할극은 전체 수에서 마커가 제거되었거나 빼졌다는 것을 명확하게 보여줌으로써 학생들이 풀어야 할 뺄셈 문제를 위한 무대를 마련했다. 수업에 앞서 타이어스 교사는 다음과 같이 설명했다.

> 나는 이 과제를 매우 실생활처럼 그리고 학생들에게 관련된 과제로 만들고 싶습니다. 실제 마커를 준비해서 학생들이 볼 수 있도록 준비할 것입니다. 그러면 누군가 "마커 좀 빌릴 수 있을까요?"라고 묻겠죠. 그러면 나는 "알았어요"라고 대답하죠. 실제처럼 행동하고 매우 진지하고 활기차게 만들어서 학생들이 과제를 시작할 수 있게 합니다.

학생들은 적극적으로 이 과제를 시작하는 것처럼 보였다. 학생들은 교사의 질문에 열심히 대답했다. 깁슨 선생님이 몇 개의 마커를 가져갔고 처음에 몇 개의 마커로 시작해야 하는지에 대해 타이어스 교사가 질문했을 때 학생들은 각각 40개와 69개로 대답할 수 있었다. 이 시점에서 타이어스 교사는 "이제 우리에게 몇 개가 남았는지 [여러분

가르치는 일을 분석하기 2.1

과제 시작하기

비디오 클립 2.1

이 활동에서는 타라 타이어스의 1학년 교실 비디오 클립 2.1을 시청할 것이다.

비디오 클립을 시청하면서 다음 질문을 고려해 보시오.

- 교사는 학생들이 타이어스 선생님의 마커 과제를 수행할 준비를 하는 데 도움을 주기 위해 무엇을 했나요?
- 교사는 학생들이 과제에 참여할 준비가 되었다는 것을 어떤 것으로부터 알 수 있었나요?
- 이 과제를 시작하는 데 소요된 시간이 적절했다고 생각하나요?

온라인 자료 비디오는 resources.corwin.com/5practices-elementary에서도 볼 수 있다.

이] 알기를 원해요" 그리고 "이것은 여러분이 각자 자리로 가서 알아내야 할 것입니다"라고 설명했다.

타이어스 교사는 과제를 시작하기 위해 학생들을 각자 자리로 보내기 전에 먼저 학생들에게 해야 할 일을 다음과 같이 명확히 알려주었다. "안나가 이 문제를 어떻게 해결할 수 있는지 보여주는 다이어그램을 만들고 등식을 작성하기를 바랍니다. 여러분이 안나라고 생각해 보세요. 어떻게 하겠습니까?" 그런 다음 타이어스 교사는 학생 3명에게 그 문제의 주요한 행위를 요약하게 했다. 즉, 향기 나는 마커 69개가 있다(라일라, Laila), 깁슨 교사가 향기 나는 마커 40개를 가져갔다(리아, Leah), 그리고 수학 문제는 타이어스 교사에게 남은 향기 나는 마커는 몇 개인지이다(오드리, Audrey).

과제를 시작한 결과로, 타이어스 교사는 학생들이 문제의 맥락을 관련지을 수 있었고, 제시된 상황을 이해할 수 있었다는 것을 알았다. 학생들은 자신들에게 기대되었던 것이 무엇인지를 분명하게 이해할 수 있게 되었다. 수업 후에, 타이어스 교사는 "내가 과제를 시작한 이후에 특별히 아이들은 [수업에] 흥미를 보이는 것처럼 보였고, 모두가 수업에 참여할 수 있었습니다"라고 말했다. 타이어스 교사는 학생들이 더하지 않는다는 것을 인식해서 기뻤는데, 더하는 것은 학생들이 이 수업 전에 공부하고 있었던 개념이었기 때문이었다.

과제를 시작하는 데 소요된 시간은 적절하게 쓰였는가? 학생들이 이 과제를 시작하기 위해 무엇을 해야 하는지에 대해 충분히 이해했다는 것을 분명히 하는 것이 핵심적이라고 주장할 수 있다. 너무나 자주, 학생들은 과제를 받고도 그 과제의 일부분을 이해하지 못한다. 이런 일이 발생하면 교사는 결국 한 모둠에서 다음 모둠으로 옮겨다니며 질문들에 답하게 되는데, 이 질문들은 과제를 좀 더 학급 전체적으로 시작했다면 해결될 수 있었을 것이다.

수업 적용 팁

과제를 종합적으로 시작하게 되면 모든 학생이 그 과제 전체를 이해한다는 점을 분명히 할 수 있으므로 나중에 모둠별 또는 개인별로 문제를 명확하게 하는 질문에 답하는 데 시간을 낭비하지 않아도 됩니다.

Jackson과 그녀의 동료들(2012)은 '모든 학생의 학습을 지원하기 위해 복잡한 과제를 설정할 때 염두에 두어야 할 네 가지 중요한 측면'을 다음과 같이 나열한다(p.26).

1. 과제의 주요 맥락적 특징
2. 과제의 주요 수학적 아이디어
3. 공통 언어의 개발
4. 인지적 요구 수준을 유지하기

타이어스 교사의 과제 시작은 잭슨과 동료들이 설명한 대부분의 측면을 구현했다. 그녀는 학생들이 타이어스 선생님의 마커 과제의 맥락을 이해했고(1), 문제에서 무엇을 찾으라고 하는지 설명할 수 있었으며(2), 따라야 할 경로를 제시하지 않거나 너무 많은 정보를 제공하지 않음으로써 그 과제의 인지적 요구 수준이 유지되게 하였다(4). 과제에 일부 또는 모든 학생에게 익숙하지 않을 수도 있는 어휘가 사용된 경우 공통 언어를 개발하는 것(3)이 종종 필요하다. 예를 들어, 모자 과제(그림 2.11 참조)에서 모든 학생은 **행상인**이 무엇인지 이해하고 자신의 말로 설명할 수 있는지 확인해야 할 것이다. 그러나 타이어스 선생님의 마커 과제에서는 그럴 필요가 없는 것으로 보인다.

아마 과제를 시작할 때 가장 어려운 점은, 학생들이 과제의 맥락과 무엇을 해야 하는지를 이해할 수 있도록 교사가 충분히 도와주되, 학생들이 알아내야 하는 것이 남아있도록 너무 많이 설명하지는 않는 것이다. 예를 들어, 피자 비교 과제(그림 2.7 참조)에서 학생들에게 작은 피자와 큰 피자를 하나씩 그리는 것부터 시작하라고 지시하고 싶지는 않을 것이다. 이렇게 하면 학생들이 활용할 수 있는 전략을 제공함으로써 과제의 수준은 낮아지고 무엇을 어떻게 해야 하는지 파악할 수 있는 기회는 제한된다. 쿠키 굽기 과제의 수정된 버전(그림 2.8 참조)에서는 학생들에게 특정 개수의 쿠키 판을 굽는 데 걸리는 시간을 표시하는 표를 만들고 그 표에서 연속된 값 사이의 차이를 찾으라고 말하고 싶지는 않을 것이다. 왜냐하면 이것은 교사가 학생들이 결정하기를 원하는 것이기 때문이다.

5 결론

이 장에서는 학생 학습을 위해 명확한 목표를 설정하고 그 목표에 부합하는 과제를 선정하는 것의 중요성에 대해 논의했으며, 이 관행에 수반되는 사항과 이와 관련된 어려움에 대해서 설명했다. 우리의 경험에 따르면 수업을 신중하게 계획하는 첫 번째 단계로 관행 0을 진지하게 고려하지 않으면 나머지 관행들은 불안정한 토대 위에 세워지는 셈이다.

목표를 설정하고 과제를 선정하는 타이어스 교사의 일은 이 관행에 신중하고 철저하게 임하는 교사의 구체적인 예를 제공했다. 이 관행에 깊이 있고 의미 있게 참여하는 것은 하룻밤에 이루어지지 않는다. 시간과 연습이 필요하다. “사전 계획은 매우 중요하며 더 많이 할수록 더 잘할 수 있고 학생들은 수학을 사랑하고 즐길 수 있습니다"라고 그녀는 말했다.

학생들이 수업 중에 무엇을 배울지 결정하고, 목표와 과제가 부합하는지 확인하기 위한 터너 교사의 노력은 이 관행에 참여할 때 교사가 직면하고 극복할 수 있는 어려움을 두드러지게 만들었다. 동료들과 협력하여 그녀는 관행 0에서 진전을 이루었다.

다음 장에서는 5가지 관행 중 첫 번째 관행인 **예상하기**(anticipating)에 대해 살펴본다. 여기서는 타이어스 교사의 수업으로 되돌아가서 이 관행에 참여하기 위해 무엇이 필요하고 어떤 어려움이 있는지 살펴볼 것이다.

목표를 설정하고 과제를 선정하기 – 요약

비디오 클립 2.2

목표를 설정하고 과제를 선정하는 것에 대해서 더 자세히 듣고 보려면 비디오 클립 2.2를 시청하시오.

온라인 자원 비디오는 resources.corwin.com/5practices-elementary에서도 볼 수 있다.

5가지 관행을 자신의 수업에 연결하기

목표를 설정하고 과제를 선정하기

앞으로 몇 주 안에 가르치게 될 수학적 아이디어를 파악하시오. 혼자 또는 동료와 함께 다음을 해보시오.

1. 학생들이 수업에 참여한 결과로 수학에 대해 무엇을 배우기를 원하는지 결정하시오. 가능한 한 구체적이어야 합니다 수업 중에 학생들이 무엇을 할 것인지 나타내는 것은 괜찮지만 거기서 멈추지는 마시오!

2. 목표에 부합하는 높은 수준의 인지적 요구가 있는 **수학 행하기** 과제를 선정하시오. 과제를 시작하고 참여할 수 있는 다양한 방법이 있는지 확인하시오. 학생들이 과제를 할 때 도움이 될 만한 자원을 파악하시오.

3. 교사가 설정했던 목표를 학생들이 달성하고 있음을 나타내는 학생들의 말과 행동을 파악하시오.

4. 잭슨과 동료들이 파악한 네 가지 중요한 측면을 고려하여 과제를 시작할 계획을 짜시오.

지금까지의 여러분의 계획하기를 성찰해 보시오. 이전에 목표와 과제에 대해 생각했던 방식과 어떻게 다른가요? 그 차이가 교육적으로 어떤 면에서 중요하다고 생각하나요?

"이 문제를 해결하는 방법은 다양합니다. 예상하기를 통해 저는 학생들이 실제로 문제를 해결하기 전에 무엇을 할 것인지에 대한 아이디어를 가질 수 있습니다. 물론, 학생들이 새로운 방법으로 해결할 수도 있지만 적어도 저는 이미 그것에 대해 생각해 두었습니다."

- 올리비아 스태스트니, 3학년 교사

CHAPTER

03 학생 반응을 예상하기

학습 목표를 설정하고 그 목표에 부합하는 과제를 선정했으므로, 이제 다음 관행인 학생 반응을 예상하기를 탐색할 시기이다. 학생 반응을 예상하기는 수업 전, 즉 수업 계획 단계에서 이루어진다. 이 관행은 과제를 면밀하게 살펴보면서 학생들이 사용할 것이라고 기대하는 다양한 전략을 파악하고 수업 중에 교사가 이러한 전략에 어떻게 반응할 것인지 고려하는 것이다. 예상하기는 교사가 수업 중에 학생들의 전략을 파악 및 이해하고 효과적으로 대응하기 위하여 준비하는 데 도움이 된다. 즉, 수업 **전** 학생들의 반응을 주의 깊게 예상함으로써 수업 **중** 학생들에게 반응할 준비를 더욱 잘 할 수 있다.

Smith & Stein(2018)은 예상하기를 다음과 같이 설명한다.

> (예상하기는) 교수학적 과제 및 학생들이 다루게 될 과제를 학생들이 어떻게 수학적으로 접근할지 적극적으로 구상하는 것과, 특정한 전략을 사용하는 학생들에게 할 질문을 고려하는 것과 관련된다. 이는 단순히 과제가 적절한 난이도인지 또는 학생들의 흥미를 끌기에 충분한지 평가하는 것 이상이고, 학생들이 '옳은' 답을 구하는지 여부를 살펴보는 것 이상이다.
> 학생들의 반응을 예상하는 것은 학생들이 수학적으로 문제를 해석하는 방법, 문제를

해결하기 위하여 사용할 수 있는 옳은 전략과 틀린 전략들, 그리고 그러한 해석과 전략들이 교사가 학생들이 학습하기를 기대하는 수학적 개념, 표현, 절차, 관행과 어떻게 관련되는지를 충분히 예상하는 것과 관련된다(p.10).

이 장에서는 먼저 예상하기의 핵심 구성 요소를 풀어보고, 실제 초등학교 교실에서 이 관행이 어떻게 실행되는지를 예를 들어 설명한다. 그런 다음 교사들이 이 관행에서 직면하는 어려움을 탐색하고, 자신의 교수 관행에서 예상하기를 탐색할 기회를 제공한다.

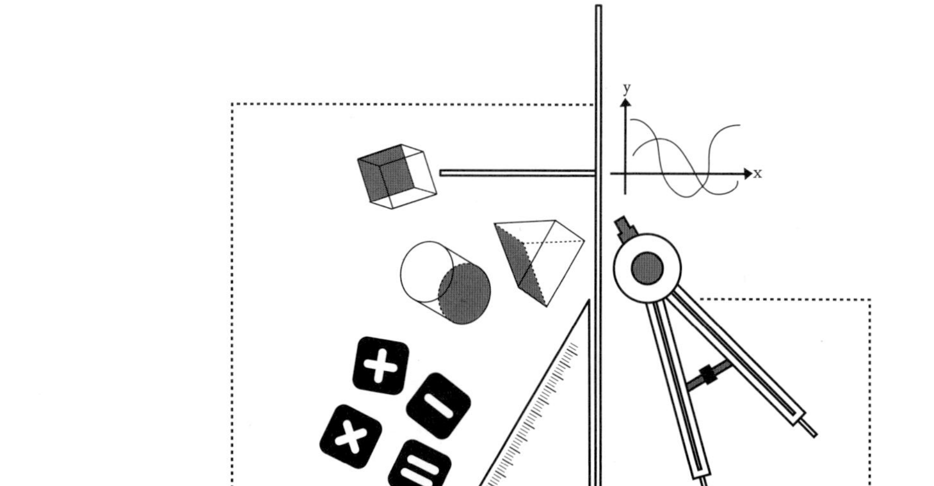

1부 관행을 풀어보기: 학생 반응을 예상하기

학생 반응을 예상하는 것과 관련된 것은 무엇인가? 이 관행은 문제 속으로 들어가기(getting inside the problem, 학생들이 과제를 해결할 때 사용할 서로 다른 전략에 대해 생각하기), 평가적 질문과 발전적 질문을 사용하여 학생들에게 반응할 계획하기, 그리고 수업 중 학생들의 사고의 핵심 측면을 살펴볼 준비하기와 관련된다. [그림 3.1]은 예상하기 과정을 안내하기 위해 이 관행의 구성 요소 및 핵심 질문을 강조한다.

그림 3.1 학생 반응을 예상하는 관행을 지원하기 위한 핵심 질문

구성 요소	핵심 질문
문제 속으로 들어가기	교사는 과제를 어떻게 해결하는가?
	학생들이 과제에 어떻게 접근할 것 같은가?
	학생들이 과제를 해결하면서 어떤 어려움을 겪게 될 것인가?
학생 사고에 반응하기 위해 계획하기	학생의 사고를 이끌어내기 위하여 교사는 어떤 평가적 질문을 할 것인가?
	학생의 사고를 진전시키기 위하여 교사는 어떤 발전적 질문을 할 것인가?
학생 사고에 주목하기 위해 계획하기	학생들이 과제를 수행할 때 어떤 전략을 주의 깊게 살펴보고 싶은가?

1 문제 속으로 들어가기

첫 번째 단계는 문제 속으로 들어가는 것이다! 많은 교사는 자신이 어떻게 접근할지에 대해 생각하면서 시작하는 것이 유용하다고 여긴다. 여러분은 과제를 어떻게 해결하는가? 여러분은 자신이 사용하는 접근 방법에 대해 일반적으로 생각하고, (다른 사람과 다를 수도 있는) 그 과정의 단계를 자세한 수준에서 생각하기를 원할 것이다. 다음으로,

학생들이 과제에 어떻게 접근할 것인지 생각해보시오. 여러분은 여러 가지 표현을 사용하여 문제를 탐색하거나, 학생들이 과제를 탐구하는 방식에 조작물(manipulatives)이 어떻게 영향을 미칠지 생각해 볼 수 있다. 일부 접근 방식이 교사가 설정한 학습 목표에 좀 더 쉽게 도달할 수 있게 하는가? 과제에 접근할 수 있는 다른 방식이 있는지 생각해 볼 수도 있다. 종종 학생들이 문제의 서로 다른 부분을 다루면서 과제를 시작한다면, 학생들의 방식이 서로 달라 보일 수 있다(Lambert & Stylianou, 2013). 마지막으로, 이러한 다양한 접근 방식을 탐색할 때 학생들이 과제를 해결하면서 겪게 될 어려움에 대해 생각해 보시오. 학생들이 과제의 특정한 부분에 어려움을 느낄 가능성이 있는가? 특정한 접근 방식을 사용하는 학생들이 특정한 유형의 어려움에 직면할 것이라고 예상하는가? 학생들이 어디에서 어려움을 겪을 것으로 생각하는가?

가르치는 일을 분석하기 3.1에서는 타이어스 교사가 1학년 학생들을 위해 선정한 타이어스 선생님의 마커 과제(그림 2.4 참조)를 다시 살펴본다. 이 활동에서 여러분은 과제를 해결하고 과제에 대해 깊이 생각해 볼 것이다. 다음으로, 타이어스 교사가 학생들이 과제를 해결하면서 사용할 것이라고 예상했던 전략을 살펴볼 것이다.

가르치는 일을 분석하기 3.1

문제 속으로 들어가기

타이어스 선생님의 마커 과제를 최소한 두 가지 방법으로 해결해 보시오. 그 다음, 아래의 질문에 대해 생각해 보시오.

- 과제를 해결하기 위해 무엇을 알아야 했나요?
- 학생들이 과제에 대해 어떤 어려움이 있을 것이라고 생각하나요?

1) 문제 속으로 들어가기-분석

이 문제에 대한 다양한 접근 방식이 있지만, 첫 번째 문제를 해결하기 위한 두 가지 가능한 방법을 살펴볼 것이다. 한 가지 전략은 **분해하기와 재합성하기**(decomposing and recomposing)이다. 분해할 때, 하나의 수(감수, 피감수)를 자릿값의 구성 요소로 나눈다. 이 경우, 69는 6개의 십(60)과 9개의 일(9)로 분해할 수 있다. 다음 십의 자리에서 십의 자리를 뺄 수 있다: 60 − 40 = 20. 일의 자리 수는 뺄 것이 없으므로, 십의 자리와 일의 자리를 **재합성**하여, 처음 수 69의 일부인 9에 20을 더한다.

대안적으로, **반올림 및 보상** 전략을 사용할 수도 있다. 우선, 69를 70으로 **반올림**하고, 70에서 40을 빼면 70 − 40 = 30이다. 70으로 반올림할 때 69에 1을 **더했기** 때문에, 답에서 1을 **빼면** 30 − 1 = 29가 된다. 처음에 더한 값을 상쇄시키기 위하여 마지막에 빼는 이러한 과정을 **보상**이라고 한다.

첫 번째 전략(분해와 재합성)을 사용하기 위해서는 수가 자릿값에 따라 부분으로 표현될 수 있다는 것을 알아야 한다. 또한 그러한 부분을 독립적으로 조작한 다음 다시 합할 수 있다는 것을 알아야 한다. 두 번째 전략(반올림 및 보상)을 사용하기 위해서는, 덧셈과 뺄셈이 역연산이라는 것을 이해해야 한다. 즉, 피감수에 어떤 양을 더했다면 결과에서 그만큼을 빼야 처음에 더했던 것을 보상할 수 있다.

수업 적용 팁

여러분이 과제를 해결할 방법을 탐색하는 것은 예상하기의 첫 번째 단계에 불과합니다! 여러분의 학생들이 사용할 수 있는 다양한 시작점과 전략을 예상하기 위해 동료 교사들과 학생의 이전 활동을 활용해 보시오.

초등학생들에게 아직 견고한 수 감각이 형성되지 않은 경우 이 과제에 어려움을 겪을 수 있고, 또는 우리가 적용하고자 하는 동일한 방법에 접근하지 못할 수도 있다. 자릿값에 대한 이해가 충분치 않고 세기 전략에 의존하는 학생들은 69에서 1을 40번 뒤로 세는 것을 어려워할 수도 있다. 학생들은 뺄셈의 의미를 이해하지 못할 수 있고 구체물을 이용하여 뺄셈 문제를 모델링하는 데 어려움을 겪을 수 있다. 학생들은 뺄셈 문제에서 값을 분해한 다음 십의 자리 수는 십의 자리 수끼리 일의 자리 수는 일의 자리 수끼리 빼야 한다는 것을 이해하지 못할 수 있다. 또한 10의 배수를 뺀 다음 피감수에서 일의 자리 수의 뺄셈을 할 필요가 없다는 것을 이해하지 못할 수도 있다. 또한 학생들은 그들의 해결 전략을 식과 연결하는 데 어려움을 겪을 수도 있다.

타이어스 교사는 몇 가지 방법으로 과제를 해결했으며 동료들과 그 밖의 접근 방식에 대해 대화했다(그림 3.2 참조). 이러한 다양한 방법을 예상하면서 타이어스 교사는 자신의 학생들이 타이어스 선생님의 마커 과제를 해결할 수 있는 다양한 방법과 그러한 방법의 바탕이 되는 추론을 자세히 살펴보았다.

그림 3.2 타이어스 선생님의 마커 과제에 대해 타이어스 교사와 동료들이 생성한 예상 해결 방법

A. 십진 블록을 이용한 분해와 재합성

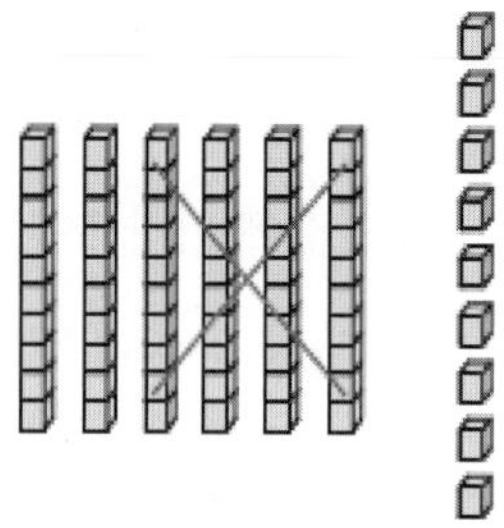

학생은 십진 블록을 이용하여 69를 분해하고 4개의 십을 뺀다. 학생은 2개의 십과 9개의 일을 재합성한다.

학생은 다음을 작성한다:
69 − 40 =
60 − 40 = 20
20 + 9 = 29

B. 100 차트에서 10씩 뒤로 세기

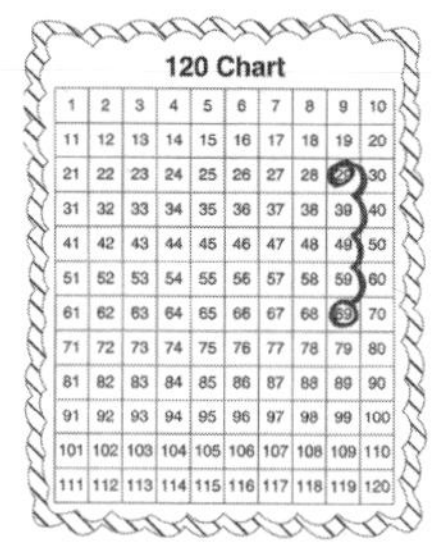

학생은 100 차트의 69에서 시작하여, 59, 49, 39, 29로 뛰어 센다.

학생은 다음을 작성한다:
69 − 40 =
69 − 10 = 59
59 − 10 = 49
49 − 10 = 39
39 − 10 = 29

C. 빈 수직선에서 10씩 뒤로 세기

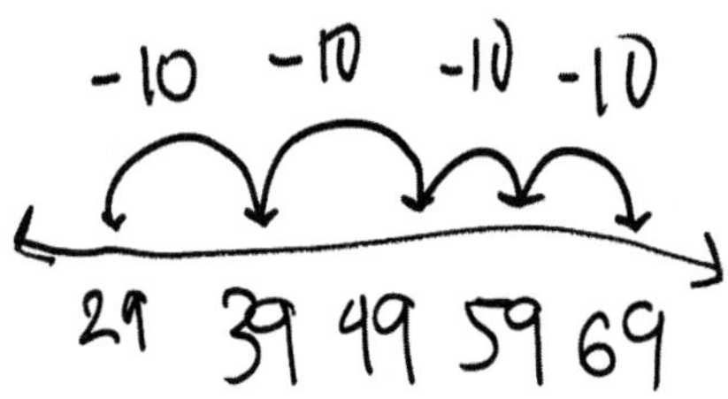

학생은 수직선을 그려 한 점을 69로 놓는다. 그다음 4번 뒤로 뛰어 세기하고 그 위에 10을 표시하고 29에서 멈춘다.

학생은 다음을 작성한다:
69 − 40 = 29

D. 반올림 및 보상

학생은 69에 1을 더해 70을 만든다. 학생은 십진 블록 모형이나 그림으로 70을 만들고, 십(10)을 4개 빼서 십(10)을 3개 남긴다. 처음에 더했던 1을 보상하기 위하여 30에서 1을 뺀다.

학생은 다음을 작성한다:
69 − 40 =
69 + 1 = 70
70 − 40 = 30
30 − 1 = 29

E. 10씩 뺀 다음, 일의 자리 수를 더하지 않고 빼기	F. 반올림과 빼기를 한 다음, 1을 빼지 않고 더하기
학생은 69를 분해한 다음, 40을 뺀다. 20+9로 재합성하는 대신, 잘못하여 20에서 9를 뺀다. 학생은 다음을 작성한다: 69 - 40 = 60 - 40 = 20 20 - 9 = 11	학생은 69에 1을 더해 70을 만든다. 학생은 십진 블록 모형이나 그림으로 70을 만들고, 십(10)을 4개 빼서 십(10)을 3개 남긴다. 다음으로, 30에 1을 잘못 더한다. 학생은 다음을 작성한다: 69 - 40 = 69 + 1 = 70 70 - 40 = 30 30 + 1 = 31

학생들이 최근 10의 배수가 포함된 뺄셈 문제(예, 80 − 20)를 해결한 방법을 기반으로, 타이어스 교사는 학생들이 조작물을 사용하여 마커 상황을 모델링할 것이라고 예상했다. 구체적으로, 교사는 십진 블록이 최근 학생들에게 인기가 있었기 때문에 많은 학생이 십진 블록을 사용할 것이라고 예상했다. 학생은 십진 블록을 사용하여 우선 69를 '만들고(build)' 십(10) 4개를 제거할 것이다(그림 3.2의 해결 방법 A). 타이어스 교사는 십진 블록은 학생들이 '십의 자리 수와 일의 자리 수를 보는 데' 도움이 되며, 학생이 "좋아요, 저는 60 빼기 40을 해서 20이 되었고, 9를 더했습니다"와 같이 상황을 설명하면서 그것을 등식 60 − 40 = 20과 20 + 9 = 29로 표현할 것이라고 설명했다.

타이어스 교사의 학급에서는 최근에 '100 차트에서 규칙을 찾아보았기 때문에' 그녀는 이것이 학생들이 사용할 또 다른 도구가 될 것으로 생각했다. 이 방법을 사용하는 학생은 100 차트에서 수 69의 위치를 찾은 다음 10씩 4번 빼서 세로로 59, 49, 39, 마지막으로 29로 이동할 것이다. 100 차트를 사용하려면 학생들이 차트의 구성을 이해해야 하는데, 가로로 이동하는 것은 1씩 더하고 빼는 것을, 세로로 이동하는 것은 10씩 더하고 빼는 것을 의미한다. 타이어스 교사는 학생들이 10을 4번 빼는 일련의 식을 통하여 이 전략을 표현할 것이라고 예상했다(그림 3.2의 해결 방법 B).

타이어스 교사가 학생들이 사용할 것으로 예상한 세 번째 표현은 빈 수직선이다. 빈 수직선에는 어떠한 표시도 되어 있지 않기 때문에 학생은 선 위의 한 점을 선택하여 69로 표시할 것이다. 그런 다음 학생은 왼쪽으로 네 번 '뛰어 세기'하여 10을 네 번 빼는 것을 나타낼(model) 것인데 이는 29에서 끝이 난다. 타이어스 교사는 이러한 접근 방법을 사용하는 학생은 관련된 식을 69 − 40 = 29로 쓸 것이라고 생각했다(그림 3.2의 해결 방법 C).

타이어스 교사는 학생들이 반올림 및 보상 전략을 사용할 수 있다고 제안했다. 그녀는 학생들이 이 전략을 스스로 생각해 낼 것이라고 확신하지는 못했지만, 최근에 10의 배수를 서로 빼는 것에 관한 문제를 다루고 있었기 때문에 학생들이 '벤치마크(benchmark)인 10에 도달하기 위하여 1을 올리는 것'을 고려할 수도 있다고 생각했다. 70에서 40을 뺀 다음, 학생들은 "정답을 얻기 위해 1을 빼야 한다는 것을 기억해야 한다"고 말해야 한다. 학생들은 이 반올림 및 보상 전략을 나타내기 위해 십진 블록, 100 차트, 수직선을 사용할 수 있다(그림 3.2의 해결 방법 D).

타이어스 선생님의 마커 과제에 대한 학생들의 해결 전략을 예상하면서, 타이어스 교사는 학생들이 과제에서 어려움을 느낄 수 있는 것이 무엇일지에 대해서도 생각했다. 예를 들어, 타이어스 교사는 69를 분해하고 40을 뺀 다음, 일부 학생들은 20 + 9의 합성이 아니라 20에서 9를 뺄 수도 있을 것이라고 생각했다(그림 3.2의 해결 방법 E). 이것은 뺄셈을 완전한 이해하지 못한 학생들에게 특히 어려울 수 있다. 타이어스 교사가 설명한 바와 같이, "학생들은 '그 9가 무엇을 나타내는지'에 대해 생각하지 않을 수도 있다." 또한, 반올림 및 보상 전략을 사용하는 학생들이 보상 과정을 완전히 이해하지 못하고, 최종 단계에서 1을 더하기보다는 1을 뺄 수도 있다(그림 3.2의 해결 방법 F). 다시 말해, 학생들이 반올림 및 보상 전략을 다루기 시작할 때 두 과정 사이의 연결이 항상 명확하지 않을 수 있다.

2 학생 사고에 반응하기 위해 계획하기

학생들이 제시할 수 있는 해결 방법에 대한 여러분의 생각을 염두에 두고, 다음 단계는 학생들에게 어떻게 반응할지 생각하는 것이다. 학생들의 활동을 지지하는 데 있어 특히 유용한 두 가지 유형의 질문을 발견했다(그림 3.3 참조). 평가적 질문은 문제에 대한 학생들의 사고를 드러내게 하는 데 도움이 되며, 학생이 이해하는 것이 무엇인지, 왜 특정한 접근 방법을 선정하기로 결정했는지를 파악하는 유용한 방법이다. 학생들의 활동을 훑어보고 그들의 활동과 생각을 추론하는 대신, 평가적 질문은 학생들에게 자신의 추론을 설명하도록 요구한다. Franke와 동료들(2009)은 이러한 질문이 중요하며 이는 교사들이 "학생들의 사고를 더 잘 이해하고 더 나은 교수학적 결정을 내리는 데 도움이 된다"(p.390)라고 설명한다. 학생들에게 "무엇을 했는지 말해 줄 수 있을까요?"라고 물어보는 것은 종종 초기의 적절한 평가적 질문이 될 수 있다. 그런 다음 학생들에게 자신의 해결 방법의 특정 부분을 설명하도록 요구하는 더 구체적인 질문으로 넘어갈 수 있으며, 이러한 질문은 학생들이 자신의 접근 방식에 내재된 추론을 이해하는지 여부 등을 확인하는 데 도움이 될 것이다.

그림 3.3 평가적 질문과 발전적 질문의 주요 특징

평가적 질문	발전적 질문
• 학생들이 산출한 활동을 기반으로 한다 • 학생들이 한 것과 학생들이 한 것에 대하여 이해하고 있는 것을 명확하게 한다 • 학생이 무엇을 이해하고 있는지에 대한 정보를 교사에게 제공한다	• 수업의 목표를 향해 나아갈 수 있도록 학생들이 산출한 것을 기반으로 한다 • 학생들이 알고 있는 것을 새로운 상황으로 확장하게 함으로써 현재의 사고를 뛰어넘을 수 있게 한다 • 학생들이 현재 생각하고 있지 않은 것에 대해 생각할 수 있게 한다

출처 | 미국 수학 교사 협의회의 『효과적인 수학적 논의를 위해 교사가 알아야 할 5가지 관행』(2018, 2판)의 허락을 받아 적용 및 재인쇄. 모든 권리 보유.

수업 적용 팁

평가적 질문은 학생들이 무엇을 아는지 보여주는 반면, 발전적 질문은 학생들의 사고를 확장해 수업 목표를 향해 나아갈 수 있도록 도와줍니다.

발전적 질문은 평가적 질문과 다른 목적을 지닌다. 이 질문은 학생들의 사고를 확장해 수업 목표를 향해 나아가도록 하는 데 도움을 주는 것이 목적이다. 발전적 질문은 학생들에게 다음에 무엇을 해야 하는지 알려주는 대신, 학생들이 현재 이해하고 있는 것을 바탕으로 '현재 생각하지 못하는 것에 대해 생각하도록' 고안되었다(Smith & Stein, 2018, p.44). 발전적 질문은 힌트를 주기 위하여 고안된 것이 아니다. 그 대신, 발전적

질문은 학생들이 그들의 해결 방법이나 전략의 특정한 측면을 새로운 방식으로 생각하도록 하거나 어떻게 자신의 방법을 보다 폭넓게 적용할 수 있을지 고려하도록 요구한다.

예상하기 단계에서, 교사는 평가적 질문과 발전적 질문을 모두 준비하여 수업 중에 활용하고자 할 것이다. 하나의 유용한 전략은 교사가 예상하는 학생들의 해결 방법 각각에 대한 평가적 질문과 발전적 질문을 준비하는 것이다. 평가적 질문은 학생들이 아는 것을 이해하는 데 도움이 될 것이다. 간혹 이러한 질문은 교사가 생각하기에 학생이 하고 있는 것이 무엇인지 확신하는 데 도움이 될 것이다. 또는 이러한 질문은 교사가 명확히 알기 어려운 학생의 의도를 확인하는 데 도움이 될 것이다. 발전적 질문은 학생들이 자신들의 현재 상태를 넘어서도록 하는 데 도움이 될 것이다. 이는 학생들에게 현재 해결 방법의 한계를 시험하고 해결 방법을 다른 상황으로 일반화하게 한다.

잠시 멈추고 생각하기

타이어스 선생님의 마커 과제에 대한 해결 방법을 [그림 3.2]에서 두 가지 선택하고, 각 전략에 대한 평가적 질문을 작성해 보시오. "무엇을 했는지 말해 줄 수 있을까요?"라고 묻는 일반적인 질문과 더불어, 좀 더 구체적인 질문을 한두 가지 생각해 보시오. 다음으로, 두 가지의 해결 방법 각각에 대한 발전적 질문을 생각해 보시오.

	평가적 질문	발전적 질문
해결 방법		
해결 방법		

타이어스 교사는 점검표를 만들어 예상한 해결 방법을 나열하고 [그림 3.2]에 제시된 각각의 해결 방법 및 과제를 시작하지 못한 학생들의 경우에 대한 평가적 질문과 발

전적 질문을 개발했다(그림 3.4에 제시된 점검표의 그 밖의 특징들은 이 장의 다음 절에서 논의될 것이다). 예를 들어, 십진 블록을 사용한 해결 방법 A에 대하여, 평가적 질문의 목적은 학생들이 창안한 물리적 모델과 맥락의 관계에 대하여 학생이 무엇을 이해하고 있는지 알아보는 것이다. "블록은 마커에 대한 상황을 어떻게 보여줄까요?"라는 질문은 69의 분해가 마커의 처음 집합과 관련되기 때문에, 이를 학생이 어떻게 이해하는지에 대한 정보를 얻는 데 도움이 될 수 있다. "왜 20에 9를 더했나요?"라는 질문은 학생들이 9가 처음 마커 집합의 부분이라는 것을 이해하고 남은 20개의 마커와 재합성해야 하는 것을 이해하는지를 평가하는 데 도움이 될 것이다. 만약 학생이 마커와 블록 사이의 관계를 이해하지만 식을 만들지 못한다면, 타이어스 교사는 "과제에 대해 네가 만든 모델을 표현하는 데 사용할 수 있는 식은 무엇일까요?"라는 발전적 질문을 제시하기에 적절한 시기일 것이다. 이는 학생들의 접근 방식을 직접 활용하면서도 상황의 물리적 모델을 넘어 확장하는 것을 독려한다.

해결 방법 B에 대한 평가적 질문과 발전적 질문도 고려해 보자. 학생들은 마커 69개에서 40개를 제거하는 것을 표현하기 위하여 100 차트를 활용할 수 있다. 타이어스 교사는 학생들이 이 접근 방식을 어떻게 활용했는지에 대한 일반적인 정보를 요구하는 평가적 질문을 처음에 제시할 수 있다: "과제를 탐구하기 위하여 100 차트를 어떻게 활용했는지 보여주세요." 교사는 학생이 한 것, 그리고 해결 방법과 과제 사이의 관계에 대하여 학생이 이해하는 것이 무엇인지를 모두 알고자 한다. "뛰어 세기를 몇 번 해야 하는지 어떻게 알았나요?"와 "각각의 뛰어 세기는 무엇을 나타내나요?"라는 질문을 통해 100 차트에서 제시된 수에서 어떤 양만큼 수직으로 뛰어 세기하는 것이 무엇을 나타내는지, 그리고 과제 맥락에서 이것이 어떤 의미인지를 학생들이 이해하는지에 대해 평가할 수 있다. 타이어스 교사는 필요할 경우 사용할 수 있는 발전적 질문을 준비하였다: "답을 점검하기 위해 100 차트를 어떻게 사용할 수 있을까요? 69와 29의 차이가 40임을 보여주기 위하여 100 차트가 어떻게 사용될 수 있을까요?" 이러한 질문들은 10씩 이동하는 것을 표현하는 뛰어 세기에 대한 학생들의 이해를 발전시키기 위하여 고안되었으며, 동시에 위, 아래의 수직적 뛰어 세기와 크기가 1인 수평적 뛰어 세기 사이의 상호 관계를 고려하는 것을 촉진하기 위함이다. 또한 이러한 질문들은 학생들이 과제의 덧셈과 뺄셈 사이의 관계를 이해하는 데 도움이 될 수 있을 것이다.

그림 3.4 점검표에 제시된 타이어스 교사가 개발한 평가적 질문과 발전적 질문

해결 방법	평가적 질문	발전적 질문	누가 무엇을	순서
해결 방법 A. 십진 블록을 이용한 분해와 재합성 학생들은 십진 블록을 이용하여 69를 분해하고, 4개의 십을 제거한다. 학생들은 2개의 십과 9개의 일을 재합성한다. 69 − 40 = 60 − 40 = 20 20 + 9 = 29	• 자신의 생각을 말해 보세요. • 블록들은 마커에 관한 상황을 어떻게 보여주나요? • 69는 무엇을 나타내나요? 40은? • 왜 20에 9를 더했나요?	• (식이 없다면) 과제에 대한 자신의 모델을 나타낼 수 있는 식이 무엇인가요? • (식이 있다면) 자신이 만든 모델과 식이 서로 어떻게 연결되는지 보여줄 수 있나요?		
해결 방법 B. 100 차트에서 10씩 뒤로 세기 100 차트의 69에서 시작해서 59, 49, 39, 29로 뛰어 센다. 69 − 40 = 69 − 10 = 59 59 − 10 = 49 49 − 10 = 39 39 − 10 = 29	• 과제를 해결하는 데 100 차트를 어떻게 사용했는지 보여주세요. • 뛰어 세기를 몇 번 해야 하는지 어떻게 알았나요? • 각각의 뛰어 세기는 무엇을 나타내나요? • 69가 무엇을 나타내나요? 59는 무엇을 나타내나요? • 100 차트에서 어느 방향으로 움직여야 하는지 어떻게 알았나요?	• 답이 맞는지 점검하는 데 100 차트를 어떻게 이용할 수 있나요? • 69와 29의 차이가 40임을 보여주기 위하여 100 차트를 어떻게 사용할 수 있나요?		
해결 방법 C. 빈 수직선에서 10씩 뒤로 세기 수직선을 그리고, 한 점을 69라 한다. 뒤로 4번 뛰어 세기하고 그 위에 10이라 각각 적고, 29에서 멈춘다. 69 − 40 = 29	• 과제를 해결하는 데 수직선을 어떻게 사용했는지 보여주세요. • 어떻게 세었는지 보여줄 수 있나요? • 뛰어 세기를 몇 번 해야 하는지 어떻게 알았나요? • 수직선에서 왜 뒤로 갔나요? • '10'이라고 적은 것은 무엇을 나타내나요? • 69에서 40을 뺄 때 왜 십의 자리만 변하나요?	• (식이 없다면) 과제를 해결하기 위해 네가 만든 모델을 나타낼 수 있는 식은 무엇인가요? • (식이 있다면) 자신이 세운 식의 부분이 모델과 어떻게 연결되는지 보여줄 수 있나요?		

해결 방법 D. 반올림 및 보상 학생들은 69에 1을 더해서 70을 만든다. 십진 블록으로 만들거나 그림을 그려서 70을 나타내고, 10을 4개 제거해서 3개의 10을 남긴다. 다음으로 처음에 1을 더한 것을 보상하기 위하여 30에서 1을 뺀다. 69 - 40 = 69 + 1 = 70 70 - 40 = 30 30 - 1 = 29	• 자신의 생각을 말해 보세요. • 왜 69에 1을 더했나요? 70은 무엇을 나타내나요? • 마커는 69개 같은데, 70은 어떤 의미인가요? • 왜 30에서 1을 뺐나요? 이것은 타이어스 선생님이 준 마커의 개수와 관련하여 어떤 의미인가요?	• 타이어스 선생님이 처음 가지고 있던 마커가 68이라면 자신의 전략이 어떻게 달라졌을까요? • 이 전략을 다른 문제에도 적용할 수 있을까요? 다음 문제에 시도해 보고 이 전략이 활용될 수 있는지 알아봅시다. • (모델이 없다면) 이 전략이 왜 효과가 있는지 설명할 수 있는 구체적인 모델이나 그림을 만들어 볼 수 있을까요?		
해결 방법 E. 10씩 뺀 다음, 일의 자리를 더하지 않고 뺀다. 69를 분해한 다음 40을 뺀다. 20 + 9로 재합성하는 것이 아니라 남아있는 20에서 9를 잘못 뺀다. 69 - 40 = 60 - 40 = 20 20 - 9 = 11	• 자신의 생각을 말해 보세요. • 69가 무엇을 나타내나요? 40은? • 9는 무엇을 나타내나요? • 20에서 9를 왜 뺐나요?	• 자신이 세운 식과 모델이 어떻게 연결되는지 보여줄 수 있나요? • 60 - 40은 상황에서 어느 부분과 관련되나요? 20 - 9는 상황에서 어느 부분과 관련되나요?		
해결 방법 F. 반올림하고 1을 빼지 않고 더한다. 학생들은 69에 1을 더해서 70을 만든다. 십진 블록으로 만들거나 그림을 그려서 70을 나타내고, 10을 4개 제거해서 3개의 10을 남긴다. 다음으로 학생들은 30에 1을 잘못 더한다. 69 - 40 = 69 + 1 = 70 70 - 40 = 30 30 + 1 = 31	• 자신의 생각을 말해 보세요. • 왜 69에 1을 더했나요? 70은 무엇을 나타내나요? • 왜 30에 1을 더했나요? 이것은 타이어스 선생님이 준 마커의 개수와 관련하여 어떤 의미인가요?	• 십진 블록으로 만들거나 그림을 그려서 타이어스 선생님이 각 단계에서 몇 개의 마커를 가지고 있는지 보여줄 수 있나요? • 70 - 40은 69 - 40보다 더 많은가요? 적은가요? 왜 그런가요?		
학생들이 과제를 시작하지 못함	• 이 문제에서 구해야 하는 것이 무엇인가요? • 몇 개의 마커로 시작했나요? • 타이어스 선생님이 친구에게 준 마커는 몇 개인가요?	• 그림을 그리거나 십진 블록을 활용하여 문제 상황을 보여줄 수 있나요?		
기타				

3 학생 사고에 주목하기 위해 계획하기

지금까지 학생들이 수업에서 사용할 것이라고 기대하는 전략을 확인하고, 학생들이 그러한 전략을 사용했을 때 어떻게 반응할 수 있는지에 초점을 두었다. 예상하기 관행에는 수업 중에 학생들이 무엇을 하고 있는지에 교사가 주목할 준비를 하는 것도 포함된다. 교실은 종종 활동의 소용돌이다! 교사로서 참여해야 할 것이 매우 많다. 학생들이 과제를 하고 있는가? 학생들이 필요한 자료(materials)를 가지고 있는가? 학생들이 생산적으로 협력하고 있는가? 시간이 얼마나 남았는가? Sherin & van Es(2009)는 수업 중에 일어나는 모든 것들 중에 학생들의 수학적 사고에 주목하는 능력이 오늘날 교수 전문성의 핵심 요소라고 설명한다. 특히, 교사는 모든 활동의 **소음**을 걸러내어 학생들의 행동과 말에서 중요한 부분을 식별할 수 있어야 한다.

> **수업 적용 팁**
>
> 점검표는 수업 **전에** 예상한 활동과 준비한 질문을 추적하는 데 도움이 될 뿐만 아니라, **수업 중** 교사가 초점을 맞춘 의도적인 적극적 듣기를 유지하는 데에도 도움이 됩니다.

주목하기 위한 계획은 교사가 중요하다고 여기는 수업의 측면에 주의를 기울이는 준비를 하며 또한 새로운 아이디어에 개방적인 것을 포함한다. 이를 위하여 수업 전 점검표를 준비하는 것은 가치 있는 접근 방식이다(그림 3.4 참조). 점검표는 교사가 예상하기에 학생들이 사용할 만한 해결 방법과 각 방법에 대한 평가적 질문과 발전적 질문을 정리할 수 있는 곳이다. 교사는 종종 학생들이 사용할 수 있는 추가적인 접근 방식을 주시해야 함을 상기하기 위하여 **기타**를 마지막 전략으로 나열하는 것이 유용하다고 여긴다. 점검표에는 **누가 무엇을**에 해당하는 열도 포함되어 있는데, 이는 어떤 방법이 사용되는지 뿐만 아니라 누가 그러한 전략을 사용하는지도 주목할 준비를 하기 위한 것이다(4장과 5장에서 **누가 무엇을에** 해당하는 열과 어떻게 사용하는지 각각 논의할 것이다. 점검표 양식은 부록 B에서 확인할 수 있다).

교사는 학생들이 과제에 어떻게 접근할 것인지 주목할 준비를 하는 것과 더불어 수업이 진행되는 동안 주시해야 할 특히 중요하다고 생각되는 주요 아이디어를 확인하고자 할 것이다. 예를 들어, 타이어스 교사는 수업을 준비하면서 학생들의 사고의 몇 가지 핵심 측면을 미리 염두에 두고 살펴볼 계획을 세웠다. 우선, 이미 언급한 바와 같이 학생들이 69를 6개의 십과 9개의 일로 분해한 뒤 4개의 십을 뺀 다음, 나머지 9를 어떻게 해야 할 것인지 (특히, 과제 맥락에서 9의 의미에 대해) 모를 수도 있을 것이라고 생각했다. 교사는 이것이 학생들의 과제 진행에 방해가 될 수도 있다고 생각하였기 때문에, 이를 주시하고자 계획했다. 두 번째로, 반올림 및 보상 전략을 사용하는 학생이 있을지, 만약 있다면 마지막에 30에서 1을 빼야만 하는 이유를 이해하는지 궁금했다. 따라서 이것도 수업 중 주목할 계획이었다.

4 핵심 질문에 대한 타이어스 교사의 관심: 예상하기

타이어스 교사는 학생들이 무엇을 할지, 그들에게 어떻게 반응할지, 무엇을 살펴볼 것인지 예상하면서, 핵심 질문에 초점을 유지하였다. 이를 위해 우선 **문제 속으로 들어가서** 학생들이 사용할 것으로 생각하는 다양한 해결 방법을 식별하였다. 다음으로 각각의 방법에 대한 평가적 질문과 발전적 질문을 생성했다. 평가적 질문은 학생들의 사고를 끌어내기 위하여 설계되었고, 발전적 질문은 학생들의 사고를 진전시키기 위한 프롬프트(prompt)로 계획되었다. 마지막으로 타이어스 교사는 점검표를 개발하여 수업 중 학생들의 반응에 주목할 계획을 세웠다(그림 3.4 참조). 점검표는 학생들이 사용할 것이라고 예상되는 핵심 해결 방법들, 각 방법에 대한 평가적 질문과 발전적 질문, 수업 중 누가 그런 전략을 사용했는지 기록하기 위한 **누가 무엇을**이 포함되었다. 이제 교사가 학생들의 반응을 예상하면서 직면하는 몇 가지 핵심적인 어려움을 살펴보고자 한다.

2부 교사가 직면하는 어려움: 학생 반응을 예상하기

이 장의 초반에 서술하였듯이, 학생들이 수업에서 무엇을 할 것인지, 어떻게 교사가 반응할 것인지, 수업 동안 무엇을 주시할 것인지를 예상하는 것은 생산적인 논의를 조율하는 데 기본이다. 하지만 예상하기는 결코 쉽지 않다. 이 절에서는 [그림 3.5]에 제시된 바와 같이, 이 관행과 관련된 세 가지 구체적인 어려움에 초점을 맞추는데, 이러한 어려움은 우리가 교사들과 함께 한 활동을 통해 확인한 것이다.

그림 3.5 학생 반응을 예상하기 관행과 관련된 어려움

어려움	설명
교사 자신이 문제를 해결하는 방법을 넘어서기	교사들은 종종 자신의 경험의 한계를 느낀다. 과제를 해결하는 방법을 알지만 학생들이 활용할 만한 일련의 전략에 접근하지 못할 수 있다.
과제를 시작하지 못하는 학생들을 돕기 위해 준비하기	학생들이 무엇을 어떻게 해야 하는지 구체적으로 듣지 않아도 진전을 이룰 수 있도록 교사들은 과제를 시작하지 못하는 학생들에게 지원할 준비가 되어 있어야 한다.
학생들이 수학적 목표를 향해 나아가게 하는 질문 만들기	교사가 하는 질문은 수업의 수학적 목표로부터 도출되어야 한다. 이러한 질문의 초점은 과제 해결 방법을 산출하는 것이 아니라, 학생들이 핵심적인 수학적 아이디어를 이해하도록 하는 것이다.

1 교사 자신이 문제를 해결하는 방법을 넘어서기

여러분은 종종 자신의 경험이 제한되었다는 느낌을 받을 수 있다. 과제를 해결할 수 있는 한 가지 방법만 알고 다른 방법은 상상조차 할 수 없다. 왜 여러분은 한 가지 이상의 해결 방법을 알아야 하는가? "과제, 과제 안내, 또는 활동 예시에 예측이 가능하고 충분히 연습된 접근 방식이나 경로가 명시적으로 제시되지 않은"(Smith & Stein, 1998, p.348) 과제, 즉 높은 수준의 과제가 제시되면, 학생들은 자신의 선행 지식과 경

험을 기반으로 행동 경로를 결정해야 한다. 학생들의 선행 지식과 경험은 교사와 다르기 때문에 학생들은 제시된 문제 상황을 매우 다양한 방식으로 생각할 것이다. 수업 **전**에 학생들이 무엇을 할지 예상함으로써, 교사는 수업 **중** 학생들을 지원하는 데 좀 더 수월한 위치에 있을 수 있다.

이와 같은 어려움에 대해 탐구하기 위해, 우리는 올리비아 스태스트니 교사가 계획한 3학년 수업을 살펴보는 것으로 시작한다. 스태스트니 교사의 학생들은 분수가 동치가 된다는 것이 무엇을 의미하는지 이해하는 활동을 했다. 해당 수업에 참여한 결과로 교사는 학생들이 다음을 이해하기를 바랐다.

1. 분수는 전체 또는 단위(넓이/영역, 집합, 길이/측정)를 똑같은 부분으로 나누는 것을 나타낸다. 분수의 크기는 전체 또는 단위의 크기에 따라 상대적이다.
2. 가지고 있는 부분의 개수(분자)가 전체가 나누어진 부분의 크기(분모)와 같은 분수를 하나의 전체라고 한다. 따라서 $\frac{4}{4}$는 네 개의 부분이 있고, 각 부분이 전체의 $\frac{1}{4}$이라는 것을 의미한다.
3. 두 분수가 크기가 같은 전체에서 같은 넓이를 나타낸다면, 부분의 개수나 부분의 크기가 다르더라도 두 분수는 동치이다.

스태스트니 교사는 수업의 기초로 [그림 3.6]에 나타난 라자냐 과제를 선정했다. 이 과제는 학생들에게 분수를 주고 동치 분수를 찾게 하는 이전의 동치 분수 과제와 다르게, 한 학생은 두 개의 부분, 그리고 다른 학생은 네 개의 부분으로 두 학생이 각각 먹은 부분의 수가 제시되었을 때, 크기가 같은 두 개의 동치 분수를 만들어 보게 하는 과제이다. 교사가 이 과제를 선정한 이유는 수업 목표와 일치했고, 전체 단위를 만들고 나누기 위하여 이전의 경험을 활용하는 데 있어 학생들에게 도전을 제공할 수 있었기 때문이다. 또한 라자냐는 학생들에게 친숙한 음식이자 교사가 좋아하는 음식이라는 것을 학생들이 알고 있었기 때문에 학생들과 관련된 맥락이었다.

스태스트니 교사는 스스로 과제를 풀어보는 것으로 예상하기 관행을 시작했다. 다음으로, 학생들이 과제를 어떻게 해결할지에 대한 통찰을 구하기 위하여 동료 교사들과 상의했다. 이 과정에서 스태스트니 교사와 동료 교사들은 먼저 학생들이 과제를 올바르게 해결하기 위해 무엇을 해야 하는지 식별하고, 실제 활동에 대한 구체적인 예시를

그림 3.6 라자냐 과제

라자냐 과제
현장체험학습에서 라자냐 두 판이 있었습니다. 부모들은 각각의 판에 있는 라자냐를 크기가 같은 조각으로 잘랐습니다. 타니샤는 한 판에 있는 라자냐를 2조각 가졌고, 데이비드는 다른 판에 있는 라자냐를 4조각 가졌습니다. 두 학생이 받은 라자냐의 양은 서로 같습니다. 이것이 어떻게 가능할까요? 1. 타니샤의 2조각이 데이비드의 4조각과 같도록 라자냐가 어떻게 나누어졌는지 보이시오. 2. 각 학생이 먹은 라자냐의 양을 색칠해 보시오. 3. 각 학생이 가져간 라자냐 양을 나타내는 분수를 써 보시오. 4. 타니샤와 데이비드가 각각 같은 양의 라자냐를 받았다는 것을 어떻게 알 수 있는지 설명해 보시오. 그림, 기호, 말을 이용하여 자신의 생각을 설명해 보시오.

출처 | 해밀튼 주 교육부(Hamilton Country Department of Education) 4학년 과제 11에서 인용

온라인 자원 이 과제는 resources.corwin.com/5practices-elementary에서 다운로드할 수 있다.

만들었다(그림 3.7의 해결 방법 A, B, C 참조). 그들은 학생들이 해야 하는 것을 다음과 같이 합의했다.

- 크기가 같은 전체를 두 개 그리고, 하나의 전체에서의 조각의 개수가, 다른 전체의 조각 개수의 2배가 되도록 나눈다. 하나의 전체에서 2조각을 정확하게 색칠하고, 다른 조각에서 4개를 색칠한다.
- 각각의 색칠한 부분에 분수를 지정한다.
- 동치 분수나 넓이를 기반으로 두 양의 크기가 서로 같은 이유를 설명한다.

완성된 옳은 해결 방법을 고려하는 것뿐만 아니라, 스태스트니 교사와 동료들은 미완성의 옳지 않은 해결 방법에 대해서도 논의했다. 그들은 학생들이 다음과 같이 해결할 수 있다고 예상했다.

- (그림 3.7과 같은) 정확한 그림을 그리지만, 그것이 나타내는 분수를 제시하지 않거나 각 학생이 먹은 라자냐의 양이 왜 같은지에 대한 설명을 제시하지 않는다.
- 크기가 서로 다른 전체를 그린다(그림 3.8의 해결 방법 D).

그림 3.7 라자냐 과제에 대하여 스태스트니 교사와 동료들이 생성한 예상 해결 방법

A. 서로 다른 크기의 조각을 비교하기	B. 두 전체를 비교하기	C. 색칠된 넓이를 비교하기
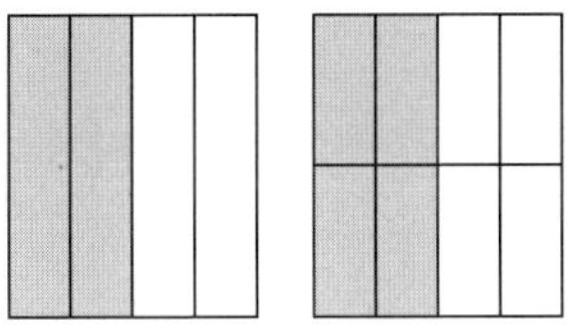	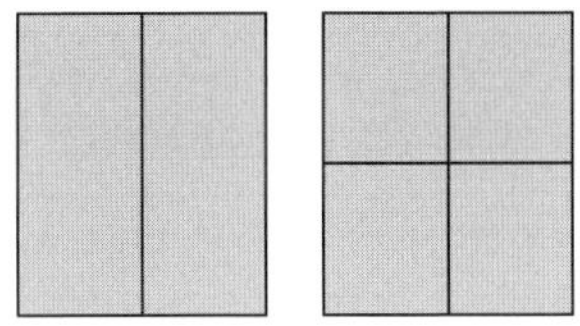	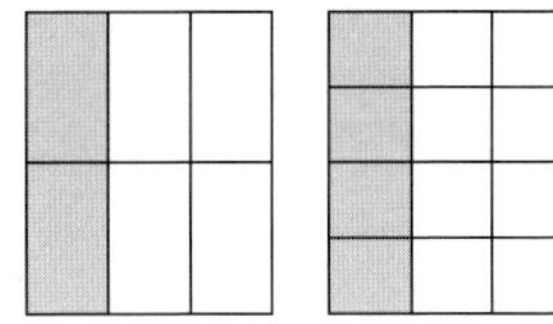
$\frac{2}{4}$ $\frac{4}{8}$	$\frac{2}{2}$ $\frac{4}{4}$	$\frac{2}{6}$ $\frac{4}{12}$
데이비드와 타니샤는 같은 양을 가진다. 데이비드가 가진 양이 더 많아 보이지만, 실제로는 타니샤와 같은 양이다. 데이비드는 크기가 더 작은 조각을 더 많이 가졌을 뿐이다.	$\frac{2}{2}$는 $\frac{4}{4}$와 같다. 왜냐하면 $\frac{2\times2}{2\times2}=\frac{4}{4}$이기 때문이다. $\frac{1}{2}$ 각각을 두 부분으로 나누면, $\frac{2}{2}$가 아닌 $\frac{4}{4}$가 된다. 따라서 두 명 모두 라자냐 전체를 먹었다.	두 학생이 가진 라자냐의 양은 서로 같다. 만약 그들이 가진 양을 서로 겹쳐놓는다면, 두 양은 서로 같을 것이다.

- 타니샤가 먹을 2조각과 데이비드가 먹을 4개의 조각을, 전체에서 먹은 조각 개수가 아니라, 각 라자냐의 조각 개수로 해석한다.
- 전체의 크기를 서로 같게 그리지만, 부분의 크기가 동일하지 않게 나눈다(그림 3.8의 해결 방법 F).

그림 3.8 라자냐 과제에 대하여 스태스트니 교사와 동료들이 생성한 예상 오개념

D. 크기가 서로 다른 전체를 비교하기	E. 전체에서 부분의 수를 비교하기	F. 동일하지 않은 부분을 비교하기
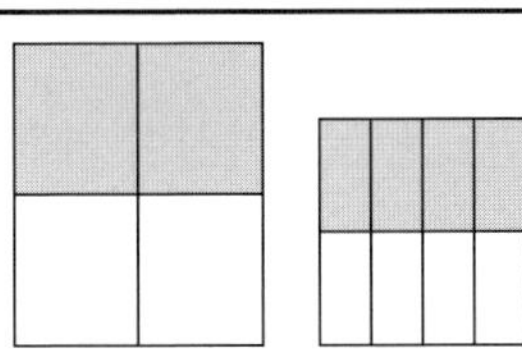	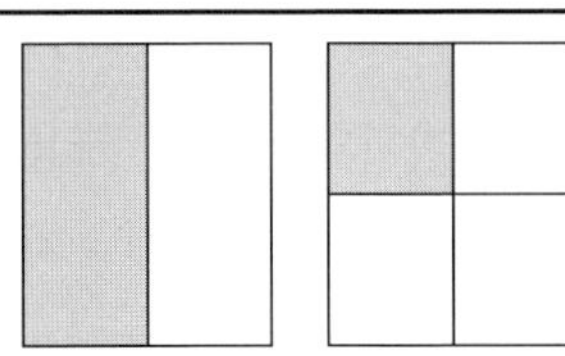	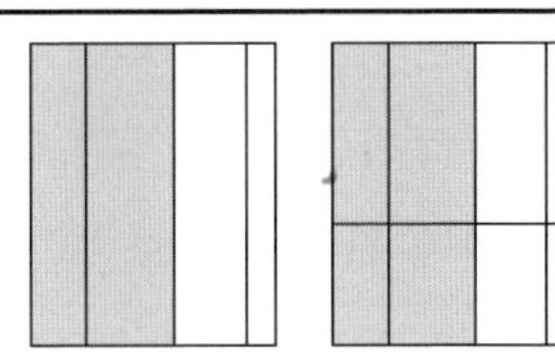
학생들은 크기가 서로 다른 전체를 그린다. 한 라자냐의 2조각이 다른 라자냐의 4조각과 같은 양을 나타내지 않는다.	학생들은 $\frac{1}{2}$과 $\frac{1}{4}$을 색칠한다. 타니샤가 가진 2조각과 데이비드가 가진 4조각을, 먹게 될 부분의 수가 아닌, 라자냐의 부분의 수로 해석한다.	학생들은 같은 크기인 전체를 두 개 그리지만, 크기가 동일하지 않은 부분으로 나눈다.

스태스트니 교사의 예상하기에서 핵심 요소는 그것을 **혼자 할** 필요가 없다는 점이다. 동료들과 협력함으로써 교사는 그녀 자신이 생각해 낼 수 있는 일련의 아이디어를 확장할 수 있었다. 스태스트니 교사는 다음과 같이 설명했다.

> 5가지 관행을 실행하는 중요한 부분은 학생들이 무엇을 할 수 있는지 예상하고 알아냄으로써 수업 중에 당황하지 않는 것입니다. 종종 다른 사람들과 협력하여 다양한 해결 방법을 이해할 수 있습니다. 때로는 여러분이 놓칠 수 있는 부분을 동료가 볼 수 있기 때문입니다.

5학년 앤드류 스트롱 교사는 학생들의 해결 방법을 예상할 때 협력의 중요성을 강조하였고, 작년에 가르쳤던 학생들의 반응을 예상하기의 자료로 활용할 가치가 있다고 생각했다. 그의 수업에서 학생들은 분수의 나눗셈에 관한 활동을 할 예정이었다. 수업의 결과로, 교사는 학생들이 다음을 이해하기를 원했다.

1. 범자연수를 분수로 나누는 것(예, $4 \div \frac{1}{3}$)은 범자연수(4)에 분수($\frac{1}{3}$)가 몇 번 반복하여 들어가는지 구하는 것을 의미한다.
2. 범자연수를 분수로 나눈 몫은 곱셈(예, $4 \div \frac{1}{3} = 4 \times 3$)으로 구할 수 있다. 분수가 피제수의 단위 1 안에 몇 번 반복하여 들어가는지 구한 다음, 단위 1 안에 들어가는 횟수와 피제수에 있는 그 단위의 총 개수를 곱한다(예, 1마일 안에 $\frac{1}{3}$이 3개 있고, 4마일 안에는 $\frac{1}{3}$이 4×3만큼 있다).
3. 1보다 작은 수로 나누면 1보다 작은 양으로 묶음을 만들기 때문에 몫은 피제수보다 커진다.

이러한 이유로, 스트롱 교사는 등산 과제를 사용하기로 했다(그림 3.9 참조). 작년에 스트롱 교사는 이 과제의 다른 버전(바비의 등산)을 사용했지만, 올해는 자신이 계획하는 등산에 관한 과제로 변형하기로 결정했다. 교사는 자신의 등산 경험을 이야기하고, 등산하는 동안 주기적으로 물을 마셔서 수분을 보충하기 위하여 물통을 사용하는 방법에 대해 언급하면서 이 과제를 시작할 계획이었다.

스트롱 교사는 작년에 사용했던 바비의 등산 과제에 대한 학생들의 반응을 살펴보면서 예상하기를 시작했다. 기록을 살펴보면, 대부분의 학생들은 수직선을 만들어 해결

그림 3.9 스트롱 선생님의 등산 과제

> **스트롱 선생님의 등산 과제**
>
> 이번 주말, 나는 4마일을 등산할 예정입니다!
> $\frac{1}{3}$ 마일을 갈 때마다 잠시 정지하여 물을 마실 예정입니다. 물을 마시려면 몇 번 멈춰야 합니까? 어떻게 해결하였는지 그림을 그리고 말로 설명해 보세요. 그림과 어울리는 분수식은 무엇입니까?

출처 | 피츠버그 대학교(2015) 인용

온라인 자원 resources.corwin.com/5practices-elementary에서 다운로드할 수 있다.

했다. 학생들은 선을 그리고 4개의 부분으로 나누어 마일을 나타냈다. 다음으로 각 마일을 3개의 부분으로 구분하여 $\frac{1}{3}$을 표현했다. 하지만, 기록에 의하면 모든 학생이 수직선을 같은 방식으로 그린 것은 아니었다. 일부 학생들은 각각의 마일을 전체로 간주하여 수직선에 0, $\frac{1}{3}$, $\frac{2}{3}$, **1**, $\frac{1}{3}$, $\frac{2}{3}$, **2**, $\frac{1}{3}$, $\frac{2}{3}$, **3**, $\frac{1}{3}$, $\frac{2}{3}$, **4**로 표시했고(그림 3.10의 해결 방법 A 참조), 다른 학생들은 모든 4마일을 전체로 간주하여 그래프의 모든 점을 3분의 1의 수와 관련하여(즉, $\frac{1}{3}$, $\frac{2}{3}$, $\frac{3}{3}$, $\frac{4}{3}$, $\frac{5}{3}$ 등) [그림 3.10]의 해결 방법 B와 같이 표시했다. 또 다른 학생들은 균등하게 분할하지 않은 수직선을 생성했다(그림 3.10의 해결 방법 C 참조).

스트롱 교사는 이전 해에 자신의 학생들이 산출한 해결 방법을 동학년 교사들과 공유했다. 그들은 수직선 해결 방법이 현재 학생들도 사용할 해결 방법임에 동의했다(그림 3.10 참조). 또한, 바비의 등산 과제에 대한 학생 활동을 검토하고 이러한 내용을 지도하면서 얻게 된 그들의 경험을 성찰하면서 교사들은 학생들이 다음의 일부 또는 전체를 할 것이라고 예상했다.

- 수직선을 정확히 그리고 스트롱 교사가 물을 마시려고 12번 멈출 것이라고 결정한다. 하지만 그 이유를 설명하지 못하거나 식으로 나타내지 못한다.
- 분수가 포함되지 않은 식(3×4)을 만들고 과제의 $\frac{1}{3}$과 관련하여 설명하지 못한다.
- $4 \div \frac{1}{3}$이 아닌 $\frac{1}{3} \div 4$를 만들고 이 식을 상황과 연결하여 설명하는 데 어려움을 겪는다.
- $4 \div \frac{1}{3}$이 4×3과 왜 같은지 이해하는 데 어려움이 있다.

그림 3.10 스트롱 교사의 작년 학생들의 해결 방법

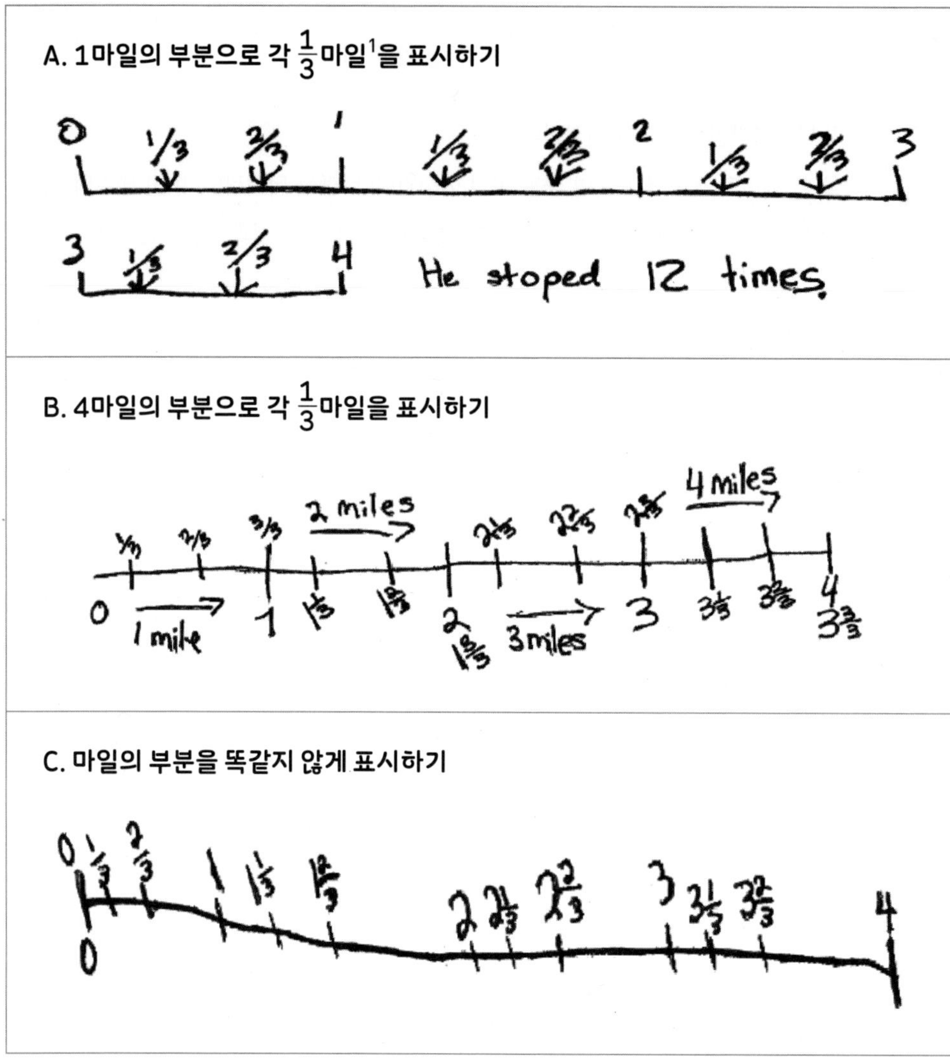

이와 같은 예상된 해결 방법과 함께, 스트롱 교사는 점검하기 도구를 만들고 학생들의 학습을 평가하고 발전시킬 질문을 준비하고자 하였다. 다음 절에는 이와 관련된 예상하기 요소를 탐색할 것이다.

---

1 번역된 '$\frac{1}{3}$마일'은 원서에는 'each quarter mile'로 제시되어 있으나, 이는 과제의 조건 및 [그림 3.10]의 수직선 표기와 문맥상 일치하지 않는다. 즉, A는 1마일을 하나의 전체로 보고 $\frac{1}{3}$마일 단위로 표시한 것을 나타낸 것이고, B는 4마일을 하나의 전체로 보고 $\frac{1}{3}$마일 단위로 표시한 것을 나타낸 것이다. 이에 본 역서에서는 의미의 정확성을 위해 해당 표현을 $\frac{1}{3}$마일 단위로 수정하여 번역하였다.

다양한 해결 전략을 예상하기 위하여 교사는 무엇을 할 수 있는가? 첫 번째 단계는 상황을 표현할 수 있는 다양한 방식을 생각해 보는 것이다. [그림 3.11]의 도식은 수학적 아이디어를 표현할 수 있는 5가지의 서로 다른 방식(시각적, 기호적, 언어적, 맥락적, 물리적 표현)을 나타낸다.

그림 3.11 수학적 아이디어를 표현하는 다양한 방법

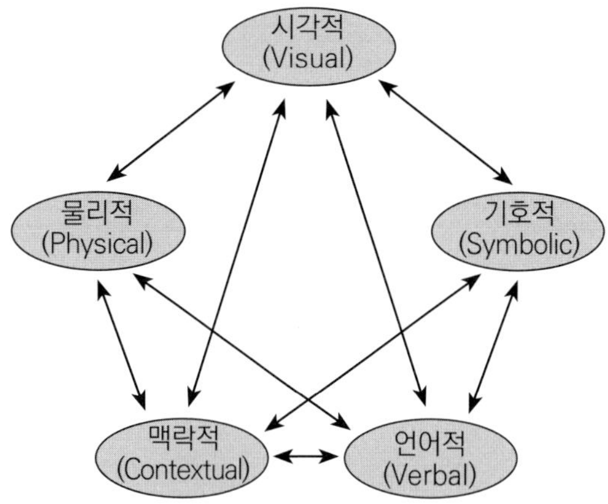

출처 | 미국 수학 교사 협의회(2014)로부터 허가를 받아 『원리를 행동으로: 모두를 위한 수학적 성공을 보장하기』에서 재인쇄.

이 도식이 해결 방법을 예상하는 데 어떻게 도움을 줄 수 있는지 살펴보기 위하여 [그림 3.12]의 간식 봉투(Treat Bag) 과제를 살펴보자.

그림 3.12 간식 봉투 과제

간식 봉투 과제

줄리아의 어머니는 생일 파티를 위해 153개의 쿠키를 만들었습니다. 줄리아는 파티에 오는 12명의 친구를 위하여 각각의 간식 봉투에 이 쿠키를 넣어야 합니다. 친구들이 모두 같은 개수의 쿠키를 받는다면 각 봉투에는 몇 개의 쿠키가 있을까요? 쿠키는 몇 개 남을까요?

잠시 멈추고 생각하기

[그림 3.12]의 간식 봉투 과제를 [그림 3.11]에 제시된 각 표현을 사용하여 어떻게 해결할 수 있을까요?

물리적:

언어적:

시각적:

기호적:

맥락적:

이 문제를 해결하기 위하여 처음 떠오른 생각은 나눗셈 알고리즘을 이용하는 것이었을 것이다. 하지만 이 방법을 형식적으로 배운 적이 없는 학생들은 [그림 3.13]과 같이 다른 여러 가지 방식 중 하나로 과제를 해결할 것이다. 핵심은 학생들이 무엇을 할지 생각해 봄으로써 수업 중에 나타날 다양한 전략에 교사가 대처할 준비를 한다는 점이다. 이러한 수준의 예상하기는 학생들이 사용할 수 있는 자원을 교사가 생각하는 데 도움을 줌으로써 학생들이 다양한 방식을 추구할 수 있다. 예를 들어, 학생들이 상황을 물리적 모델로 표현하게 하고 싶다면, 교사는 이러한 목적을 위하여 학생들이 사용할 수 있는 자료를 제공해야 한다. 학생들이 자유롭게 넓이 모델을 사용하기를 원한다면 그들이 사용할 수 있는 모눈종이를 준비하는 것이 좋다. 학생들이 그림을 그리기를 원한다면 종이와 색연필, 마커나 크레파스를 준비해야 한다. [주의: 색연필, 마커, 크레파스를 제공하면 학생들이 자신의 활동을 미술 활동으로 여길 수 있다. 이것은 미술 활동이 아니며 색깔은 양을 파악하는 데 도움을 주기 위해서 이용될 수 있다는 점을 명확히 한다.]

교사 혼자 다양한 해결 방법을 생성하지 못할 수 있으므로, 다른 사람들과 협력하는 방법을 고려해 보시오. 같은 학교의 안팎에서 동학년 교사나 다른 학년 교사와 함께 논의할 수 있을 것이다. 만약 특정 과제에 대한 폭넓은 해결 방법을 생성하고 논의할 수학 교사 동료가 없다면, 다음 선택 중 하나를 고려해 보시오.

그림 3.13 간식 봉투 과제에서 관계를 표현하는 여러 가지 방법

시각적-넓이 모델

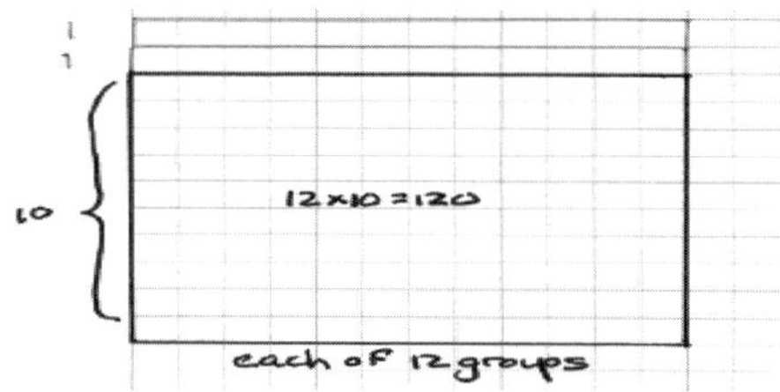

12 × 10 = 120을 알고 있으므로, 먼저 각 열/묶음(group)에 10을 넣는다. 그다음 12개 묶음 각각에 1을 더해 132가 된다. 그다음 12개 묶음 각각에 1을 다시 더해 144를 만든다. 153개의 쿠키가 있으므로 12개 묶음 각각에 더 이상 더할 수 없다. 따라서 간식 봉투 각각에는 12개의 쿠키가 담겨있고, 9개의 쿠키가 남았다.

시각적-십진 모델

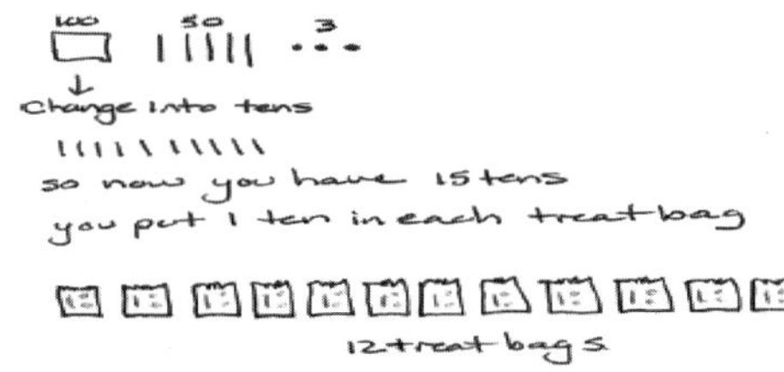

각 간식 봉투에 1개의 십을 넣으면, 3개의 십과 3개의 일이 남는다. 3개의 십은 30개의 일이 되고, 모두 33개의 일이 된다. 가방 각각에 쿠키를 1개씩 더 넣으면 12개를 사용한다. 이제 쿠키는 21개 남았다. 따라서 각 가방에 쿠키를 1개씩 더 넣으면 12개를 더 사용하게 된다. 이제 쿠키는 9개 남았다. 따라서 각 간식 봉투에는 12개의 쿠키가 들어있고, 남은 쿠키는 9개이다.

기호적-반복 곱셈

12 × 12 = 144이고, 12를 1번 더하면 156인데 이만큼의 쿠키를 가지고 있지 않다. 156 – 144 = 9이므로, 남은 쿠키는 9개이다.
각 간식 봉투에는 12개의 쿠키가 담긴다.

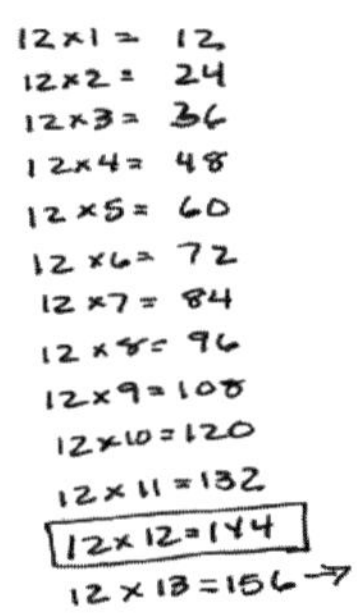

기호적-동수 누감

12를 12번 빼면 9가 남는다. 따라서 각 간식 봉투에는 12개의 쿠키가 담긴다.

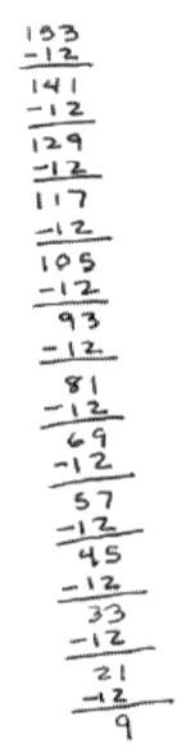

언어적-언어

12 × 12는 144이다. 12를 더 더하면, 156이 된다. 이것은 너무 많은데, 쿠키는 153개뿐이기 때문이다. 따라서 12개의 간식 봉투 각각에는 12개의 쿠키가 들어간다. 153-144이기 때문에 쿠키는 9개 남는다. 따라서 줄리아는 9개의 쿠키를 가질 수 있다.

물리적-조작 자료

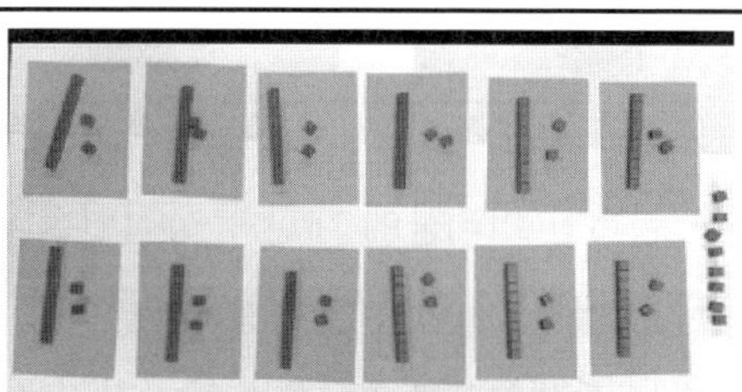

- 과제를 해결할 수 있는 (직접 만나거나 원격으로) 친구에게 요청하라. 수학 교사가 아닌 어른들은 종종 학생들이 할 수 있을 정도의 해결 방법을 생성하기도 한다.
- 트위터, My NCTM(https://my.nctm.org/home), 또는 기타 소셜 미디어 플랫폼에 질문을 게시해 보라. 이렇게 하면 교육자 커뮤니티에 접근할 수 있으며, 많은 사람이 기꺼이 답변해 줄 것이다!
- 특정 과제를 처음 지도할 때 학생들이 제시하는 해결 방법을 사진 찍고, 동일한 과제를 사용할 때마다 사진을 추가하라. 시간이 지남에 따라 다음 수업을 준비할 때 고려할 다양한 접근 방법들을 풍부하게 가지게 될 수 있다(이는 해당 과제를 처음 사용하는 동료 교사들과 공유하기에도 훌륭한 자료가 된다).

2 과제를 시작하지 못하는 학생들을 돕기 위해 준비하기

아무리 신중하게 수업을 구성하거나 시작했다 하더라도, 과제를 어떻게 시작해야 하는지 모르는 학생이 종종 있다. Smith, Steele & Raith(2017)는 다음과 같이 설명한다.

> 학생들이 과제를 시작하지 못할 때, 일반적으로 그 학생이 상황에 적용할 수 있는 관련 지식이 없기 때문은 아니다. 좀 더 흔하게, 그 학생은 어떤 이유로 인하여 그가 아는 것을 당면한 과제와 연결할 수 없기 때문이다(p.187).

수업 적용 팁

문제를 어떻게 시작해야 하는지 모르는 학생이 있다면, 구체적인 단계를 제안하거나 다른 학생들에게 어떻게 해야 하는지 보여주기 보다는 학생들이 과제에 대해 이해한 내용을 끌어내도록 도와줄 수 있게 준비되어야 합니다.

과제를 시작하지 못하는 것은 독해 능력의 문제, 과제 맥락에 대한 친숙함의 부족, 또는 해결 방법이 제공되지 않은 과제를 다룰 능력에 대한 자신감의 부족에서 기인할 수 있다.

이러한 어려움에 대한 통상적인 접근 방법은 학생에게 사용할 해결 방법을 제안하거나, 어떻게 시작하는지 알고 있는 학생과 같이 활동하게 하는 것이다. 이러한 접근 방법은 학생들에게 할 것을 제공하기는 하지만, 학생이 과제를 어떻게 이해하고 있는지에 대한 통찰력을 제공하지 않으며, 어려움을 극복하고 끈기 있게 노력하는 능력을 키우는 데 전혀 도움이 되지 않을 것이다. 또한 이러한 접근 방법은 학생이 수학을 할 수 없는 사람으로 자신을 인식하게 하도록 도울 것이다. 학생들이 다른 사람의 생각을 기반으로 나아간다면, 그들이 이해하지 못하는 전략을 유지하고 적절하게 사용할 수 있는 가능성이 적어진다. 따라서 과제를 시작하는 데 어려움을 겪는 학생들을 지원하는 방법에 대한 계획을 세우는 것이 중요하다.

잠시 멈추고 생각하기

라자냐 과제(그림 3.6 참조)를 시작할 수 없는 학생들에게 여러분은 어떤 질문을 할 수 있을까요?

스테스트니 교사는 교실의 일부 학생들이 과제를 시작하는 데 어려움을 겪을 것이라 예상하였고, 과제 맥락에 대하여 학생들이 무엇을 이해했을지에 대한 통찰을 제공할 수 있는 질문을 계획하였다. 그녀는 다음과 같이 설명하였다.

> 학생들이 시작하지 못한다면, 매우 기본적인 질문인 "이야기에서 우리가 알고 있는 것은 무엇이지요?"로 시작할 것입니다. 학생들은 여자는 2조각, 남자는 4조각을 가지고 있다는 것을 알고 있다고 답할 것입니다. 이에 저는 "그림을 그려보세요. 그릴 수 있을까요?"라고 말하거나 수업 시작 부분으로 돌아갈 수도 있습니다. 저는 "사각형 모양의 라자냐 판의 그림을 가지고 있어요. 따라서 라자냐를 그리고 2조각을 보여줄래요?"라고 말할 수 있습니다. 학생들이 분수 띠를 택한다면 책상에 이것을 가지고 있을 것입니다. 조작 도구를 사용하는 학생들도 있을 것입니다.

목표는 학생들의 생산적 애씀을 지원하는 것이다. 즉, 학생들을 지원할 수 있는 방법을 모색하여 학생들 스스로 나아갈 수 있도록 하는 것이다. Warshauer(2015)는 학생들에게 무엇을 할지 알려주거나 직접적인 안내를 제공하는 것이 학생들이 나아가는 데 도움이 되기는 하지만, 과제의 인지적 요구 수준을 낮추고 학생들의 학습 기회를 제한할 수 있다고 주장한다.

3 학생들이 수학적 목표를 향해 나아가게 하는 질문 만들기

수업 중 교사가 학생들에게 하는 질문은 수학적 목표로부터 도출되어야 한다. 교사는 우선 학생들이 무엇을 알고 있는지와 궁극적으로 학생들이 학습하기를 원하는 것을 비교한다. 다음으로 그 목표를 향해 학생들을 이끌 수 있는 질문을 해야 한다. 모든 학생에게 동일한 일련의 질문을 제시하지 않을 것이다. 왜냐하면 모든 학생이 문제를 동일한 방식으로 생각하지 않고, 교사의 질문은 학생들이 생성한 다양한 해결 방법에 의하여 이끌어질 것이기 때문이다.

수업을 준비하면서 스태스트니 교사는 학생들에게 제시할 일련의 평가적 질문과 발전적 질문을 만들었는데, 이 질문들은 교사가 예상했던 학생들의 과제 해결 방법을 기반으로 하였다(그림 3.7, 3.8 참조).

잠시 멈추고 생각하기

[그림 3.7]의 해결 방법 C와 [그림 3.8]의 해결 방법 D를 살펴보시오. (아래에 제시된) 수업 목표를 기반으로, 이와 같은 모델을 만든 학생들에게 어떤 질문을 계획할 수 있나요?

1. 분수는 전체나 단위(넓이/영역, 집합, 길이/측정)의 똑같은 부분으로의 나눗셈이다. 분수의 크기는 전체 또는 단위의 크기와 상대적이다.
2. 전체를 이루는 조각의 수와 분자의 조각의 수가 같을 때, 이는 전체 하나(one whole)라고 부른다. 왜냐하면 전체를 이루는 모든 조각이 다 포함되었기 때문이다(예, $\frac{4}{4}$, $\frac{5}{5}$, $\frac{6}{6}$).
3. 두 분수가 크기가 같은 전체에 대한 같은 넓이를 나타낸다면, 부분의 수나 부분의 크기가 다르더라도 두 분수는 동치이다.

스태스트니 교사가 학생들이 사용할 것으로 예상한 두 가지 해결 방법과 그 해결 방법에 대해 계획한 질문이 [그림 3.14]에 제시된다. 각각의 학생들에게 질문할 계획인 첫 번째 평가적 질문은 "무엇을 했나요?"이다. 교사는 이러한 질문(또는 비슷한 질문)을 함으로써, 학생들이 무슨 생각을 하는지 추측하는 것이 아니라, 학생들에게 무엇을 했는지 설명할 기회를 제공하여 학생들의 생각을 존중하게 되며, 후속 질문을 마련할 기반을 제공한다. 나머지 평가적 질문들은 필요한 경우 학생들이 생성한 해결 방법에 대하여 학생들이 무엇을 이해하고 있는지에 대한 더 많은 세부 정보를 이끌어내기 위하여 의도된 것들이다.

그림 3.14 스태스트니 교사가 예상한 두 가지 해결 방법 및 관련 질문

해결 방법	평가적 질문	발전적 질문
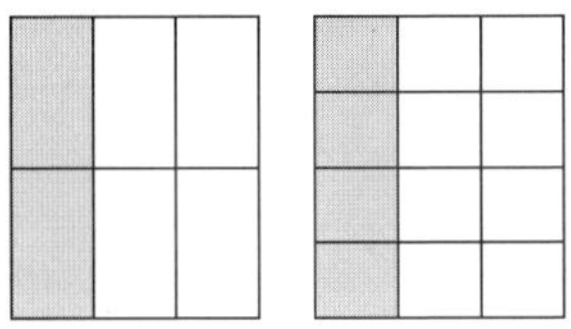 $\frac{2}{6}$ $\frac{4}{12}$ 두 학생은 같은 양의 라자냐를 가지고 있다. 두 학생이 가진 라자냐를 겹쳐보면, 그 양이 서로 같다.	• 무엇을 했나요? • 타니샤와 데이비드가 얼마나 많은 라자냐를 먹었는지에 대해 다이어그램은 무엇을 보여주나요? • 누가 더 많은 라자냐를 가졌고 이것을 어떻게 알았나요?	• 두 양이 어떻게 같은지 설명해 주었습니다. 왜 이것이 맞는지 보여줄 수 있는 식을 어떻게 쓸 수 있나요? • $\frac{2}{6}$와 $\frac{4}{12}$가 같다는 것을 보여주기 위하여 식을 어떻게 쓸 수 있나요?
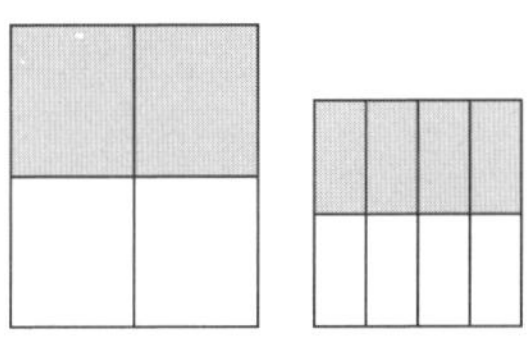	• 무엇을 했나요? • 타니샤와 데이비드가 얼마나 많은 라자냐를 먹었는지에 대해 다이어그램은 무엇을 보여주나요?	• 두 학생이 가지고 있는 판의 크기가 같을 때, 데이비드와 타니샤가 가진 부분을 보여주고 분수로 표현할 수 있나요?

학생이 분수와 함께 다이어그램을 정확하게 그리고, 설명을 명확하게 한다고 하더라도(그림 3.14의 첫 번째와 그림 3.7의 해결 방법 C에서 보이는 것과 같이) 스태스트니 교사는 이 학생이 무엇을 **이해하는지** 관심이 있을 것이며, 과제에 제시된 질문에 답하는 것과 학생이 이해하는 것을 동일시하지 않을 것이다. 이를 위해 교사는 학생에게 두 가지 추가적인 평가적 질문을 하기로 계획하였고, 각 질문은 교사가 수업에서 목표로 한 것과 일치한다.

- **타니샤와 데이비드가 얼마나 많은 라자냐를 먹었는지에 대해 다이어그램은 무엇을 보여주나요?** 교사는 이 질문을 제시하여, 학생에게 다이어그램이 어떻게 데이비드와 타니샤가 가진 라자냐 조각의 수가 다르지만 같은 양의 라자냐를 가졌음을 보여주는지 설명하게 한다. 이러한 식으로 질문을 제시하여, 학생은 문제에서 무엇을 찾도록 하는지와 그러한 질문에 대한 답을 찾는 데 학생이 그린 다이어그램이

어떻게 도움이 되었는지를 분명하게 표현해야 한다. 스태스트니 교사는 학생들이 다음과 같이 말할 것이라 예상하였을 것이다: "타니샤의 라자냐는 6조각으로 나뉘었고 문제에 제시된 것과 같이 2조각을 먹었어요. 데이비드의 라자냐도 크기가 같지만 그는 2조각이 아니라 4조각을 먹을 것이고 같은 양이어야 하기 때문에 조각이 더 작아야 합니다. 따라서 저는—타니샤가 가진 조각의 수보다 2배 많아지도록—6조각 각각을 2조각이 되게 잘라서 12조각이 되게 했어요." 이와 같은 반응은 이 학생이 분수가 전체를 똑같은 부분으로 나누는 것이라는 점(목표 1)과, 6조각으로 나누어진 전체의 2부분은 전체를 12조각으로 나눈 전체의 4부분과 같다는 점(목표 3)을 이해했다는 사실을 명확히 보여줄 것이다.

- **누가 더 많은 라자냐를 가졌고 이것을 어떻게 알았나요?** 이 질문을 하는 것은 중요한데, 교사가 묻는 것은 데이비드와 타니샤가 같은 양을 가진 것을 어떻게 알았는지가 아니라 문제에서 묻고 있는 것을 보이도록 하는 것이기 때문이다. 교사는 학생이 데이비드와 타니샤가 같은 양의 라자냐를 가졌다는 것을 분명하게 표현하고 그 이유를 설명하는 것을 기대한다. 학생이 하나를 다른 것 위에 올려놓으면 양이 같다는 것을 글로 기술하였더라도, 교사는 학생이 $\frac{2}{6}$와 $\frac{4}{12}$는 넓이가 같기 때문에 같다고 말하기를 기대할 수 있다. 이는 목표 3과 직접적으로 관련된다(두 분수가 크기가 같은 전체에 대한 같은 넓이를 나타낸다면, 부분의 수나 부분의 크기가 다르더라도 두 분수는 동치이다).

이러한 질문에 답을 하게 되면, 스태스트니 교사는 학생들의 사고를 진전시키기 위하여 다이어그램이 $\frac{2}{6}$와 $\frac{4}{12}$가 같은지를 어떻게 보여주는지와 그 변화를 보여주기 위하여 식을 어떻게 쓸 수 있는지에 대한 질문을 하게 될 것이다. 이 질문들은 교사가 설정한 수업 목표를 넘어서지만, 학생이 과제에서 어느 정도 진전을 이룬 상황을 고려한다면 그림 표현과 상징적 표현 사이의 연결을 만들도록 하는 것은 동치 분수에 대한 학생의 이해를 발전시키기 위한 논리적인 다음 단계이다.

전체의 크기가 서로 다른 해결 방법(그림 3.14의 두 번째와 그림 3.8의 해결 방법 D)은 정확한 것이 아니다. 학생은 타니샤와 데이비드에게 원하는 수의 조각을 주면서 $\frac{2}{4}$와 $\frac{4}{8}$를 보여줬지만, 전체의 크기가 동일하지 않으므로 두 분수는 같은 양을 표현한 것이 아니다. 여기서 교사는 학생이 그림에 문제가 있다는 것을 인식하는 데 도움을 주고자 한다.

- **타니샤와 데이비드가 얼마나 많은 라자냐를 먹었는지에 대해 다이어그램은 무엇을 보여주나요?** 이 질문은 학생이 라자냐 판의 크기에 대해 어떻게 이해하고 있는지 표현할 수 있는 기회를 제공하며, 교사는 판의 크기가 동일하다는 것을 명확하게 할 수 있는 기회를 제공한다(이는 문제에 함축적으로 드러나 있지만 명시되지 않은 부분이다).

라자냐의 두 판의 크기가 동일해야 한다는 것이 한 번 확립된 이후, 스태스트니 교사는 학생에게 각 라자냐의 판이 같은 크기라는 사실을 고려하여 해결 방법을 수정하고, 각 학생의 몫을 나타내는 분수를 써 보도록 요청할 수 있다. 이를 통해 학생은 자신의 그림을 다시 생각해 보고 그림을 반영하는 분수를 써 보는 기회를 갖게 된다. 따라서 이러한 발전적 질문은 목표 1과 3을 다루는 것이다.

수업 적용 팁

수업의 수학 목표와 학생들의 활동을 중심으로 신중하게 고안된 질문을 제시함으로써, 교사는 학생들이 얼마나 잘 수행하는지 뿐만 아니라, 무엇을 이해하고 있는지 파악할 수 있습니다.

여기서 핵심은, 수업 목표가 교사가 하는 질문을 이끌어야 한다는 것이다. 만약 학생들이 수학적 관계를 이해하는 것이 목표라면, 학생들이 관계를 인식하고 명확히 할 수 있는 것에 초점을 두고 질문해야 한다. 라자냐 과제에서 '$\frac{2}{4} = \frac{4}{8}$', 스트롱 선생님의 등산에서 '스트롱 선생님의 물을 12번 마셨다'와 같은 답변을 추가적인 탐구가 없이 만족하는 것은 학생들이 무엇을 이해하는지에 대해 아무런 정보도 제공하지 않는다. 어떤 학생들은 답을 찾는 것을 잘하지만 왜 그렇게 되는지 또는 어떤 의미가 있는지 모르고 있다.

중요한 점은 교사가 특정한 수업 목표를 설정하지만, 학생들은 그들의 선행 지식과 경험에 기반하여 서로 다른 위치에서 학습할 것이라는 점이다. 따라서, 학생들은 그들의 현재 이해를 바탕으로 목표를 **향해** 나아가도록 돕는 질문을 받게 된다. 모든 학생이 과제에서 똑같은 수준의 진전을 이룬 상태로 전체 논의에 참여하는 것은 아닐 것이다. 이것은 필수적인 것이 아니다. 대화를 통해 학생들에게 자신의 이해를 확장하고 구체화할 수 있는 기회를 제공하는 것이 중요하다. 논의는 학습을 위한 기회를 제공해야 하며, 학생들이 그들이 한 것을 단지 보고하는 기회가 되어서는 안 된다.

4 결론

이 장에서, 우리는 **예상하기** 관행의 요소를 탐색하고 이 관행을 실행할 때 교사들이 종종 직면하는 일련의 어려움에 초점을 맞추었다. 예상하기는 수업을 계획하는 데 있어 필수적인데, 이는 교사들에게 학생들이 무엇을 하고 어떻게 반응할지에 대해 깊게 생각할 수 있는 기회를 제공하기 때문이다. 이처럼 수업 전에 미리 하는 사고는 가르치는 데 있어 종종 요구되는 즉각적인 의사 결정의 상당 부분을 줄여 준다. 학생들이 무엇을 할지 모두 예상할 수 없지만, 우리의 경험상, 특히 교사들이 함께 계획한다면, 어떤 일이 일어날지 상당 부분을 예상할 수 있을 것이다.

타이어스 교사의 예상하기 활동은 교사가 과정에(in the process) 참여할 때 무엇을 고려해야 하는지에 대한 통찰을 제공한다. 수업을 계획하면서 타이어스 교사는 과제를 제시했을 때 학생들이 무엇을 할지 심도 있게 고려했는데, 이때 학생들에게 도전적일 것이라 생각되는 과제의 측면을 파악하는 것과 학생들의 사고를 평가하고 수업 목표로 나아가게 하기 위하여 제시할 질문을 포함하였다. 또한 교사는 수업 중 주시할 학생 사고의 특정한 측면을 파악하였다. 수업 전 이러한 수준의 준비는 수업 자체의 질에 긍정적인 영향을 미칠 것이다. 왜냐하면 교사가 학생들이 학습하기를 바라는 수학, 과제 및 학생들이 과제에 가져올 것에 대해 깊이 생각하기 때문이다.

라자냐 과제에 대한 스태스트니 교사의 활동을 살펴보면서, 예상하기와 관련된 어려움은 있었지만 동료 교사와 협력하면 이러한 어려움을 해결하는 데 큰 도움이 될 수 있었다. 스태스트니 교사의 활동은 수업 목표를 결코 간과하지 않는 것이 얼마나 중요한지 분명히 보여준다. 즉, 수업 목표는 수업 전반에서 자원으로 작용하며 학생들의 학습을 평가하는 방법이 되어야 한다.

학생 반응을 예상하기-요약

비디오 클립 3.1

학생의 사고를 예상하고 교사의 반응을 계획할 수 있는 점검하기 도구를 사용하는 것에 대해서 더 자세히 듣고 보려면 비디오 클립 3.1을 시청하시오.

온라인 자원 비디오는 resources.corwin.com/5practices-elementary 에서도 볼 수 있다.

이제 **5가지 관행을 자신의 수업에 연결하기** 활동에 참여하여, 이번 장에서 배운 내용을 자신의 교수 관행에 적용해 보시오. 이 활동에 협력할 한 명 이상의 동료 교사를 찾는 것을 권장한다. 한 교사가 언급한 대로, "특정 과제에 대한 전략을 예상하는 최상의 방법은 교사 한 명이 홀로 수행하는 것이 아니라, 모든 가능한 진입로를 식별하기 위해 교사들과 함께 논의하면서 전략을 예상하는 것이다"(Smith & Stein, 2018, p.49).

5가지 관행을 자신의 수업에 연결하기

예상하기

2주 안에 가르칠 계획인 수학적 아이디어를 하나 정해 보시오.

1. 학생들의 학습을 위한 명확한 목표를 상세히 설정하고 학습 목표에 부합하는 높은 수준의 과제를 선정해 보시오.

2. 예상하시오. 즉, 문제 속으로 들어가고, 반응하기 위해 계획하며, 주목하기 위해 계획하시오. 가능하다면, 과제, 해결 방법 및 어려움에 대한 추가적인 통찰을 얻기 위하여 동료로부터 원격으로 또는 직접적으로 만나 의견을 들어 보시오.

3. 수업 목표를 바탕으로 하면서도 학생들의 사고를 기반으로 하는 평가적 질문과 발전적 질문을 만드시오.

4. 가능한 해결 방법, 수업 목표에 기반한 평가적 질문과 발전적 질문, 과제를 하지 못한 학생들을 위한 질문을 포함한, 수업 중 자료를 기록하는 데 사용할 수 있는 점검표를 생성하시오.

"점검하기와 탐색하기 단계에 제시되는 평가적 질문과 발전적 질문은 학생들이 진정으로 어디에 있는지 이해하고, 그들을 더욱 나아가게 하도록 돕습니다."

- 타라 타이어스, 1학년 교사

CHAPTER 04

학생 활동을 점검하기

우리가 다음으로 살펴볼 관행은 학생들의 활동을 점검하는 것이다. 목표와 그에 따른 과제를 신중하게 선정하고 학생들이 사용할 다양한 접근 방법을 예상한 다음, 이제는 수업으로 나아가야 한다. 교사로서 여러분은 교실에서 수업을 할 때 학생들이 무엇을 하고 말하는지를 어떻게 지속적으로 살피는가? 점검하기는 수업 목표와 관련된 학생들의 아이디어와 방법에 주의를 기울이는 것과 관련된다. 많은 학생들이 동시에 활동하고 있을 때, 이는 상당히 어려울 수 있다. 누가 어떤 방법을 사용하고 있는가? 어느 정도까지 진행했는가? 점검하기는 학생들의 사고를 명확히 하고 더 나아가게 하도록 학생들에게 질문하는 것과 관련된다. 수업 중 학생들과 상호작용하면서 수업을 생산적으로 이끌어가는 일은 복잡한 일이다. 점검하기 관행은 학생들의 사고에 주의를 기울이며, 사고를 추적하기 위한 명확하고 집중된 관점을 가지게 하여 이러한 복잡함을 관리하도록 설계되었다.

Smith & Stein(2018)은 점검하기를 다음과 같이 설명한다.

> 점검하기는 실제 수업에서 학생들이 특정 과제를 개별적 또는 집단적으로 수행하는 동안 그들의 사고에 주의를 기울이는 과정이다. 이것은 학생들의 말을 듣고 행동을 관찰하는 것뿐만 아니라, 그들이 사용하는 접근 방법을 추적하고 이후 수학적 논의를 진전

> 시킬 수 있는 접근 방법을 식별하며, 학생들이 과제를 진전하는 데 도움이 되는 질문을 하는 것을 포함한다. 이는 수업 전 계획한 평가적 질문과 발전적 질문이 유용한 시점이다. 이러한 질문에는 학생들의 사고를 명확하게 만들고, 학생들이 비생산적이거나 부정확한 경로를 따르고 있다면 다시 올바른 경로로 이끌며, 올바른 방향으로 나아가고 있는 학생들에게 왜 그렇게 되어가는지에 대해 더욱 깊게 생각하도록 자극하는 질문이 포함된다(p.54).

이 장에서는 먼저 점검하기의 핵심 측면을 기술하고 실제 초등학교 교실에서 이 관행이 어떻게 실행되는지를 예를 들어 설명한다. 그런 다음 점검하기의 어떤 측면이 교사들에게 어려운지 논의하고, 자신의 교수 관행에서 점검하기를 탐색할 기회를 제공한다.

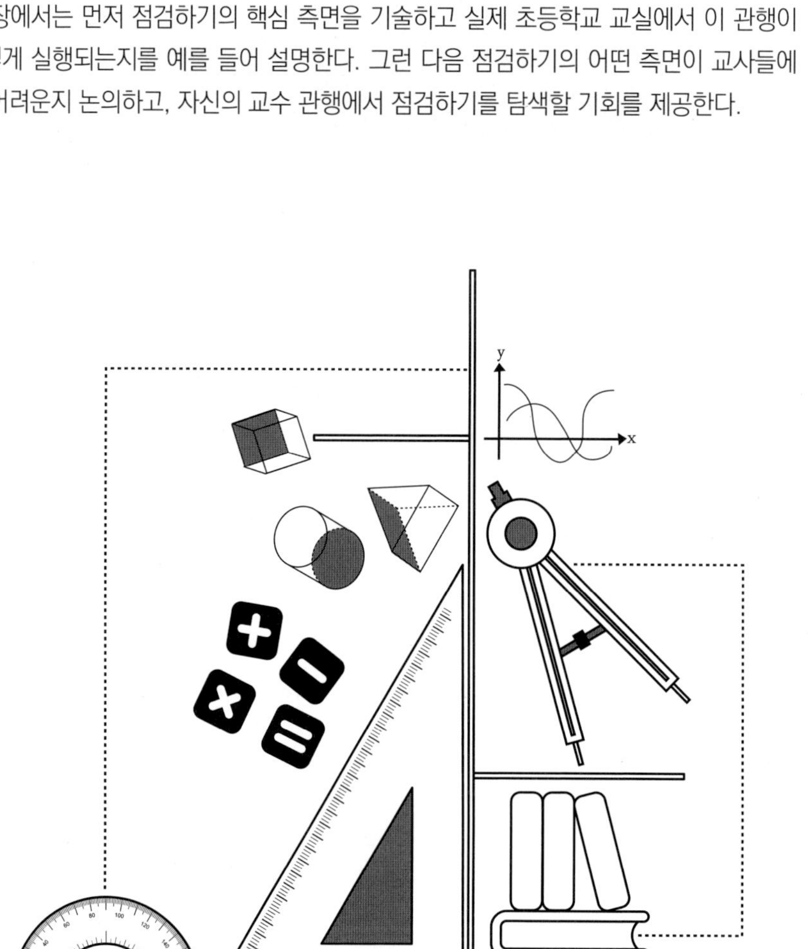

1부 관행을 풀어보기: 학생 활동을 점검하기

학생들의 사고를 점검하는 것에는 무엇이 포함되는가? 이 관행은 교실에서 학생들의 사고를 추적하는 것과 학생들이 이해하는 것을 알아내기 위한 질문(평가적 질문)과 학생들의 사고를 진전시키기 위한 질문(발전적 질문)을 하는 것과 관련된다. [그림 4.1]에는 점검하기 과정을 안내하기 위해 이 관행의 구성 요소 및 핵심 질문을 강조한다.

그림 4.1 점검하기 관행을 지원하기 위한 핵심 질문

구성 요소	핵심 질문
학생 사고를 추적하기	수업에서 학생들의 반응을 어떻게 추적할 수 있는가?
	수업 중 모든 학생을 점검하는 것을 어떻게 보장할 수 있는가?
학생 사고를 평가하기	교사의 평가적 질문이 학생들의 수준에 적절히 맞춰져 있는가?
	교사의 평가적 질문이 학생의 사고를 드러나게 하는가?
학생 사고를 발전시키기	교사의 발전적 질문이 수업 목표로부터 이끌어진 것인가?
	학생들 스스로 발전적 질문을 추구할 수 있는가?
	교사의 발전적 질문이 학생의 사고를 진전시키는 데 도움이 되는가?

다음 절에서는 타이어스 선생님의 마커 과제 실행에 대한 탐색을 이어가면서 점검하기 관행을 설명한다. 타이어스 교사 수업의 비디오 클립을 시청하고 어떤 일이 일어났는지에 대한 전사 자료를 읽으면서, 핵심 질문에 대한 타이어스 교사의 관심이 어떻게 수업 구성에 반영되었는지 고려해 보자.

1 학생 사고를 추적하기

학생들이 과제를 시작하면, 교사는 학생들이 무엇을 하고 있는지 파악하기 위한 효율적이고 생산적인 방법이 필요할 것이다. 진전을 보이고 있는 학생은 누구인가? 질문이 있는 학생은 누구인가? 어려움을 겪고 있는 학생은 누구인가? 수업에서 학생들의 다양한 사고를 추적하는 것은 복잡한 일이다. Kazemi, Gibbons, Lomax & Franke(2016)는 학생들의 진전을 확인하기 위하여 학생들이 과제를 완료할 때까지 기다리는 것은 충분하지 않으며, 수업 중 '학생들과 면대면 대화'를 나누는 동안 '관리 가능한 방식으로 학생 사고에 대한 통찰을 얻기 위한' 방법이 필요하다고 강조한다(p.184).

> **수업 적용 팁**
>
> 점검표에 빠르게 기록하는 것은 학생들이 어떤 방법을 사용하는지 추적하는 데 도움이 됩니다.

예상하기 단계에서 교사가 개발한 점검표는 학생의 사고를 추적하는 데 유용한 자원이 될 수 있다. 교사가 학생들을 관찰하고 학생들과 이야기할 때, 학생들이 사용하고 있는 방법을 빠르게 확인하고 점검표의 **누가 무엇을** 열에 기록할 수 있다. 점검표에 예상했던 방법을 나열해 둔 것이 매우 유용하게 쓰인다! 교사는 학생의 질문이나 방법의 변형 또는 두 가지 전략의 연결과 같은 특히나 흥미로운 것들을 기록할 수도 있다. 교사가 예상하지 못했던 방법을 학생이 사용할 때를 표기하는 것 또한 중요하다. 이는 오늘 수업 뿐 아니라 앞으로의 수업에서도 중요한데, 특히 이러한 방법들이 수업의 수학적 목표를 명확하게 만들어 주는 잠재력을 지니고 있다면 더욱 중요하다. 수업 중 점검표에 상세한 코멘트를 남길 시간은 보통 거의 없다. 하지만, 수업 중 몇 가지 기록을 작성하는 것은 현재 상황을 파악하는 데 도움이 된다. 많은 교사는 수업 전에 점검표를 인쇄하고 수업에서 수기로 기록하는 것을 선택한다. 다른 교사들은 수업 중 전자(electronic) 버전의 점검표에 기록하는 것을 선호한다. 어떤 방법이든 점검표는 교사가 학생들이 과제에 대해 어떻게 생각하는지 빠르게 참고하는 데 도움을 줄 수 있다.

교사는 학생들의 반응을 추적할 때 교실 전체를 순회하는지 확인해야 한다. 일부 교사들은 수업에서 각 학생을 확인하기 위해, 교실 안을 미리 정한 동선으로 움직이는 방법을 선택하기도 한다. 학생들을 모둠으로 활동하게 하는 것은 협력을 높일 수 있고 한

번에 한 학생을 확인하는 것에 비하여 점검이 쉬워질 수 있다(Horn, 2012). 점검표를 사용하면 각 모둠을 몇 번 방문했는지 뿐만 아니라 어떤 학생과 대화했는지 추적하는 데 도움이 된다. 가끔 교사는 흥미로운 논의를 하는 모둠에서 다른 모둠으로 이동하는 것이 어려울 수 있다. 또는 과제를 시작하는 데 어려움을 겪는 학생들과 더 많은 시간을 보내게 될 수도 있다. 어느 경우에든 교사가 학생들의 사고를 점검할 때 어떻게 학생들을 순회하고 추적할지에 대해 계획하는 것은 중요한 고려 사항이다. 타이어스 교사의 경우, 점검표는 수업의 핵심 요소이다: "학생들과 논의할 때 점검표를 가지고 다닙니다. 학생들의 이름과 무엇을 했는지 기록합니다." 교사는 "점검표에 기록해야 한다는 것을 기억하는 것은 종종 어렵습니다. 학습이 매우 빨리 진행되고 교사는 점검하기 도구에 이것을 모두 기록할 수 없습니다. 하지만 점검하기 도구는 교사가 나중에 살펴보고 수업까지 이어질 수 있어 매우 중요합니다. 따라서 이것은 도전적이지만 매우 필요합니다"라고 설명한다.

수업 적용 팁

점검표를 활용하는 것은 학생들이 무엇을 하고 있는지와 교사가 누구와 대화했는지와 모두 관련하여, 교사와 학생의 상호작용을 추적하는 데 도움이 됩니다.

잠시 멈추고 생각하기

여러분은 수업 중 학생들의 아이디어를 어떻게 추적하나요?

여러분은 학생들이 활동할 때 어떻게 교실을 순회하나요?

교실에서 학생의 사고를 좀 더 효과적으로 추적하는 데 도움이 되는 기술은 무엇인가요?

2 학생 사고를 평가하기

교사는 학생들의 진전을 점검할 때, 학생들의 현재 상태로부터 수업의 목표로 나아가도록 학생들과 상호작용하고자 한다. Jacobs & Philipp(2010)은 "아이들의 사고방식을 기반으로 한 교수는 풍부한 수업 환경과 학생 성취도의 향상으로 이어질 수 있다"(p.101)라고 설명하면서 이러한 목표의 중요성을 강조한다.

우선 학생들이 사용할 것이라고 예상했던 접근 방식들을 주의 깊게 살펴본다. 어떤 학생이 예상했던 접근 방법들 중 하나를 사용하고 있다는 것을 파악했다면, 해당 접근 방법을 위해 고안했던 평가적 질문을 시험해 볼 수 있다. 점검표의 평가적(그리고 발전적) 질문은 대본을 의미하는 것이 아니다. 그 대신, 특정 학생들에게 어떤 질문을 할지 고려하는 데 도움이 될 수 있는 참고 자료들이다. 예를 들어, 타이어스 교사는 100 차트를 사용하는 한 학생에게 자동적으로 "각각의 뛰어 세기가 무엇을 나타내나요?"라고 묻는 것이 아니다. 대신, 교사는 이 학생이 무엇을 하거나 말하는지 살펴보고 어떤 질문이 적절한지 결정한다.

수업에서 활용할 평가적 질문을 선정할 때, 고려해야 할 두 가지 주요 사항이 있다. 첫째, 과제에 대한 학생들의 현재 사고에 맞추는 것을 목적으로 한다. Ball, Lubienski & Mewborn(2001)은 "학생의 사고를 파악하고 반응하는 것"(p.451)은 학생이 하고 있는 세부적인 것들에 달려 있다고 강조한다. 반드시 학생들의 아이디어와 학생들이 쓰거나 그린 것에 대해 물어보아야 한다. 학생들의 활동에 대한 구체적인 질문을 하는 것은 학생들이 과제와 그들의 해결 방법에 대하여 어떻게 생각하는지 파악하는 중요한 방법이다. 타이어스 교사는 "저는 전략들의 개요를 파악하였고 평가적 질문도 계획했어요. 하지만, 과제에서는 어떤 일이든 일어날 수 있어요. 학생들은 다르게 할 수도 있어요"라고 설명했다. 스트롱 교사도 이 점을 강조하면서 "가끔은 무엇이 올지 전혀 모를 수 있어요", 교사에게 다음 단계는 "학생들의 사고를 평가하는 것이에요. 왜 이렇게 했나요? 설명해 보세요"라고 말하는 것이다. 평가적 질문은 중요한데 이는 교사의 예상과 일치하든 그렇지 않든 학생들이 무엇을 하고 있는지 파악하는 데 도움이 될 수 있기 때문이다.

수업 적용 팁

주의 깊게 보고 들으세요. 학생들이 하거나 말할 것으로 생각했던 것이 아닌, 실제로 학생들이 하는 행동과 말에 근거하여 계획했던 평가적 질문을 수정하세요.

둘째, 평가적 질문은 학생들의 사고를 가시화하여, 그것이 수업 목표를 향해 학생들의 사고를 더 나아가게 할 수 있을 때 가장 유용하다. 교사는 학생들이 **무엇을** 했는지뿐만 아니라 **왜** 그렇게 했는지 이해하고자 해야 한다. 학생의 접근 방식의 이면에 있는 이유를 이해한다면, 학생이 자신의 입장(position)을 다시 생각해 보거나 과제 속으로 더 깊이 들어가도록 돕는 데 필요한 단서를 제공해 주는 경우가 많다.

가르치는 일을 분석하기 4.0

학생의 문제 해결 접근 방식을 탐색하기

타이어스 선생님의 마커 과제를 시작한 후, 타이어스 교사는 학생들에게 몇 분 동안 문제를 개별적으로 활동하게 한다. 여기서, 첫 번째 문제에 대한 두 학생, 제이시와 리아의 초기 활동을 살펴볼 것이다: 타이어스 선생님은 향기 나는 마커 69개를 가지고 있습니다. 선생님은 친구에게 향기 나는 마커 40개를 줍니다. 선생님에게 남은 마커는 몇 개일까요? 안나가 이 문제를 어떻게 해결할 수 있는지 다이어그램으로 그리고, 등식을 쓰세요.

제이시의 활동

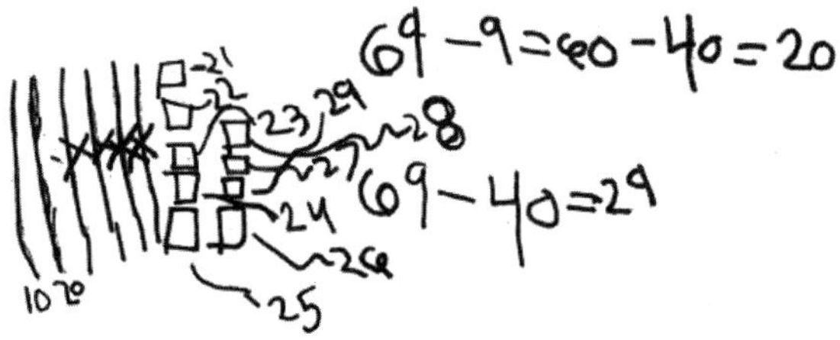

리아의 활동

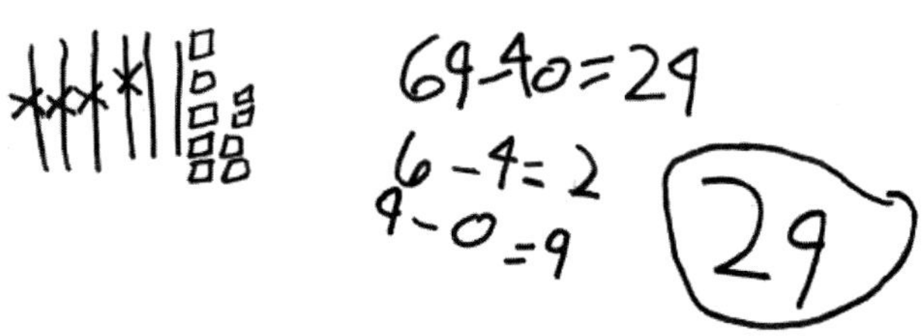

제이시와 리아가 쓴 것을 검토하면서 다음 질문에 대하여 생각해 보시오.

1. 학생들이 쓴 것에서 제이시와 리아가 문제를 어떻게 생각하는지에 대하여 무엇을 추론할 수 있습니까?
   - 제이시의 그림은 과제에 대한 학생의 이해를 어떻게 나타내나요? 제이시의 등식은 무엇을 나타내나요?
   - 리아의 그림은 과제에 대한 학생의 이해를 어떻게 나타내나요? 리아의 등식은 무엇을 나타내나요?
2. 제이시와 리아는 어떤 전략을 사용하고 있나요? 학생들이 사용하는 각 전략을 타이어스 교사의 점검표에 나열된 전략에서 찾을 수 있나요?(그림 3.4 참조)
3. 문제에 대한 제이시와 리아의 추론을 확실히 이해하기 위하여 어떤 평가적 질문을 하고 싶습니까?

이것은 실행에서 어떻게 드러나는가? **가르치는 일을 분석하기 4.0**에서는, 타이어스 교사의 수업에서 학생들이 타이어스 선생님의 마커 과제를 어떻게 이해하기 시작하는지 탐구할 것이다. 우리의 분석을 읽기 전에 학생의 활동을 살펴보고 제시된 질문을 고려해 보기를 권한다.

1) 학생의 문제 해결 접근 방식을 탐색하기-분석

타이어스 선생님의 마커 과제에 대한 제이시의 활동은 십진법 그림을 보여주는데, 선은 10을, 상자는 1을 나타낸다. 학생은 타이어스 교사가 준 40개의 마커를 나타내기 위해 6개의 십(10) 중 4개에 X표를 하였다. 제이시는 남은 2개의 십을 '10, 20'이라 표시하였다. 이것은 4개의 십을 뺀 후 남은 십을 세는 것처럼 보인다. 제이시는 각각의 1을 21부터 29까지로 표시하였다. 하나의 가능한 설명은 타이어스 교사에게 남은 마커의 수를 구하기 위하여 학생이 20부터 더하고 있다는 것이다. 제이시의 식은 학생이 십진 블록을 사용하여 분해와 재합성을 하는 것을 보여주며 타이어스 교사의 점검표의 해결 방법 A와 관련된다(그림 3.4 참조). 제이시는 69를 6개의 십과 9개의 일로 분해하고 이후 모델을 사용하여 2개의 십과 9개의 일로 재합성한 다음 뺄셈식을 세웠다.

타이어스 교사는 이 전략을 사용하는 학생들이 해결 방법을 나타내기 위해 60 − 40 = 20과 20 + 9 = 29와 같은 식을 세울 것이라 예상했지만, 제이시는 다른 식을 세웠다. 이 학생은 자신의 풀이 상단에 69 − 9 = 60 − 40 = 20을 적었다. 제이시는 하나의 식을 세웠지만 두 개의 별개의 연산인 69 − 9와 60 − 40으로 이해하고 있을 수 있다. 또는 제이시의 등호에 대한 이해가 아직 발전 중이며, 등호를 두 개(things)가 서로 같다는 것을 나타내기보다, "무엇을 하라"고 지시하는 것으로 이해하고 있을 수 있다(Falkner, Levi & Carpenter, 1999; Leavy, Hourigan & McMahon, 2013). 타이어스 교사는 제이시의 접근 방법을 이해하는 데 도움이 되기 위하여 이 학생에게 어떤 질문을 하고 싶을까? 교사가 할 수 있는 평가적 질문 중 일부를 예로 들면 다음과 같다. "너의 식이 무엇을 의미하는지 설명할 수 있나요?", "위의 식에서 60은 무엇을 의미하나요?", "상자 옆에 있는 수들이 무엇을 의미하는지 설명할 수 있나요?"

리아는 제이시와 유사하게 6개의 십과 9개의 일에서 4개의 십을 지운 것을 보여주는 십진법 그림을 그렸는데, 이것은 타이어스 교사의 점검표의 해결 방법 A를 반영한다

가르치는 일을 분석하기 4.1

학생 사고를 평가하기

비디오 클립 4.1

학생들이 타이어스 선생님의 마커 과제를 개별적으로 수행하는 동안 교사는 학생들을 점검하면서 교실을 순회하였다. 이 비디오 클립에서 교사는 조슬린, 그 다음 두주안과 과제의 진행 과정에 대해 간단하게 대화한다. 조슬린과 두주안이 쓴 것을 먼저 살펴보시오. 학생들이 과제에 대해 생각한 것에 대하여 여러분은 무엇을 추론할 수 있나요?

조슬린의 활동

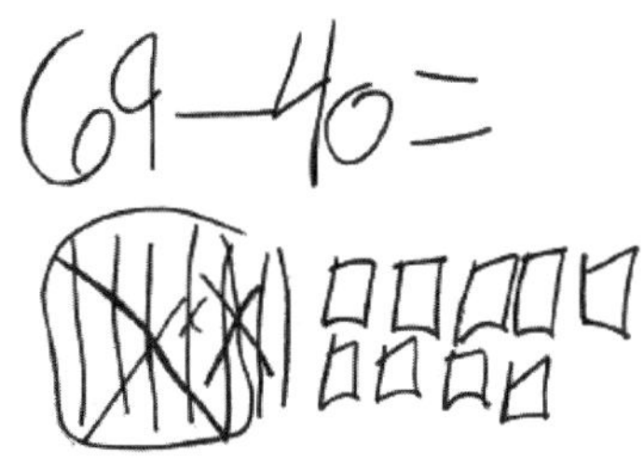

두주안의 활동

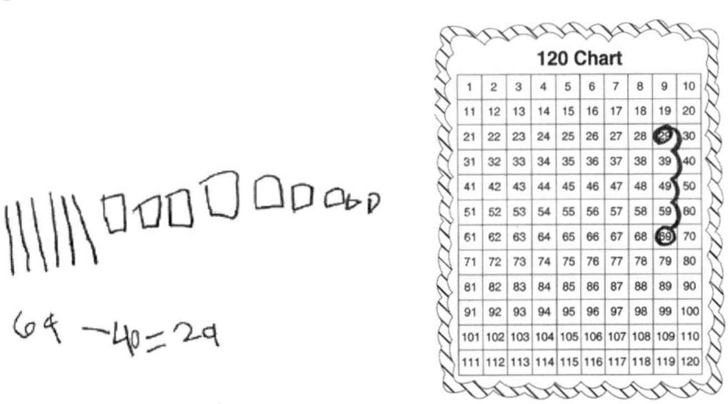

비디오 클립을 시청하면서 다음 질문을 고려해 보시오.

1. 타이어스 교사는 조슬린과 두주안에게 어떤 평가적 질문을 하나요?

2. 타이어스 교사의 평가적 질문은 조슬린과 두주안이 문제에 대해 어떻게 생각하는지를 교사가 이해하는 데 어떻게 도움이 되나요?

3. 타이어스 교사의 평가적 질문은 교사가 이 학생들이 직면한 어려움을 진단하는 데 어떻게 도움이 되나요?

온라인 자원 비디오는 resources.corwin.com/5practices-elementary에서도 볼 수 있다.

(그림 3.4 참조). 리아는 3개의 식을 썼다: 69 − 40 = 29, 6 − 4 = 2, 9 − 0 = 9. 식 6 − 4가 무엇을 의미하는지 궁금할 수 있다. 리아는 [6개의 십] − [4개의 십] = [2개의 십]과 같이, 6과 4는 십의 자리 수를 나타내고자 한 것인가? 이 식으로 인하여 리아의 자릿값에 대한 이해에 의문을 제기할 수 있지만, 리아는 69를 십의 자리와 일의 자리로 분해할 수 있다. 또한, 리아가 등식 69 − 40 = 29에서 자릿값을 정확하게 나타내고 답인 29에 동그라미 표시를 한 것은, 2가 2개의 10을 나타낸다는 것을 이해하고 있다는 것을 시사한다.

수업의 매 순간 처리해야 할 것이 많을 수 있다. 효과적인 평가적 질문은 학생들이 자신의 생각을 표현하고 교사가 학생들이 과제를 어떻게 이해하는지 파악하는 데 도움이 된다. 리아가 자신의 아이디어를 드러낼 수 있도록 교사는 어떤 질문을 할 수 있을까? 잠재적인 평가적 질문에는 "등식 6 − 4 = 2는 무엇을 의미하나요?", "29가 무엇을 의미하는지 말해 줄 수 있나요?", "어떻게 그것을 결정했나요?"가 포함된다.

가르치는 일을 분석하기 4.1에서는 학생들이 과제를 수행할 때 타이어스 교사가 학생들을 지원하기 위하여 무엇을 하는지 탐색할 것이다.

2) 학생 사고를 평가하기-분석

타이어스 교사는 조슬린에게 다가가서 학생이 과제에 대해 어떻게 생각하는지 이해하기 위하여 일련의 평가적 질문을 사용한다. 타이어스 교사는 자신의 점검표의 일반적인 질문으로 시작한다: "너의 생각을 이야기해 보렴." 조슬린은 "저는 60개의 십을 넣었어요"라고 대답한다. 타이어스 교사는 이에 놀라며 조슬린의 말을 다시 질문 형식으로 되묻는다: "60개의 십을 넣었다고요?" 조슬린은 '6개의 십'을 의미했다는 것을 명확히 하고 설명을 계속한다. 그 다음 타이어스 교사는 '십의 묶음(tens)에서 4개를 X표 한 것'이 무엇을 의미하는지 알아보기 위하여 추가적인 질문을 한다. 특히, 교사는 "왜 십의 묶음에서 4개를 'X' 했나요?", "'X'는 어떤 의미인가요?"라고 질문하였다. 여기서 타이어스 교사의 목표는 조슬린이 십의 묶음에서 4를 제거하게 된 것의 의미를 탐구하는 것이다.

다음으로, 우리는 100 차트로 활동하면서 그림 그리기와 식 세우기를 한 두주안과 타이어스 교사의 대화를 살펴볼 것이다. 타이어스 교사는 일반적인 평가적 질문을 다시 한번 사용하였다: "너의 생각을 이야기해 보렴." 두주안은 100 차트에서 수 69를 찾았음을 공유하기 시작한다: "저는 69를 얻었어요." 두주안이 자신이 가리킨 69에 대해 무엇을 이해하는지 탐구하기 위하여, 타이어스 교사는 "69가 무엇을 나타내나요?"라고 물었다. 두주안은 "마커"라고 대답했고, 타이어스 교사는 두주안이 100 차트의 69와 타이어스 교사가 과제의 도입에서 가지고 있던 69개의 마커를 연결하고 있다는 중요한 사실을 알게 되었다. 두주안은 100 차트를 어떻게 활용했는지 계속 설명해 나갔는데, "저는 뛰어 세기 40번을 해서 29를 구했어요"라고 말했다. "40번의 뛰어 세기?"가 어떤 의미일까. 이것을 탐색하기 위하여 타이어스 교사는 두주안에게 어떻게 세었는지 보여 달라고 했고 두주안은 100 차트에서 세로로 움직이면서 10씩 세었다고 대답했다. 마지막으로, 타이어스 교사는 두주안의 십진 그림과 등식을 살펴보았다. 비디오 말미에서 타이어스 교사는 두주안에게 활동지에 과제를 어떻게 표현한 것인지에 대해 묻기 시작했다.

이러한 대화에서, 타이어스 교사의 질문의 목적은 학생들의 사고를 알아보는 것이다. 즉, 교사는 다르게 생각하도록 요청하지 않는다. 오히려, 교사의 목적은 학생들이 어떻게 문제에 접근하는지 더 잘 이해하는 것이다. 학생들의 사고를 평가하면서, 타이어스 교사는 점검표에 '조슬린이 69 − 40을 하고 있다'와 '두주안은 69에서 시작해서 29로 4번 뛰어 세기를 한다'라고 기록한다.

주목할 점은, 타이어스 교사가 학생들과 대화할 때, 사전에 준비한 평가적 질문을 항상 한 단어도 틀리지 않고 그대로 사용하지는 않고, 사전에 준비하지 않은 여러 평가적 질문도 활용한다는 것이다. 이것은 당연한 것이다! 수업 전 평가적 질문을 개발하는 것은 타이어스 교사가 구체적인 경우에서 학생들의 사고를 어떻게 이끌어낼지 파악하는 데 도움이 되었다. 하지만 타이어스 교사는 학생들과 상호작용하면서 그 순간에 학생의 말과 행동을 바탕으로 새로운 질문을 개발하기도 한다.

3 학생 사고를 발전시키기

학생들이 문제에 대해 어떻게 생각하는지 이해했다면, 다음 단계는 학생들의 사고를 발전시키는 것이다. 일부 학생들에게 이것은 과제가 학생들에게 무엇을 하도록 요구하는지 다시 생각해 보도록 도와주는 것이다. 다른 학생들에게는 특별한 사례에 대해 생각해 보거나 그 해결 방법이 성공적인 이유를 설명하도록 하는 것을 의미할 수도 있다. 다시 한번, 교사의 점검표는 학생들의 사고를 진전시키기 위하여 어떠한 도움을 줄 수 있는지 결정할 때 자원이 될 수 있는데, 교사가 사전에 예상했던 평가적[1] 질문에서 선택하거나 변형할 수 있기 때문이다.

교사가 발전적 질문을 선정할 때 해당 질문은 수업의 목표로부터 나온 것이며, 단지 학생들이 정확한 해결 방법을 산출하도록 돕기 위한 방법이 아니라는 것을 명확히 해야 한다. 예를 들어, 타이어스 선생님의 마커 과제에서 교사의 목표는 학생들이 단순히 남은 마커의 개수가 29개라는 것을 알아내는 것이 아니라, 학생들이 전략적인 방식으로 수의 분해를 탐구하는 것과 연결하는 것이다. 유사하게, 스태스트니 교사는 발전적 질문이 '학생들이 수학적 목표로 나아가도록' 설계되어, '교사가 학생들이 이루기를 바라는 것을 학생들이 진실로 깊이 이해하는지' 알 수 있어야 한다고 설명했다. 교사가 발전적 질문을 선정할 때, 수업의 목표를 분명히 염두에 두어야 한다.

발전적 질문의 또 다른 중요한 특징은 즉각적으로 대답할 수 없는 질문이라는 점이

1 원서에 평가적 질문(assessing questions)으로 되어 있으나, 문맥상 발전적 질문이다.

다. 오히려, 효과적인 발전적 질문은 학생들이 과제에 대한 아이디어를 생각하고 탐구하고 재고하도록 독려해야 한다. 스트롱 교사가 설명하였듯이 발전적 질문은 학생들이 '진정한 대화를 나누도록' 도와야 한다. 유사하게 타이어스 교사는 한 모둠에게 발전적 질문을 제시한 후 '학생들이 서로의 생각을 나누고 배우기를' 기대한다.

학생들이 발전적 질문을 추구하게 하는 능력이 핵심이다. 따라서 교사가 발전적 질문을 제시할 때, 교사는 학생들의 초기의 반응을 살펴보고 싶어 할 것이다. 학생들이 활동을 시작하는가? 학생들이 곰곰이 생각하는 것이 보이는가? 대개 그런 경우가 학생들이 발전적 질문을 받아들일 준비가 되어 있는지 살펴볼 수 있는 방법이다.

수업 적용 팁

학생들이 발전적 질문을 곧바로 탐구하기 시작하는지 아닌지 주목해 봄으로써 발전적 질문의 효과성을 종종 평가할 수 있습니다.

물론, 가장 필수적인 것은 교사가 하는 발전적 질문이 학생들의 사고를 나아가도록 촉진하는 것이다. 발전적 질문을 한 다음 교사는 학생들에게 활동할 시간을 주어야 하지만, 그들이 얼마나 진전했는지 살펴보기 위하여 다시 모둠을 점검하는 것도 필요할 것이다. 타이어스 교사는 발전적 질문이 교사가 '뒤로 물러난 다음' 다시 돌아와서 학생들이 어떻게 생각하고 있는지 이해할 수 있게 한다고 설명하였다. 스태스트니 교사는 그녀의 경험상, 교사가 모둠으로 돌아왔을 때 '학생들의 반응에 따라 올바른 발전적 질문이었는지를 알 수 있다'고 설명하였고, 종종 '질문을 바꾸거나', '머릿속으로 무엇인가를 떠올려야만 했다'고 설명했다. 발전적 질문은 학생들이 진전하는 것을 돕기 위하여 설계되었지만, 교사가 발전적 질문이 성공적으로 수행되었는지를 점검하는 시간을 갖는 것이 중요하다.

발전적 질문은 실제 어떻게 드러나는가? **가르치는 일을 분석하기 4.2**에서, 타이어스 선생님의 마커 과제에 대한 학생들의 진전을 돕기 위하여 타이어스 교사가 발전적 질문을 어떻게 사용하였는지 탐구할 것이다. 분석을 읽기 전에 비디오 클립을 보고 제시된 질문을 생각해 보는 것을 제안한다.

1) 학생 사고를 발전시키기, 1부-분석

타이어스 교사는 리아가 과제에 대해 어떻게 생각하는지 알아보기 위하여 평가적 질

가르치는 일을 분석하기 4.2

학생 사고를 발전시키기-1부

비디오 클립 4.2

이제 여러분은 타이어스 선생님의 마커 과제에 대한 리아와 엘시의 활동을 탐구하게 될 것이다.

이전의 **가르치는 일을 분석하기 4.0**에서 리아가 쓴 것을 살펴보았다. 잠깐 시간을 내서 리아의 접근 방법을 생각해 보시오. 아래에 엘시의 활동지를 제시하였다. 엘시가 과제에 대해 어떻게 생각하고 있을지에 대하여 무엇을 추측할 수 있나요?

엘시의 활동

다음으로, 타이어스 교사가 리아와 엘시와 그들의 해결 방법에 대해 어떤 대화를 나누었는지에 대한 비디오 클립 4.2를 시청하시오.

비디오 클립을 시청하면서 다음 질문을 고려해 보시오.

1. 타이어스 교사는 리아와 엘시에게 어떤 발전적 질문을 하나요? 발전적 질문이 초점을 두는 목표는 무엇인가요?

2. 학생들이 발전적 질문을 탐구할 수 있다는, 또는 탐구할 수 없다는 증거가 있나요?

온라인 자원 비디오는 resources.corwin.com/5practices-elementary에서도 볼 수 있다.

문을 제시하기 시작하였다. 타이어스 교사는 "여기서 무엇을 구한 건지 말해 보세요"로 시작했다. 리아가 자신의 생각을 설명하자, 학생이 쓴 두 가지 식인 6 − 4 = 2와 9 − 0 = 9를 논의했다. 그녀는 6 − 4 = 2를 가리키며 "저건 십의 자리에요… 6 − 4가 먼저니까. 그래서 2는 십의 자리(tens)이고, 9는 일의 자리(ones)에요"라고 말했다. 타이어스 교사는 이와 같은 리아의 설명을 통하여 리아가 6 − 4 = 2의 2가 십이 2개임을 나타낸다는 것을 어느 정도 이해하고 있다는 점을 분명히 하였다.

타이어스 교사는 리아가 자릿값을 이해하는지 더 살펴보기 위해 평가적 질문을 추가로 제시하였다. 교사는 리아에게 뺄셈 문제의 결과로 나온 2와 9를 덧셈을 이용하여 합하는 것이 적절한지 물었다. 타이어스 교사는 "하지만, 잠시만요. 선생님은 헷갈려요. 왜 2 + 9 = 11이 아닌 거죠? 왜냐하면 리아는 2와 9를 가졌으니까요. 2와 9는 11과 같잖아요." 그러자 리아는 "우리는 69 − 40을 해야 합니다. 이 둘을 더할 수 없습니다. 이 둘은 답입니다"라고 대답했다. 리아가 2와 9를 더해서 11의 합을 얻을 수 없다고 말한 것은 리아가 이 값들이 모두 일의 자리(ones)를 나타내지 않는다는 것을 이해하고 있다는 것을 드러낸다. 대신, 리아가 "이 둘은 답입니다"라고 대답한 것은 리아가 종이에 동그라미를 친 바와 같이, 두 수에 대한 정확한 연산은 20 + 9를 해서 29라는 답을 얻는 것이라는 점을 이해하고 있다는 증거를 제공한다. 이러한 점을 명확히 하면서, 타이어스 교사는 리아의 생각을 발전시킬 준비를 하였다. 타이어스 교사는 리아에게 "선생님같이 6 − 4를 이해하지 못한 사람을 위해 [6 − 4 = 2를 가리키며] 이것을 또 다른 식으로 쓸 수 있을까요?… 왜냐하면 그것들이 십의 자리라고 말했으니까요"라고 질문하였다. 타이어스 교사가 다른 곳으로 이동하자 리아는 교사의 질문에 대해 생각하기 시작했다.

비디오 클립에 드러나지 않지만 타이어스 교사가 자리를 이동하자 리아는 자신이 쓴 것에 추가하였다(그림 4.2의 동그라미 친 부분 참조). 흥미롭게도, 60 − 40 = 20과 같은 새로운 식을 쓴 것이 아니라, 리아는 29가 10이 2개이고 1이 9개로 되었다는 것을 보여주기 위하여 새로운 십진 그림을 그렸다. 이렇게 하여 리아는 6 − 4 = 2의 2가 10이 2개인 것이고, 9 − 0 = 9의 9는 1이 9라는 증거를 제공하였다.

엘시의 활동지에는 두 가지 해결 방법이 드러난다. 하나는 십진 그림과 그에 대응하

그림 4.2 리아의 최종 활동지

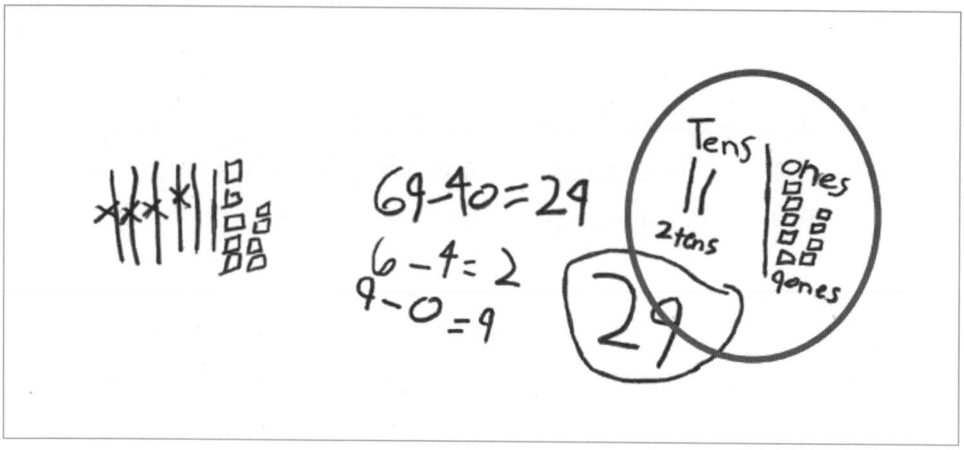

는 등식 69 − 40 = 29이다. 또한, 엘시는 70 − 40 − 1 = 29라고 썼다. 이 등식은 엘시가 반올림 및 보상 전략(그림 3.4의 해결 방법 D)을 사용했음을 보여준다. 또한 손으로 그린 100 차트 같은 것도 있지만 지워졌다.

비디오 클립에서 타이어스 교사는 일반적인 평가적 질문을 한다: "우리는 무엇을 하고 있나요?" 엘시는 40을 "X로 지웠고" 답이 29라는 것을 알았다고 설명했다. 타이어스 교사는 이 방법을 이전에 엘시를 방문했을 때부터 알고 있었다. 타이어스 교사는 일련의 평가적 질문을 활용하여 엘시에게 두 번째 방법에 대해 묻기 시작했다. "여기 이건 무엇이죠?" 엘시는 안나가 "그 문제를 그렇게 해결했을 수도 있고, 나의 방식으로 해결했을 수도 있을 것 같다"고 설명한다. 타이어스 교사의 다음 질문은 왜 엘시가 70으로 반올림을 했는지 이해하기 위한 것이다: "잠깐. 하지만 엘시는 70으로 했어요. 선생님 생각에 우리는 69가 있어요. 하지만 왜 70이 되는 거죠?" 엘시는 두 방법이 모두 29라는 같은 답을 가진다는 사실을 강조했다. 예를 들어, 엘시는 70에서 40을 빼는 것이 더 쉽다거나 70은 69와 1 차이 난다는 것을 이야기하지 않았다.

타이어스 교사는 이 해결 방법에 대한 엘시의 사고를 발전시키고 싶었다(왜 이 해결 방법이 가능하고 왜 그것을 사용하는 것이 합리적인지). 교사는 엘시가 이전에 이 해결 방법을 설명하기 위하여 100 차트를 사용하려고 했던 것을 알았다. 교사는 이것이 가치 있는 접근 방법으로, 전략이 왜 이치에 맞는지 설명하는 데 도움이 될 것으로 생각하였다. 따라서 타이어스 교사의 발전적 질문은 엘시에게 해결 방법을 다시 그려서 '다른

가르치는 일을 분석하기 4.3

학생 사고를 발전시키기–2부

비디오 클립 4.3

학생들이 짝 활동을 하게 되면서 두주안과 앨리슨도 함께 활동하기 시작한다. 이 비디오 클립에서 타이어스 교사는 두주안, 앨리슨과 함께 과제 접근 방법에 대해 대화한다.

이전의 **가르치는 일을 분석하기 4.1**에서 두주안의 활동을 살펴보았다. 그림을 그리고 100 차트를 사용한 이 학생의 해결 방법을 떠올려 보시오. 앨리슨의 활동은 아래 제시되었다. 앨리슨이 과제에 대해 어떻게 생각했을지에 대해 무엇을 추측할 수 있나요?

앨리슨의 활동

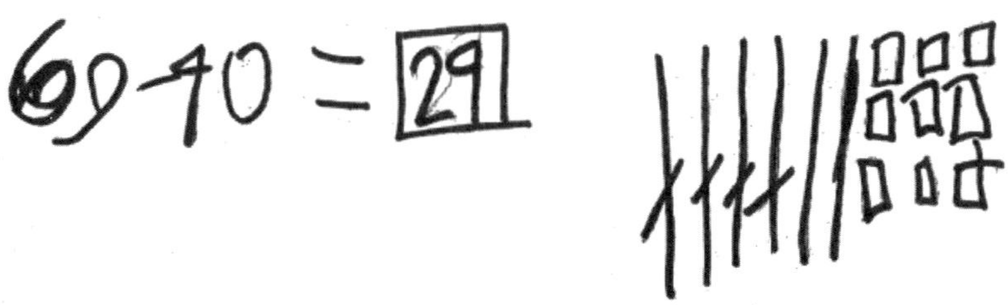

다음으로, 타이어스 교사가 두주안, 앨리슨과 대화하는 비디오 클립 4.3을 시청하시오. 비디오 클립을 시청하면서 다음 질문을 고려해 보시오.

1. 타이어스 교사가 학생들에게 제시한 발전적 질문은 무엇인가요? 발전적 질문의 목표는 무엇이었나요?
2. 학생들이 발전적 질문을 추구했다는 또는 추구하지 않았다는 증거가 있나요?

온라인 자원 비디오는 resources.corwin.com/5practices-elementary에서도 볼 수 있다.

누군가에게 그것을 설명할 수 있도록' 요구하는 것과 관련된다.

학생들이 타이어스 선생님의 마커 과제를 개별적으로 다루는 동안, 교사는 학생들이 자리에서 짝과 해결해 보는 시간을 주었다. 교사는 학생들에게 과제를 함께 논의하고 자신의 짝과 해결 방법을 공유하게 했다. **가르치는 일을 분석하기 4.3**에서, 이제 막 활동을 시작한 짝과 타이어스 교사가 상호작용하는 것을 탐색할 것이다.

2) 학생 사고를 발전시키기, 2부-분석

앨리슨의 활동지는 다른 학생들과 유사하다: 십진 그림을 창안하고 그에 대응하는 69 − 40 = 29라는 식을 썼다. 타이어스 교사는 두주안과 앨리슨에게 다가가서, 그들의 접근 방법의 전체적인 차이점을 우선 언급하고("너는 십진 블록을 사용했고, 너는 100 차트를 사용했구나") 두주안과 앨리슨이 자신들의 해결 방법 사이의 관계를 이해했는지 알아보기 위하여 여러 가지 평가적 질문을 제시하였다. 두 학생은 모두 "40을 제거했다(took away)"고 하였고, 학생들의 활동지를 통하여 두 학생이 남은 마커가 29개라는 것을 알고 있다는 점이 명확했다.

다음으로 타이어스 교사는 학생들이 100 차트에서 10씩 세는 것과 십진 블록을 사용하는 것을 연결하는 것에 대해 이해하는지 알아보고자 하였다. 교사는 "두 학생 모두 40을 제거했습니다.…그런데 여기서 그걸 볼 수 없는 사람이 있다면 어떻게 하지요?… 100 차트가 십진 블록과 비슷하다는 것을 어떻게 설명할 수 있죠?" 앨리슨의 반응("둘 다 뛰어서 셀 수 있어요?")은 학생이 답에 대해 확신을 가지지 못한다는 것을 드러낸다. 따라서 타이어스 교사는 이 질문을 발전적 질문으로 남겨두어 두 학생이 생각해 보도록 하였다. 십진 블록과 100 차트를 염두에 두고, 교사는 "여러분들이 10씩 센 이유가 이것이라는 것을 어떻게 증명할 수 있을까요?"라고 물었다.

타이어스 교사가 모둠을 떠났을 때, 두주안과 앨리슨이 이 질문을 학생들 스스로 탐구하기 시작할 수 있다는 몇 가지 증거를 볼 수 있다. 두주안은 "십씩 세어서 29가 되기 위하여, 너는 69에서 'X'를 4번 했어"라고 제안한다. 앨리슨은 "너는 1씩 뛰어 세기를 할 수도 있었어"라고 조언한다. 이러한 아이디어는 모두 가치가 있으며 두 가지 방법을 살펴보기 위한 생산적인 기반이 될 수 있다.

4 핵심 질문에 대한 타이어스 교사의 관심: 점검하기

일단 학생들이 과제를 다루기 시작하면 교사가 학생들의 진전을 주의 깊게 점검해야 하는 것은 필수적이다. 이를 위해 타이어스 교사는 학생들의 사고를 따라가면서 학생들이 하고 말하는 것에 주의를 기울였다. 타이어스 교사는 점검표에 학생들이 사용할 것이라고 예상하는 해결 방법을 이미 나열해 두었기 때문에, 교실을 순회하면서 누가 무엇을 하는지 빠르게 기록할 수 있다. 평가적 질문과 발전적 질문을 사용함으로써 타이어스 교사는 학생들의 아이디어를 이끌어내고 이해하며 학생들의 사고를 나아가게 할 수 있다.

이제 교사들이 수업에서 학생들의 진전을 점검하면서 직면하는 핵심적인 어려움을 살펴볼 것이다.

2부 교사가 직면하는 어려움: 학생 활동을 점검하기

교사는 목표를 설정하고 높은 수준의 과제를 선정하면서 학생들이 무엇을 할지와 교사가 어떻게 반응할지를 예상함으로써 수업 전에 점검하기를 준비할 수 있지만, 1부에서 논의한 바와 같이 점검하기는 수업 **중**에 이루어진다. 학생들의 활동과 사고에 대해 가능한 많은 정보를 수집하고 학생들이 진전할 수 있도록 지원하는 것은 교사가 전체 논의에 대한 의사 결정을 하는 데 필수적인 자료가 된다. 하지만 점검하기에도 어려움이 따른다. 이 절에서, 우리는 [그림 4.3]에 제시된 바와 같이, 이 관행과 관련된 세 가지 구체적인 어려움에 초점을 맞추는데, 이러한 어려움은 우리가 교사들과 함께 한 활동을 통해 확인한 것이다.

그림 4.3 점검하기 관행과 관련된 어려움

어려움	설명
학생들이 생각하고 있는 것을 이해하기 위해 노력하기	학생들이 자신의 생각을 항상 분명하게 설명하는 것은 아니다. 그러니 교사에게 있어, 학생이 말하고자 하는 바를 즉시 파악하는 일은 매우 벅찰 수 있다. 따라서 교사는 학생들이 하는 말을 주의 깊게 듣고, 학생들이 자신의 생각을 더 잘 설명할 수 있도록 돕는 질문을 던져야 한다는 것이다.
모둠의 진행 상황(교사가 어떤 모둠을 방문했고, 모둠에게 무엇을 활동하게 했는지)을 추적하기	교사가 도움을 제공하면서 모둠을 순회할 때, 교사는 각 모둠이 무엇을 하고 있으며, 학생들에게 활동하도록 한 것이 무엇인지 추적해야 한다. 또한, 교사가 제시했던 발전적 질문이 학생들을 진전시키는 데 도움이 되었는지 살펴보기 위하여 다시 그 모둠을 찾아가는 것도 중요하다.
모둠의 모든 구성원을 참여시키기	모둠의 모든 구성원은 평가적 질문과 발전적 질문에 대답하도록 도전받아야 한다. 개별 학생이 또래의 사고로부터 혜택을 얻기 위해서는, 다른 학생의 말을 경청하고 덧붙이거나, 반복하고 요약하는 데 책임을 져야 한다.

1 학생들이 생각하고 있는 것을 이해하기 위해 노력하기

학생들은 자신의 생각을 설명하라는 요청을 받을 때 항상 분명하게 설명하는 것은 아니다. 종종 비학문적 언어를 사용하여 사물을 설명하거나(예, "저는 저걸 뒤집었어요"), 애매모호한 언급을 하거나(예, "저는 **이것**을 **저기**에서 가져왔어요"), 자신이 무엇을 했는지 간결하게 설명하기 어려워한다. 또한, 교사가 예상하지 못한 문제 해결 방법(옳은 방법과 옳지 않은 방법 모두)을 제시할 수도 있다. 그리고 학생의 활동이 교사가 했던 것과 유사하여 학생의 생각을 정확하게 알고 있다는 생각이 들더라도 그것이 완전히 틀릴 수 있다!

학생들의 생각을 이해하기 위하여 노력하는 것은 교사들에게 도전적인 일일 수 있지만 노력을 기울여야 한다. 학생들이 정확한 해결 방법에 이르렀더라도, 교사는 학생들이 어떻게 그 해결 방법에 도달했는지 이해하고 학생들이 활용한 과정이 이치에 맞는지, 항상 적용되는지, 그것이 좀 더 표준화된 접근 방법과 어떻게 연결될 수 있는지 결정할 수 있다. 만약 학생들이 정확하지 않은 해결 방법에 도달했더라도 교사는 학생들이 어떻게 그러한 결과에 이르렀는지 알고 학생들이 파악하지 못했던 과제의 양상을 고려할 기회를 제공할 수 있다. 교사가 학생들에게 그들의 해결 방법이 잘못되었다고 말한 다음 새로운 접근 방식을 제공하거나 좀 더 평준화되고 이해하기 수월한 해결 방법을 사용하도록 요청하는 것은 교사들에게 좀 더 쉬운 일일 것이다. 하지만, 그러한 **도움**은 일시적일 뿐이다. 그것은 학생들에게 표준화된 방법을 사용하여 손쉽게 문제의 정답을 얻게 하지만, 학생들이 그들 자신의 생각보다는 교사의 생각을 기반으로 앞으로 나아가기 때문에 학생들이 이후 유사한 문제를 직면했을 때 그러한 해결 방법에 접근할 수 있을지는 명확하지 않다. 학생들에게 무엇을 해야 하는지, 또는 어떻게 해야 하는지 말하는 것은 그들 스스로 문제를 해결할 수 있는 역량을 신장하거나 유능한 수학 학습자(capable mathematics doers)로서의 정체성을 발달시키는 데 도움이 되지 않는다.

평가적 질문은 학생들의 사고를 가시화하는 데 도움이 된다. 학생들의 사고가 일단 명확해지면, 교사는 학생들의 사고를 더 나아가게 할 수 있는 위치에 서게 된다. Smith, Steel & Raith(2017)에 따르면,

질문은 학생들이 수학에 대해 무엇을 알고 이해하는지에 대하여 교사들이 판단하는 것을 돕는 주요한 도구이다. 특히, 목적 있는 질문은 학생들의 현재 이해를 드러내며, 학생들에게 자신의 사고를 설명하고 정교화하고 명확하게 하도록 독려하며, 학생들의 탐구와 논의를 위하여 수학을 보다 가시화하고 접근 가능하게 만들어야 한다(p.77).

가르치는 일을 분석하기 4.4

학생들이 생각하고 있는 것을 파악하기-1부

비디오 클립 4.4

비디오 클립 4.4에서, 여러분은 루시안, 마켈, 에스터, 재스퍼가 속한 모둠에 방문하게 될 것이다. 학생들은 자신들의 학습지에 아래와 같이 적었다.

비디오 클립을 시청하면서 다음 질문을 고려해 보시오.

1. 학생들은 무엇을 생각하고 있나요?

2. 스트롱 교사는 학생들의 생각을 확실히 이해하기 위하여 무엇을 하나요?

3. 스트롱 교사는 왜 학생들에게 $\frac{1}{3}$이 어떻게 된 것인지 설명하도록 하나요?

온라인 자원 비디오는 resources.corwin.com/5practices-elementary에서도 볼 수 있다.

가르치는 일을 분석하기 4.4에서, 스트롱 교사의 수업에서 학생들의 사고를 이해할 수 있는 기회를 가질 수 있다(그림 3.9와 같이 스트롱 교사의 5학년 학생들이 스트롱 선생님의 등산 과제에서 활동한 것을 떠올려 보시오).

1) 학생들이 생각하고 있는 것을 파악하기, 1부-분석

이 비디오 클립에서, 스트롱 교사는 학생들이 문제의 정답을 도출했다는 이유만으로 그들이 생각하는 것에 대한 어떠한 가정도 하지 않는다. 비록 학생들이 3×4라고 썼지만, 교사는 학생들이 단지 배운 규칙을 적용한 것이 아니라 문제의 맥락에서 각각의 수의 의미가 무엇이며, 왜 처음 문제에 제시된 $\frac{1}{3}$이 이 식에 나오지 않는지를 설명할 수 있는지 확실하게 파악하고자 하였다. 교사의 질문하기를 통하여 학생들이 곱셈식의 수(3, 4, 12)가 무엇을 의미하는지 이해하고 있다는 것이 분명해졌다. 특히, 스트롱 교사가 “여기서 4가 어떤 의미죠?”라고 묻자, 루시안, 재스퍼, 마켈은 모두 마일의 수라고 대답했다. 교사가 “3은 나에게 어떤 의미죠?”라고 물었을 때, 루시안은 재스퍼가 처음 설명했던 것과 같이, “마일당 물을 마신 횟수”라고 말한다. 12의 의미에 대해 질문하자 마켈과 루시안은 모두 물을 마시기 위하여 멈춘 횟수라고 설명한다.

이 대화에서 분명하지 않은 것은 에스터가 무엇을 생각하고 있는지이다. 스트롱 교사가 “3은 나에게 어떤 의미죠?”라고 물었을 때, 에스터는 $\frac{1}{3}$을 의미한다고 대답한다(논의에서 학생의 유일한 기여). 루시안이 재빨리 끼어들어서 3은 마일당 물을 마신 횟수를 가리킨다고 했기 때문에, 스트롱 교사는 즉각적으로 에스터가 답변하도록 하지 않았다. 분명하지 않은 것은 $\frac{1}{3}$마일 당 물을 마시기 위하여 멈춘 것과 마일당 3번씩 멈춘 것 사이의 관계에 대해 학생들이 무엇을 이해하고 있는지, 왜 $\frac{1}{3}$이 학생들의 식에서 보이지 않는지이다. 스트롱 교사는 이것을 그 즉시 살펴보기보다, “분수는 어디로 갔나요?”라는 마지막 질문을 제시하여 처음 문제에는 분수가 포함되어 있지만, 학생들이 만든 식에는 분수가 없는 것에 대해 이의를 제기하였다. 스트롱 교사는 이 질문에 대한 답을 기다리는 것이 아니라 자리를 떠나서 모둠 학생들이 그들 스스로 이 관계를 탐구할 시간을 제공하였다. “다시 올게요”라는 교사의 마지막 발언은 학생들이 이 문제를 해결해야 할 책임을 분명히 한 것이다.

교사와 모둠의 상호작용에서, 스트롱 교사는 질문을 제시하였다. 교사가 처음 제시한 일련의 질문은 학생들이 산출한 활동에 대해 그들이 이해한 것이 무엇인지 평가하기 위한 것이었다. "분수는 어디로 갔나요?"라는 교사의 마지막 질문은 학생들이 현재 상태로부터 나아가게 하기 위한 것이었다. 이러한 발전적 질문은 교사의 두 번째 목표와 직접적으로 관련되었다. 교사는 범자연수를 분수로 나눈 몫을 곱하기로 해결할 수 있다는 점을 학생들이 이해하기를 원했는데, 왜냐하면 나누어지는 수의 1 단위 안에 분수가 얼마나 반복되는지 결정한 다음 1 단위에서 반복되는 횟수와 나누어지는 수의 총 단위를 곱하면 되기 때문이다. 학생들이 나눗셈 문제를 곱하기로 해결할 수 있다는 확신이 들자 교사는 학생들이 왜 그렇게 되는지 확실하게 이해하기를 원했다.

스트롱 교사는 학생들이 분수가 포함되지 않은 등식을 세우고 문제에 제시된 $\frac{1}{3}$이 어떻게 되었는지 설명하지 못할 수 있다고 예상했기 때문에 그는 루시안, 마켈, 에스터, 재스퍼와의 상호작용에 대비하고 있었다. **가르치는 일을 분석하기 4.5**에서 스태스트니 교사가 자신이 예상하지 못했던 해결 방법을 제시한 모둠과 상호작용하는 것을 탐구할 것이다.

2) 학생들이 생각하고 있는 것을 파악하기, 2부-분석

셀비아의 활동지를 처음 검토한 결과, 학생이 라자냐 두 판을 만들고 각각을 6조각으로 나누었다는 것을 알 수 있었다. 셀비아는 하나의 판에서 2조각을 타니샤에게 나누어 주었고, 다른 판에서 4조각을 데이비드에게 주었다: 각각 $\frac{2}{6}$와 $\frac{4}{6}$. 따라서, 셀비아는 두 판이 같은 크기(문제에 제시되지 않았지만 스태스트니 교사가 명시한 조건임)라는 사실과 타니샤가 2조각을 가지고 데이비드가 4조각을 가진다(문제에 명확히 제시된 조건)는 사실을 인지하는 것처럼 보였다. 하지만 셀비아는 문제에 기술된 두 학생이 같은 양의 라자냐를 차지한다는 사실은 인지하지 못하는 것 같았다.

셀비아가 자신의 모둠에서 한 설명은 그녀가 라자냐를 6조각으로 나누었는지에 대한 추가적인 통찰을 제공한다. 그녀는 "4 더하기 2를 하니 6이 되었어요"라고 설명했다. 이것은 분모인 6이 타니샤와 데이비드가 먹은 조각의 합을 나타내기 때문에 선택되었다는 것을 보여준다. 다음으로 셀비아는 명시된 바와 같이 타니샤에게 2조각, 데이비드에게 4조각을 주었다. 셀비아의 그림에서 각 학생이 가진 부분을 나타내는 색칠

가르치는 일을 분석하기 4.5

학생들이 생각하고 있는 것을 파악하기-2부

비디오 클립 4.5

비디오 클립 4.5에서, 여러분은 아나시몬, 셀비아, 비니, 요한나가 속한 모둠을 볼 것이다. 모둠의 학생들은 라자냐 과제에 대해 세 가지 다른 해결 방법을 떠올렸다(그림 3.6 참조).

아나시몬의 해결 방법

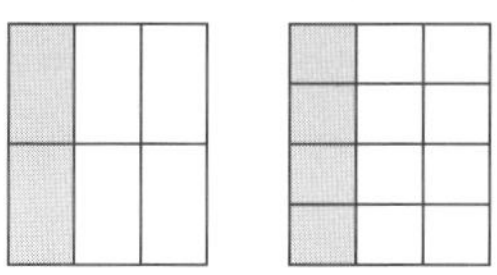

타니샤 데이비드

셀비아의 해결 방법

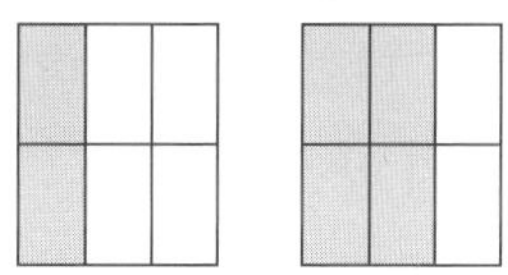

타니샤 데이비드

비니의 해결 방법

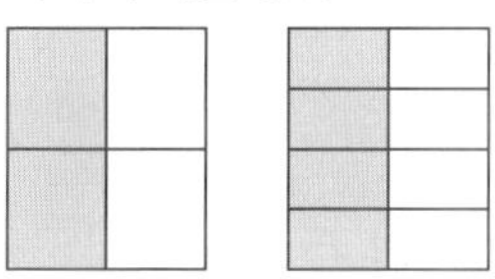

타니샤 데이비드

비디오 클립을 시청하면서 다음 질문을 고려해 보시오.

1. 셀비아는 무엇을 생각하고 있는 것 같나요?
2. 모둠에서 의견이 일치하지 않는 이유는 무엇인가요?
3. 교사는 학생들의 의견이 일치하지 않는다는 특징을 이해하고, 그들이 앞으로 나아갈 수 있도록 무엇을 하나요?

온라인 자료 비디오는 resources.corwin.com/5practices-elementary에서도 볼 수 있다.

된 넓이가 서로 같지 않다는 사실에도 불구하고, 그녀는 자신이 과제에 제시된 모든 조건을 언급하지 않았다는 사실을 알아차리거나 염려하지 않는 것 같았다.

셀비아와 아나시몬이 처음으로 의견이 일치하지 않은 것은, 아나시몬은 데이비드가 갖는 라자냐의 몫이 $\frac{4}{12}$이고, 셀비아는 데이비드의 몫이 $\frac{4}{6}$가 되어야 한다고 생각했다는 사실에서 비롯된다. 타니샤의 몫에 대한 두 학생의 다이어그램은 일치하지만, 데이비드의 몫에 대한 다이어그램은 일치하지 않았다(아나시몬과 셀비아가 창안한 다이어그램은 **가르치는 일을 분석하기 4.5**에 제시된다). 아나시몬은 타니샤의 판의 6조각 각각을 2조각으로 세분하여 모두 12조각으로 만들었다. 아나시몬은 "나는 계속 더 쪼갤 거야", 그 다음에 "$\frac{2}{6}$ 대신에 더 쪼개서, 6 대신에 12를 가질 거야"라고 설명했다. 하지만, 아나시몬은 왜 자신이 이것을 했는지 또는 데이비드가 가진 조각의 수가 타니샤보다 많지만 타니샤와 같은 양이 되는지 설명하지 못하였다. 비록 셀비아는 아나시몬이 분자와 분모를 모두 2배 하였고 자신은 오직 분자만 2배 했다는 점을 인정하였지만 아나시몬의 다이어그램에서 타니샤와 데이비드가 같은 양의 라자냐를 갖는 반면 자신의 모델에서는 그렇지 않다는 점을 인지하지 못하였다. 셀비아가 "저는 아직도 그들이 같다고 생각해요"라고 결론을 내렸을 때, 그녀가 같다고 생각하는 것이 무엇이고 왜 그렇게 생각하는지가 명확하지 않았다.

좀 더 명확히 하기 위하여 아나시몬은 비니에게 무엇을 했는지 물었다. 비니는 타니샤는 $\frac{2}{4}$, 데이비드는 $\frac{4}{8}$를 갖게 된다고 설명했다. 그는 "나는 2분의 1을 2배 해서 8분의 4와, 4분의 2를 구했어"라고 말했다. 셀비아는 자신도 무엇인가의 두 배를 했다는 사실을 언급하면서 요한나에게 "그래서, 너도 두 배를 한 거야? 아니면 무엇을 했어?"라고 물었다. 요한나는 "나는 두 배를 했어-그래서, 6은 같은 분모를 가지고 있고, 분자도 같아"라고 설명했다. 셀비아는 그녀에게 "지금 밑의 수를 2배 했다고 말하는 거니?"라고 물었다. 요한나는 "응"이라고 답했다. 이어서 셀비아는 "알았어. 그렇게 하면 12가 되는구나. 그래서, 데이비드와 관련해서 무엇을 구했니?"라고 말했다. 요한나는 질문에 대해, 데이비드는 $\frac{2}{6}$가 나왔고 타니샤는 $\frac{2}{4}$가 나왔다고 답했다. 이러한 대화에서 요한나가 실제로 무엇을 한 것인지 문제를 어떻게 해석했는지는 명확하지 않다.

스태스트니 교사는 요한나와 셀비아가 대화를 나누는 동안 모둠에 다가갔다. 교사가 처음으로 한 일은 두 여학생이 하는 논의를 방해하지 않고 들으면서, 그들이 무엇을 생각하고 있는지 결정하려고 노력했다. 논의에서 학생들이 조각의 크기에 주의를 기울이지 않고 각 학생이 받은 조각의 수에 초점을 두고 있다는 것을 교사가 이해하게 되자, 모둠 학생들에게 "그들은 똑같은 양을 먹었어요, 서로 다른 양을 먹었어요?"라고 물었다. 셀비아가 타니샤와 데이비드는 같은 양을 먹었다고 확신하면서 "네, 제가 한 것은 같은 분모를 얻었는데, 분자만 두 배로 늘렸기 때문이에요"라고 말했다.

여기서, 스태스트니 교사는 학생들이 셀비아가 창안한 다이어그램에 주의를 두게 하면서, "만약 그녀가 [타니샤가 먹은 색칠된 $\frac{2}{6}$를 가리키며] 이만큼을 먹었고, 그는 [데이비드가 먹은 색칠된 $\frac{4}{6}$를 가리키며] 이만큼을 먹었다면, 그들은 같은 양을 먹은 거예요? 이것에 대해 이야기 해 보세요"라고 말했다. 이제 교사는 모둠원들이 교사가 이것을 확인하러 다시 올 것임을 알게 했다. 이와 같은 발전적 질문은 학생들의 주의를 조각의 수가 아닌 조각의 크기에 두게 하려는 것으로, 학생들이 셀비아의 다이어그램에서 타니샤와 데이비드가 같은 양을 먹지 않았음을 이해하는 데 도움이 된다. 이러한 질문은 학생들이 진전하는 데 필수적인데, 스태스트니 교사의 수업 목표가 같은 전체에 대해 같은 넓이를 보이면 두 분수가 동치라는 것을 학생들이 이해하는 것이기 때문이다. 셀비아의 다이어그램은 같은 크기의 전체에 대한 같은 넓이를 보여주지 않기 때문에, $\frac{2}{6}$는 $\frac{4}{6}$와 동치일 수 없다. 스태스트니 교사가 이러한 점을 학생들에게 가르칠 수 있었겠지만, 교사는 학생들이 이 질문을 스스로 해결해 볼 시간을 갖는 것이 더 큰 학습을 이끌어 낼 것이라는 점을 알고 있었다. 학생들에게 교사가 다시 모둠에 돌아와 진행 상황을 확인할 것이라고 알리면서 학생들이 교사의 탐구를 추구하는 것에 대한 책임감을 가지게 했다.

여러분은 스태스트니 교사가 모둠을 방문하는 동안 학생들이 무엇을 하고 말하는지 기록하기 위하여 점검표를 적극적으로 활용했다는 점에 주목할 수 있다. 이러한 메모는 교사가 누구를 다시 방문해야 하는지와 학생들이 무엇을 하고 있는지 기억하는 데 도움이 되었다. 또한 스태스트니 교사의 메모는 논의 중에 어떤 해결 방법을 강조할지, 어떤 학생들에게 발표를 요청할지, 전체 논의 중에 어떤 학생을 확인할지 결정하는 데 도움이 되었을 것이다. 예를 들어, 요한나의 설명이 명확하지 않았기 때문에 스태스트니 교사는 다른 발표자들이 자신들의 해결 방법을 논의한 후에 요한나가 타니샤와 데이비드의 몫의 관계를 보다 잘 설명할 수 있는지 살펴볼 수 있는 기회를 갖고자 했을 수 있다.

2 모둠의 진행 상황을 추적하기

학생들이 모둠 활동을 할 때, 교사가 어떤 모둠을 방문했는지, 학생들이 무엇을 하고 있는지, 교사가 학생들에게 무엇을 활동하게 했는지 추적하는 것이 중요하다. 이러한 정보를 추적하는 방법이 없다면, 모둠에 다시 방문하는 것을 잊거나 어떤 모둠은 완전히 놓치기 쉽다. 이러한 어려움을 해결하기 위하여, 일부 교사들은 미리 정한 동선으로 교실을 순회하면서 교사가 어느 모둠을 방문했는지와 다음에 어느 모둠으로 가야 하는지를 알 수 있게 한다. 교사는 처음 순회할 때 교실 출입문에서 가장 가까이 있는 모둠부터 시작하여 교실을 반시계 방향으로 이동할 수 있다. 일부 교사들은 각 모둠을 방문할 때마다 책상에 작은 점을 찍어 어떤 모둠을 방문했는지와 몇 번이나 방문했는지를 쉽게 확인할 수 있게 한다. 또는 각 모둠에 번호를 부여하고 포스트잇에 모둠 번호를 나열한 다음, 교사가 각 모둠을 방문할 때 포스트잇의 모둠 번호 옆에 체크 표시를 할 수도 있다.

그러나 각 모둠의 진전을 확인한 후 시간 제약으로 인하여 일부 모둠을 다시 방문하는 것이 다른 모둠에 비하여 더 중요할 수 있다는 것을 알게 될 수도 있다. 예를 들어, 시작하는 데 어려움을 겪거나, 전진하는 데 고군분투하는 모둠을 직면한다면, 교사는 그들이 마주한 난관을 넘어갈 수 있다는 것을 확실하게 하고 싶을 것이다. 또한, 만약 어떤 모둠이 교사가 공유하려고 계획한 방법을 사용하기 시작했지만 아직 완료하지 못했다면, 그들이 얼마나 진전을 이룰 수 있었는지 확인하기 위하여 다시 모둠에 방문하고 싶을 것이다.

점검표의 **누가 무엇을** 열은 모둠이 하고 있는 것을 기록하는 데 활용될 수 있지만, 교사가 모둠을 떠나면서 모둠에게 추구하도록 독려한 발전적 질문을 추적하기 위해서도 중요하다. 발전적 질문을 제시하는 것은 학생들을 앞으로 나아가도록 하기 위해서

가르치는 일을 분석하기 4.6

학생들을 다시 확인하기

비디오 클립 4.6

스트롱 교사가 루시안, 마켈, 에스터, 재스퍼를 처음 방문했을 때(**가르치는 일을 분석하기 4.4** 참조), 교사는 학생들이 3 × 4를 이용하여 과제를 해결하였다고 기록하였다. 학생들과 짧게 대화를 나눈 뒤, 교사는 학생들에게 원래 문제에 있는 $\frac{1}{3}$이 어떻게 된 것인지 설명하는 것을 도전해 보게 했다. 비디오 클립 4.6에서, 교사는 모둠이 얼마만큼의 진전을 이루었는지 확인하기 위하여 돌아왔다.

아래에 보이는 활동은 루시안의 활동지에 나타난 것이다(다른 모둠의 학생들도 유사한 계산을 드러냈다).

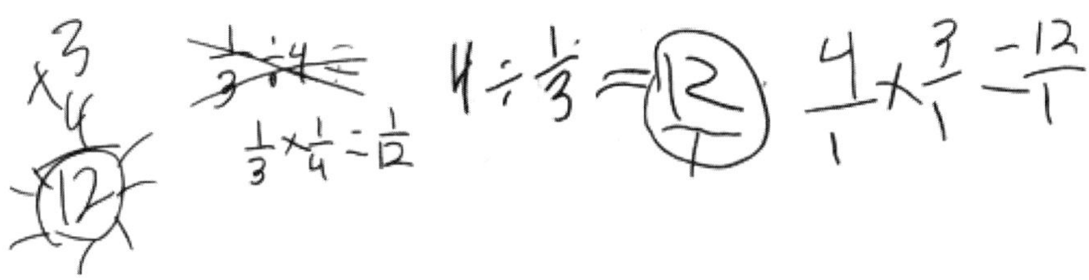

비디오 클립을 시청하면서 다음 질문을 고려해 보시오.

1. 학생들에게 남겨진 발전적 질문은 학생들이 진전을 이루는 데 도움이 되었나요?

2. 학생들의 사고가 앞으로 나아가도록 교사는 무엇을 하나요?

온라인 자료 비디오는 resources.corwin.com/5practices-elementary에서도 볼 수 있다.

도 중요하지만, 교사가 제시한 질문이 원하는 효과를 나타내고 있는지도 분명히 할 필요가 있다. 교사는 점검표에 해당 질문을 형광펜으로 표시하고 그 옆에 해당 질문을 받은 모둠을 표시할 수 있다. 또는 포스트잇 방법을 사용했다면 모둠 번호 옆의 포스트잇에 질문을 메모할 수도 있다. 전직 교사이자 현재 코치인 엘리자베스 브로비(Elizabeth Brovey)는 메모를 활용하지만 모둠에게 무엇을 해야 하는지 말하게 하여 책임을 묻는다. 그녀는 다음과 같이 설명한다.

> 저는 학생들에게 무엇을 하라고 했는지 추적하기 위하여 메모를 작성하려고 노력합니다. 하지만, 제가 하는 또 다른 방법은, 제가 모둠에 다시 돌아왔을 "내가 너희들에게 무엇을 하라고 했지?…내가 떠나기 전에 너희에게 무엇을 하라고 했지?"라고 물으면서 학생들에게 말하게 하는 것입니다. 그리고 학생들은 저에게 말해줘야 합니다. 그래서 그건 단지 학생들만을 위한 것은 아닙니다. 저를 위한 것이기도 합니다. 왜냐하면 저도 학생들에게 제시한 틀을 지켜야 하기 때문입니다(엘리자베스 브로비와의 대화, 2015년 9월 11일).

가르치는 일을 분석하기 4.6에서는, 학생들이 스트롱 선생님의 등산 과제를 다루고 있는 수업으로 돌아갈 것이다. 루시안, 마켈, 에스터, 재스퍼를 두 번째 방문할 때 스트롱 교사를 관찰하고 그들이 어떠한 진전을 드러냈다면 이에 대해 생각해 볼 것이다.

1) 학생들을 다시 확인하기- 분석

루시안, 마켈, 에스터, 재스퍼가 속한 모둠을 처음 방문했을 때의 말미에, 스트롱 교사는 학생들에게 원래 문제에 있는 $\frac{1}{3}$이 어떻게 된 것인지 설명하는 것을 도전해 보게 했는데, 이는 $\frac{1}{3}$이 학생들의 식에 포함되지 않았기 때문이다. 스트롱 교사가 모둠에 다시 돌아왔을 때, 교사는 학생들이 분수 $\frac{1}{3}$이 포함된 여러 새로운 식(예, $\frac{1}{3} \div 4$, $\frac{1}{3} \times \frac{1}{3}$, $4 \div \frac{1}{3}$)을 작성했다고 기록했다. 학생들은 분수로 나눌 때 역수를 곱한다는 것을 아는 것 같았는데, 이는 그들이 생성한 두 세트의 관련된 나눗셈식과 곱셈식을 통해 증거를 찾을 수 있다. 학생들은 식 $\frac{1}{3} \div 4$는 거부했는데, 이 식은 학생들이 전에 구한 답인 12를 산출하지 않기 때문일 것이고 학생들이 그것을 X 표시한 사실이 그 증거이다. 따라서 스트롱 교사가 자리를 떠났을 때 모둠원들은 $\frac{1}{3}$이 포함되고 정답을 산출하는 식을 생성했다.

학생들은 곱셈식과 나눗셈식을 모두 작성했기 때문에, 스트롱 교사는 이것이 곱셈 문제인지 나눗셈 문제인지 묻는 것으로 모둠과의 논의를 시작했다. 마켈은 "엄밀히 말하면 둘 다에 해당합니다. 어느 정도는 그렇지만, 역수를 곱했기 때문에 나눗셈으로 시작해도 곱셈이 될 것입니다." 학생들은 마켈의 의견에 동의했다.

다음으로 스트롱 교사는 "이 문제에서 실제로 나누어지고 있는 것은 무엇이죠?"라고 물어보았다. 학생들의 활동지에는 그들이 $4 \div \frac{1}{3}$을 선호하고 $\frac{1}{3} \div 4$를 거부하는 것이 나타났기 때문에, 교사는 학생들이 이 식을 이해하는지 확실히 하고 싶었다. 에스터는 4가 나누어졌다고 말했지만, 루시안은 마일 당 $\frac{1}{3}$이기 때문에 $\frac{1}{3}$이 나누어졌다고 말했다. 스트롱 교사는 "오, 그래서 나는 $\frac{1}{3}$을 나누고 있나요?"라고 말하면서 학생들을 도전하게 만들었을 때, 학생들은 그들이 4를 $\frac{1}{3}$로 나누고 있다는 결론에 도달하였다. 스트롱 교사는 "내가 4를 이쪽에 두는 것과 저쪽에 두는 것(4가 나눗셈 기호의 앞 또는 뒤인지를 가리킴)이 상관이 있나요?"라고 물으면서 학생들을 더 나아가게 한다. 루시안은 $\frac{1}{3} \div 4$는 정답이 아니기 때문에 상관이 있다고 대답한다. 스트롱 교사는 학생들이 $4 \div \frac{1}{3}$이 무엇을 의미하는지와 왜 $\frac{4}{1} \times \frac{3}{1}$ 또는 $\frac{12}{1}$와 동치인지를 진정으로 이해하기를 바랐다. 교사는 학생들이 단지 "정답이 아니기 때문"이라고 말하는 것에 만족하지 않았다(즉, 학생들은 왜 그런지 알 필요가 있다). 이때 스트롱 교사는 "좋아요, 그래서 4가 나누어지는 것이고, 4를 $\frac{1}{3}$로 나누고 있어요. 그럼 [식 $\frac{4}{1} \times \frac{3}{1}$을 가리키며] 이제 이것은 무엇이죠?"라고 질문하였다. 에스터는 "그것은 문제를 해결하기 위해 들어가는 것이에요. 역수를 곱해야 해요"라고 대답했다. 스트롱 교사는 "그게 무슨 뜻이죠?"라고 물었다. 에스터는 "잠깐만요, 1마일에 3개가 있으니까, 그러면…그래서 저는 생각하고 있어요. $\frac{1}{3}$이 어떻게 $\frac{3}{1}$이 되는지. 왜냐하면 그게 역수니까요"라고 대답하였다.

이 시점에서 에스터는 의미에 매우 근접해지고 있다(1마일에는 $\frac{1}{3}$이 3개 있으니까 4마일에는 3×4 또는 $\frac{1}{3}$이 12가 있을 것이다). 스트롱 교사는 "[학생들이 그린 다이어그램(그림 4.4 참조)을 가리키며] 여기서 3이 어디에 있죠?"라고 물었다. 에스터는 "네, 그게 제가 생각하고 있었던 거예요"라고 답한다. 이때 스트롱 교사는 모둠의 다른 구성원들에게 가서 "어디에 있는지 알고 있나요? 너희들이 이것을 함께 해보겠니?"라고 묻는다. 그 다음 교사는 논의를 계속하기 위하여 모둠을 떠난다.

그림 4.4 루시안, 마켈, 에스터, 재스퍼가 창안한 다이어그램

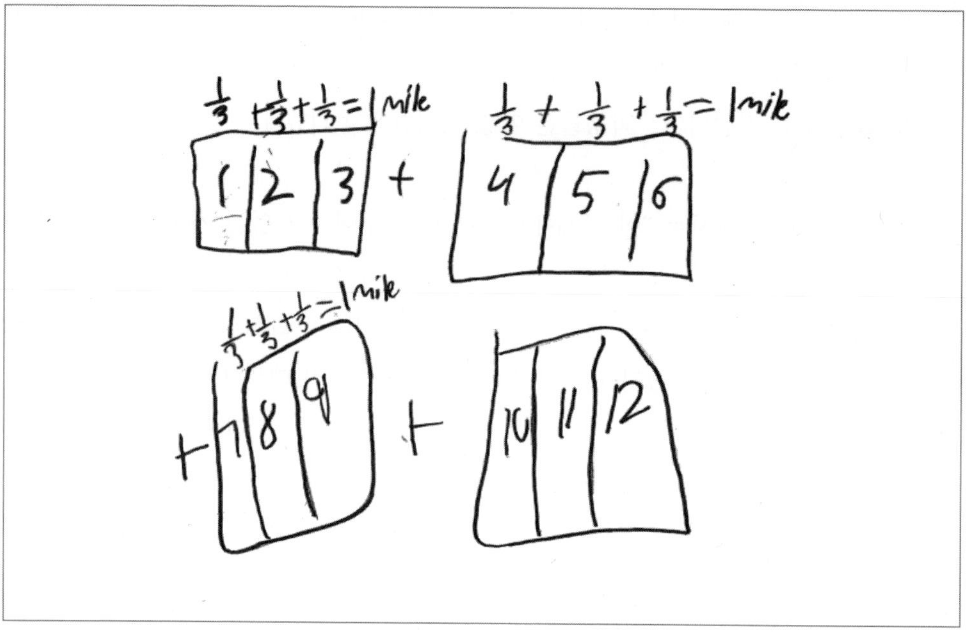

학생들은 스트롱 교사가 처음 방문하여 그들에게 제시한 발전적 질문을 추구하였고, 그 결과 분수 $\frac{1}{3}$이 포함된 나눗셈식을 세울 수 있었다. 학생들이 탐구를 통하여 산출한 활동지는 학생들이 나눗셈의 의미와 그들이 산출한 곱셈식과 나눗셈식의 관계를 이해하도록 하는 새로운 평가적 질문을 위한 원천을 제공했다. 비록 학생들은 왜 $\frac{1}{3}$로 나누는 것이 3을 곱하는 것이 되는지 분명하게 설명할 수 없지만, 상황을 이해하는 데 있어 상당한 진전을 드러냈다. 학생들이 그들의 다이어그램에 관심을 가지게 함으로써, 스트롱 교사의 마지막 발전적 질문("3은 어디에 있나요?")은 학생들이 중요한 연결을 하는 데 도움이 될 수 있는 모델을 제공하였다. 만약 학생들이 전체 논의 전에 이러한 연결을 할 수 없었다면 스트롱 교사는 이를 전체 학생들에게 고려하게 했을 것이다.

3 모둠의 모든 구성원을 참여시키기

학생들이 모둠으로 활동하는 목적은 학생들이 도전적인 문제를 해결할 때 서로에게

자원이 될 수 있도록 하기 위해서이다(Horn, 2012). 하지만, 실제로 학생들을 함께 활동하게 하는 것은 단지 그렇게 하라고 말하는 것 이상을 요구한다. 교사는 모둠 활동에 대한 명확한 기대를 설정하고 모둠에서의 상호작용을 통하여 이러한 기대를 강화해야 한다. 예를 들어, 모둠의 한 학생이 질문이 있으면 모둠의 다른 학생들 가운데 어느 누구도 대답할 수 없을 때만 교사가 그 질문에 대답하겠다고 말할 수 있는데, 이는 학생들이 모둠의 구성원을 가장 첫 번째로 지원해 줄 수 있는 자원으로 여기도록 만든다. 교사가 모둠의 한 구성원과 논의를 시작할 때, 교사는 다른 모둠의 구성원들을 참여시켜서 논의를 따라오는지 확인해야 한다. 학생들이 그들의 동료가 기여하는 것에서 어떠한 혜택을 받지 못한다면, 학생들의 책상을 서로 붙여놓는 것만으로 얻는 가치는 제한적이다. 우리가 함께 일한 교사 중 한 명은 모둠의 모든 구성원이 모둠 활동을 하는 것을 확실히 하기 위하여 교사가 어떻게 모둠에 머물러 있었는지 설명했다.

> 저는 학생들이 서로 협력하기에 적절한 상태에 있지 않다고 판단될 때 모둠에 머물기로 결정했어요. 그래서 저는 모둠의 한 명 이상의 학생이 혼자서 활동할 때 머물러 있어요…저는 대화에 참여하고 있다고 명확히 인식되지 않는 학생들을 의도적으로 이끌어요. 그 학생들은 듣고 있을 수도 있지만…그저 추측할 수 없습니다. 그 학생들은 우리가 이야기할 때 거기에 있을 수 있어요. 하지만, 그들에게 근거를 얻기 전까지는 확신할 수 없습니다. 그래서 저는 모든 학생들이 해당 시간에 다루는 학습 목표의 어떠한 측면이라도 추구하는 데에 관심이 있는 것이 입증될 때까지 모둠에 머무릅니다(엘리자베스 브로비와의 대화에서, 2015년 9월 11일). [Smith, Steele & Raith(2017) 8장 참조, 엘리자베스 브로비가 이러한 원리를 모둠 활동에 적용한 예]

모둠의 모든 구성원을 논의에 참여시키는 것은 중요하지만, 여러 가지 이유로 매우 어려운 일이다. 첫째, 시간이 걸린다. 한 모둠에서 더 많은 시간을 보낼수록 다른 모둠을 방문할 시간이 줄어든다. 둘째, 교사가 일부 학생의 설명을 이해하는 것만으로도 이미 충분히 어려운데, 거기에 모둠의 다른 모든 학생들이 그 설명을 이해했는지까지 확인하기는 쉽지 않다. 따라서 교사가 한 모둠과 상호작용할 때마다 모둠 내 모든 학생이 말하는 것은 현실적이지 않을 수 있다. 중요한 점은, 교사가 함께 활동하는 것에 관한 규범을 세워 자신의 기대가 무엇인지 분명히 하고, 모둠의 구성원들이 최소한 논의에 주의를 기울이도록 노력하게 하는 것이다.

예를 들어, 타이어스 교사는 학생들에게 모둠에서 활동할 때 함께 해야 한다는 점을 지속적으로 말했다. 교사는 모둠이 무엇을 하고 어떻게 생각하는지를 모둠의 모든 구성원이 설명할 수 있어야 한다는 점을 강조했다. **가르치는 일을 분석하기 4.7**에서 타이어스 교사의 1학년 학생들이 타이어스 선생님의 마커 과제의 두 번째 문제에 대해 활동하는 모습을 볼 수 있으며, 교사가 학생들에게 함께 활동하는 것에 대하여 책임감을 부여하기 위하여 교사의 약속을 어떻게 이행하는지 살펴볼 수 있다.

가르치는 일을 분석하기 4.7

모든 학생들에게 책임감 부여하기

비디오 클립 4.7

비디오 클립에서, 타이어스 교사는 마키야, 제이시, 존이 다음과 같은 두 번째 문제를 다루는 것을 확인한다.

타이어스 선생님은 네온 마커 79개를 가지고 있습니다. 선생님은 친구에게 네온 마커 30개를 줍니다. 선생님에게 남은 마커는 몇 개일까요? 안나가 이 문제를 어떻게 해결할 수 있는지 다이어그램으로 그리고 등식을 쓰세요.

비디오 클립을 시청하면서 다음 질문을 고려해 보시오.

1. 타이어스 교사가 마키야, 제이시, 존과 상호작용할 때 타이어스 교사가 참여한 점검하기의 측면은 무엇인가요?
2. 타이어스 교사는 제이시가 제시한 해결 방법을 3명의 학생이 모두 이해한다는 점을 확신하기 위하여 무엇을 하나요?

온라인 자료 비디오는 resources.corwin.com/5practices-elementary에서도 볼 수 있다.

1) 모든 학생들에게 책임감 부여하기- 분석

마키야, 제이시, 존과 타이어스 교사의 상호작용은 이 장에서 논의해 온 점검하기의 여러 측면을 부각한다. 타이어스 교사는 모둠을 방문하는 내내 점검표에 기록을 한다. 실제로 교사의 점검표를 살펴보면, **기타**(other) 옆에 모둠의 구성원 이름의 첫 글자(JY, MC, JG)와 학생들이 생성한 등식(79 − 9 = 70, 70 − 30 = 40)이 함께 기록되어 있다. 이것은 모둠이 무엇을 했고 생각했는지에 대한 기록을 제공하며 나중에 교사가 참고할 수 있다.

타이어스 교사는 모둠과 상호작용하는 동안 평가적 질문을 제시한다. 예를 들어, 제이시가 79에서 9를 뺐다고 설명하자 교사는 "9가 무엇을 나타내는 거죠?"라고 질문한다. 학생들이 등식 70 − 30 = 40을 제시하자, 교사는 "하지만 여러분은 답이 49라고 말했죠. 그렇다면 9는 어디서 온 거죠?"라고 묻는다. 이러한 질문을 통하여 교사는 모둠이 이해했는지를 지속적으로 확인할 수 있고 학생들이 수가 나타내는 것이 무엇인지, 그리고 왜 수를 분해하고 다시 합성하는지를 설명할 수 있는지 명확히 할 수 있다.

교사가 모둠에게 제시한 마지막 질문은, 그들이 처음에 79에서 뺀 9를 현재 가지고 있는 40에 더해야 한다는 사실을 나타내는 등식을 써보게 하는 것으로, 교사는 모둠 스스로 해결하게 하고 자리를 떴다. 이와 같은 발전적 질문은 학생들이 교사의 도움 없이 등식에 대한 논의와 합의를 할 수 있는 기회를 제공할 것이다.

아마도 타이어스 교사와 모둠의 상호작용에서 가장 놀라운 점은 교사가 제이시의 해결 방법에 대해 이해하기 위하여 마키야와 존에게 책임감을 부여한 방법일 것이다. 타이어스 교사는 학생들이 함께 활동해야 할 것을 강조해 왔고, 모둠의 모든 구성원은 모둠이 무엇을 하고 생각하는지 설명할 수 있어야 한다는 점을 분명히 했다. 비디오 클립에는 이와 관련된 예가 여러 가지 있다. 제이시가 49라는 답을 어떻게 구했는지 설명하자 타이어스 교사는 마키야와 존이 제이시가 한 것을 이해했다고 확신한다. 교사는 처음에 마키야에게 이해했는지 묻는다. 마키야는 "네"라고 대답한다. 타이어스 교사는 존에게 "그녀[제이시]가 무엇을 했다고 말했죠?"라고 묻는다. 존은 79 − 9 = 70이라고 말했고, 타이어스 교사는 "그 다음은?"이라고 묻는다. 교사는 마키야에게 다음 단계를 이어 나가도록 구체적으로 묻는다. 마키야는 제이시가 70에서 30을 뺐다고 말했고 타이어스 교사는 존에게 이것을 등식으로 어떻게 나타낼 수 있는지 묻는다. 교사는 모둠에게 "너희들이 마지막 등식에 대해 이야기해 보렴"이라고 책임을 부여하면서 자리를 이동한다.

학생들이 함께 활동할 수 있도록 책임감을 부여하기 위한 핵심은 교사가 예상하는 것에 대한 분명한 기대를 제공하는 것과, 이러한 기대를 교사의 행동과 상호작용을 통하여 강화하는 것이다. 스태스트니 교사의 교실은 이러한 기대가 교실의 규범이 되기 시작할 때 일어날 수 있는 것을 보여주는 훌륭한 예를 제공한다. **가르치는 일을 분석하기 4.5**에서, 아나시몬, 셀비아, 비니, 요한나는 교사가 방문하기 전에 라자냐 과제에 대한 그들의 해결 방법을 논의하였다. 이러한 상호작용에서 학생들은 서로 질문을 하였다. 예를 들어, 아나시몬이 타니샤는 $\frac{2}{6}$, 데이비드는 $\frac{4}{12}$라고 설명하자, 셀비아는 "적어도 왜 12분의 4인지 설명해 줄 수 있니?"라고 물었다. 셀비아는 아나시몬이 더 많은 정보를 제공해 주기를 계속해서 요청하였고, 결국 "해 줄 수 있니–좀 더 구체적으로 해 줄 수 있니?"라고 물었다. 또한, 학생들은 다른 모둠의 구성원으로부터 의견을 묻는 것을 볼 수 있었다. 예를 들어, 아나시몬은 비니에게 "무엇을 한 거니?"라고 물었고, 셀비아는 요한나에게 무엇을 했는지 질문했다. 따라서 모둠에 대한 교사의 행동과 상호작용을 통하여 학생들은 질문하는 것을 배울 수 있고 다른 동료로부터 의견을 이끌어 낼 수 있다.

4 결론

이 장에서 우리는 점검하기 관행을 탐색했다. 이 관행은 좀 더 도전적인 관행 중 하나로 점검하기 관행은 수업이 실제로 이루어지는 동안 일어나기 때문이다. 학생들이 개별 활동과 모둠 활동을 할 때 주목해야 할 것이 많아서 교사들이 감당하기 어려울 수 있다. 경험상, 점검표 준비를 포함하여 수업 전 예상하기에 주의를 기울이는 것은 점검하기를 좀 더 수월하게 할 수 있다.

이것은 타이어스 교사의 일에서 명확하게 나타났다. 타이어스 교사가 수업 계획에 신경을 쓴 결과(2장과 3장에 기술됨), 학생들이 무엇을 배울 것이며 자신이 설정한 목표에 도달하기 위해 어떻게 지원할 것인지를 명확하게 알고 수업에 참여했다. 교사는 학생들의 사고를 명확하고 공개적으로 하기 위한 평가적 질문을 했고, 수업에서 다루는 수학적 아이디어에 대한 학생들의 사고를 한 단계 나아가게 하기 위한 발전적 질문을 했으며, 그들의 진전을 확인했다. 타이어스 교사는 모둠과의 상호작용을 기록하여 이후에 이어질 전체 논의에서 누구를 그리고 무엇을 강조할 것인지에 대해 의도적인 결정을 내릴 수 있었다(부록 C에서 타이어스 교사의 주석이 달린 점검표를 참조할 수 있다). 점검하기 단계에서 타이어스 교사의 활동은 평가적 질문과 발전적 질문이 순환하여 이루어진다는 점을 분명히 드러낸다. 즉, 먼저 평가하고 그 다음 발전시키며, 돌아와 다시 평가하고, 다시 발전시킨다. 이것은 교사가 모둠을 다시 방문할 때마다, 목표로 더 나아가게 하기 위한 것이다. 일부 모둠은 한 번의 방문으로 충분할 수 있지만, 다른 모둠은 여러 차례의 방문이 필요할 수 있다.

수업 적용 팁

평가적 질문과 발전적 질문은 반복되어 제시됩니다.

타이어스 교사의 점검표에서 알 수 있듯이, 교사는 학생들이 과제를 다루는 동안 발생한 많은 일들을 잘 기록하였다. 학생들이 과제를 수행하면서 교사와 상호작용할 때 이루어진 모든 것을 타이어스 교사가 기록했는가? 아니다. 타이어스 교사는 학생들이 무엇을 하는지에 대한 충분한 세부 정보를 기록하여 학생들이 이해한 것과 어려움을 겪고 있는 것을 잘 파악할 수 있었다. 이 장에서는 점검표에 기록하는 데 이상적인 것이 무엇인지에 대해 논의했지만 현실적으로 모든 것을 기록할 수 없다. 핵심은 수업의 목표를 달성하는 데 도움이 될 학생들의 아이디어를 정확하게 파악하기 위하여 최선을 다하는 것이다.

스태스트니 교사와 스트롱 교사의 모둠과의 상호작용 분석에서, 학생들이 생각하는 것을 분명히 하는 데 도움이 되는 질문을 제시하는 것의 중요성을 살펴보았다. 학생들이 어디에서 시작해야 하는지 알지 못한다면 여러분은 학생들을 앞으로 나아가게 할 수 없다. 학생들의 사고를 가시화하는 질문을 활용하는 것은 중요하다. 스트롱 교사와 타이어스 교사의 학급에서 교사는 모둠의 서로 다른 학생들이 논의에 기여하도록 요청하였다. 그렇게 함으로써 교사는 모든 학생이 그들의 동료가 말하는 것을 듣고 이해하는 데 책임감을 가지도록 하였다.

점검하기는 보통 모둠과의 상호작용과 관련되므로 학생들이 서로 활동할 수 있는 능력을 신장시키기 위하여 교사가 어떻게 도울 수 있는지 고려하는 것이 중요하다. 타이어스 교사의 마키야, 제이시, 존과의 상호작용은 함께 활동하기 위하여 학생들이 어떻게 책임감을 가져야 하는지에 대해 어느 정도 통찰을 제공하지만, 학생들이 생산적으로 서로 활동하게 하는 것은 하룻밤에 이루어지지 않는다. 이것은 교사의 시간과 인내, 끈기를 필요로 한다! 모둠은 협력적이고 독립적으로 활동할 수 있고 스태스트니 교실에서 이루어진 것과 같은 대화를 들을 수 있다면 발전하고 있는 것이다.

교사의 효과적인 점검하기 능력은 시간이 지남에 따라 계속해서 그것을 실행하고, 잘된 점과 그렇지 않은 점을 성찰하며, 중간에 수정을 하고 반복하면서 향상될 것이다. 핵심은 처음 몇 번에 원하는 만큼 성공적이지 않더라도 계속해 나가는 것이다.

다음 장에서, **선정하기**와 **계열짓기**, 두 가지 관행을 탐색한다. 여기에서 타이어스 교사의 수업으로 돌아가서 이러한 관행에 참여하는 것의 구성 요소와 어려움을 살펴볼 것이다.

학생 활동을 점검하기–요약

비디오 클립 4.8

점검하기 도구를 활용하여 학생 활동을 점검하기에 대해서 더 자세히 듣고 보려면 비디오 클립 4.8을 시청하시오.

온라인 자료 비디오는 resources.corwin.com/5practices-elementary에서도 볼 수 있다.

5가지 관행을 자신의 수업에 연결하기

점검하기

이제 2장과 3장에서 계획한 수업을 가르칠 시간입니다! (또는 원하는 경우, 다른 수업을 선택하시오. 시작하기 전에 관행 0에 참여하고 학생들의 반응과 질문을 예상했는지 확인하시오.) 수업을 비디오로 녹화하여 수업에서 발생하는 일을 되돌아보는 것을 권장합니다.

1. 수업 전에, 여러분이 어떻게 모든 모둠을 빠짐없이 돌아볼 것인지 확실히 하고, 모둠을 떠날 때 학생들이 생각해 보도록 제시할 질문을 기억하시오. 또한, 교사가 학생들이 모둠에게 어떻게 협력하기를 기대하는지에 대해 구체적으로 안내하고 싶은 사항도 미리 생각해 보시오.

2. 수업을 가르치면서 학생들이 사용하는 전략을 추적하기 위하여 점검표를 사용하시오. 모든 모둠을 빠짐없이 확인하고 다시 모둠을 방문해서 충분히 진전을 이루고 있는지 확인하시오.

3. 수업 이후, 점검하기를 성찰하는 데 다음 질문을 활용해 보시오.
   - 교실의 모든 모둠과 상호작용하였나요? 만약 그렇지 않다면, 모든 학생을 확인할 기회를 확보하기 위하여 무엇을 다르게 할 수 있나요? 모둠의 진전을 확인할 것이라고 말한 경우 그 모둠을 다시 방문하였나요?
   - 교사가 예상한 방법을 학생들이 어느 정도로 사용하였나요? 예상하지 못했던 방법은 무엇이었나요?
   - 수업을 계획할 때 예상했던 평가적 질문은 교사와 학생의 상호작용에서 어느 정도로 유용하였나요? 이러한 질문이 학생들의 사고를 명확하고 공개적으로 하는 데 도움이 되었나요?
   - 수업을 계획할 때 예상했던 발전적 질문은 교사와 학생의 상호작용에서 어느 정도로 유용하였나요? 이러한 질문이 학생들이 과제에서 진전을 이루는 데 도움이 되었나요?
   - 모둠의 모든 구성원을 대화에 어느 정도로 참여시킬 수 있었나요? 더 많은 학생의 의견을 듣기 위해 앞으로 무엇을 다르게 할 수 있나요?

4. 수업을 가르친 결과, 학생들의 수학 이해와 관련하여 무엇을 배웠나요?

5. 점검하기와 관련하여 배운 것은 무엇이고, 그것이 다음에 가르칠 수업을 계획하고 실행하는 데 어떻게 도움이 될 수 있나요?

학생들이 활동을 하고 제가 학생들의 활동을 확인하는 동안, 저는 수학 그리고 학생들을 어떻게 계열 지을지를 생각할 것입니다. 제가 생각해둔 아이디어가 있을 수도 있지만, 기다리면서 학생들이 무엇을 하는지를 봐야 합니다. 저는 오늘의 수학 목표를 이해하는 데 도움이 될 수 있는 무언가를 가지고 있는 학생이 누구인지 알아보려고 노력할 것입니다.

- 앤드류 스트롱, 5학년 교사

CHAPTER 05

학생 해결 방법을 선정하고 계열짓기

학생들이 과제를 개별적으로 또는 모둠(small group)으로 탐구할 기회를 가지고, 교사가 학생들의 논의를 점검했다면, 다음 단계는 수업의 핵심 수학 아이디어에 대해 전체 논의를 하기 위해 학급의 학생들을 한데 모으는 것이다. 모든 학생에게 의미 있는 논의가 이루어지도록 돕기 위해, 교사는 다음 두 가지 관행 즉, 학생의 해결 방법을 선정하고 계열짓기에 참여해야 한다.

선정하기와 계열짓기는 학생들이 과제를 수행하는 동안에 일어나는 교사의 주의 깊은 점검하기를 기반으로 한다. 이 관행들에는 어떤 해결 방법을 학급과 공유할 것인지, 누가 그 해결 방법을 공유할 것인지, 어떤 순서로 그 해결 방법을 공유할 것인지를 결정하는 것이 포함된다. 강조할 특정 해결 방법을 선정하는 것은 학생들에게 자신이 사용한 특정 전략을 넘어서서 다른 접근 방식을 생각하도록 돕는 기회를 제공한다. 또한, 해결 방법을 발표하는 순서를 의도적으로 구성하면 학생들이 수행해 온 활동을 기반으로 전략적으로 발전시켜 나갈 수 있는 기회를 제공한다.

Smith & Stein(2018)은 다음과 같은 방식으로 선정하기 및 계열짓기를 설명한다.

> 선정하기는 논의하는 동안에 교사가 어떤 아이디어(무엇)와 어떤 학생들(누구)에게 초점을 맞출 것인지 결정하는 과정이다. 이는 중요한 결정인데, 학생들이 어떤 아이디어와 씨름하며, 궁극적으로 무엇을 학습하게 될지 결정하기 때문이다. 선정하기는 학생들이 수학적 이해를 형성할 때 개별적으로나 모둠 내에서 생각할 수 있는 것을 뛰어넘어 학생들이 어떤 수학에 접근하도록 할지, 교사가 의도적으로 결정하는 행위로 볼 수 있다(pp.63-64).

> 계열짓기는 학생들이 해결 방법을 발표할 순서를 정하는 과정이다. 중요한 것은 모든 학생에게 접근 가능한 수학이 되게 하고 수학적으로 일관된 이야기 흐름을 형성하는 방식으로 활동을 순서화하는 것이다(p.64).

이 장에서는 먼저 선정하기 및 계열짓기의 핵심 구성 요소를 풀어보고, 실제 초등학교 교실에서 이 관행들이 어떻게 실행되고 있는지 예를 들어 설명한다. 그런 다음 교사들이 선정하기와 계열짓기에서 직면하는 어려움을 살펴보고, 자신의 수업에서 이 관행들을 탐색할 기회를 제공한다.

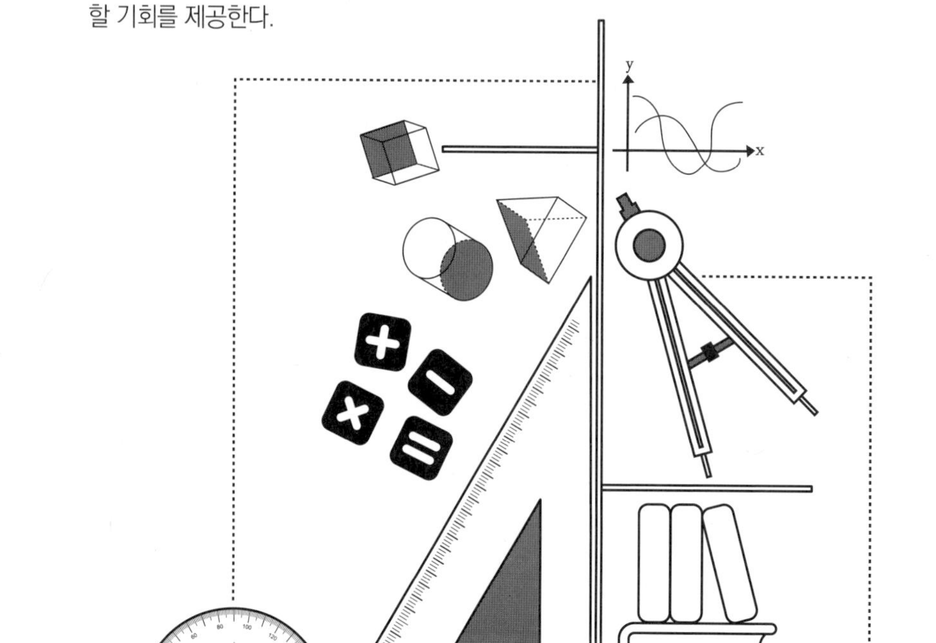

1부 관행을 풀어보기: 학생 해결 방법을 선정하고 계열짓기

선정하기 및 계열짓기는 교사가 강조하고자 하는 학생 활동을 확인하고, 개별 발표자를 의도적으로 선정하고, 학생들의 발표를 계열 짓기 위해 일관된 이야기 흐름을 설정하는 것을 포함한다. 여기에서 우리는 타이어스 교사의 교실을 들여다봄으로써 각각의 구성 요소를 탐구한다. [그림 5.1]은 선정하고 계열 짓는 과정을 안내하기 위해 이 관행들의 구성 요소 및 핵심 질문을 강조한다.

그림 5.1 선정하기와 계열짓기 관행을 지원하기 위한 핵심 질문

구성 요소	핵심 질문
강조할 학생 활동을 확인하기	어떤 학생의 해결 방법이 수업의 수학 목표를 달성하는 데 도움이 되는가?
	학생들이 과제를 해결하는 데 어떤 어려움에 직면했는가? 공통적인 어려움이 있었는가?
개별 발표자를 의도적으로 선정하기	어떤 학생들에게 자신의 활동을 발표하도록 할 것인가?
	특정 학생을 선정하는 것이 교실에서 수학 학습의 공정한 접근(또는 공정성)을 어떻게 촉진할 수 있는가?
일관된 이야기 흐름을 설정하기	수학 학습 목표에 관한 일관된 이야기 흐름을 만들기 위해 학생 활동을 어떻게 배열할 수 있는가?

1 강조할 학생 활동을 확인하기

선정하기 및 계열짓기의 첫 번째 단계는 수업에서 강조할 학생 활동을 확인하는 것이다. 교사는 학생들의 진행 상황을 점검하면서 학생들이 만들어 낸 다양한 해결 방법에 주목하고 점검표에 기록했을 것이다. 다양한 접근 방식을 유도할 수 있는 과제를 의

도적으로 선정하였다는 것을 기억하시오!

논의하는 동안 서로 다른 해결 방법을 접하게 하는 것은 학생들이 그 과제에 포함된 수학을 더 깊게 이해하도록 도울 수 있다(Zbiek & Shimizu, 2005). 이를 실현하기 위해 교사는 핵심 수학 아이디어에 주목하게 하고, 수업 목표 달성에 도움이 되는 해결 경로를 확인해야 한다. 과제에 대한 학생들의 활동을 검토할 때 학급이 고려해야 할 중요한 학생 해결 방법의 수학적 특징을 유념하면서 학생들이 과제를 해결하기 위해 취한 경로 사이의 유사점과 차이점을 살펴보시오.

또한 교사는 학생들이 과제를 해결하면서 직면한 어려움을 고려해야 한다. 강조할 만한 공통된 어려움이 있었는가? 우리는 종종 틀린 해결 방법에 대해 학생들과 함께 논의하는 것을 꺼리지만, 사실 오류와 잘못된 시작에 대해 논의하는 것은 중요한 이점을 가질 수 있다(Santagata & Bray, 2016). Kazemi & Hintz(2014)는 다음과 같이 설명한다.

> 오류와 부분적으로 발전된 아이디어에 대해 우리가 어떻게 반응하는지는 위험을 감수하는 것에 대한 중요한 메시지를 전달한다. 모든 것을 처음부터 정확하게 이해해야 한다는 부담이 크면 학생들은 자신의 아이디어를 표현하기 쉽지 않다(p.5).

전체 학급이 어떤 해결 방법에 초점을 맞춰야 할지 고려할 때, 학생들이 겪었을 법한 몇 가지 어려움에 대해 논의하는 것이 지닐 수 있는 잠재적 가치를 유념하시오.

점검표를 검토하면서 타이어스 교사는 학생들이 [그림 5.2]와 같이 여러 가지 다른 방법으로 타이어스 선생님의 마커 과제를 해결한 것을 확인할 수 있었다. 타이어스 선생님에게 남은 마커의 개수를 구하기 위해 두 명의 학생은 먼저 마커를 나타내는 69개의 원이나 선을 그려 그 과제를 모델링하려고 시도했다(해결 방법 I). 대부분의 학생들은 십진 그림을 사용하여 69를 십의 자리와 일의 자리로 분해하고 상황을 나타내는 여러 다른 등식 중 하나를 썼다(해결 방법 II). 가장 많이 사용된 등식은 69 − 40 = 29이며, 해당 등식에서 40을 빼는 것을 반영하기 위해 그림에서 4개의 십을 'X표로 지웠다'(해결 방법 IIa). 두 명의 학생은 덧셈을 사용하여 69 + 40 = 29(해결 방법 IIb)라고 썼다. 그

그림 5.2 타이어스 교사가 점검표에 기록한 해결 방법

해결 방법 I. 69를 직접 모델링하기

"원 69개를 그리려고 생각하고 있어요."

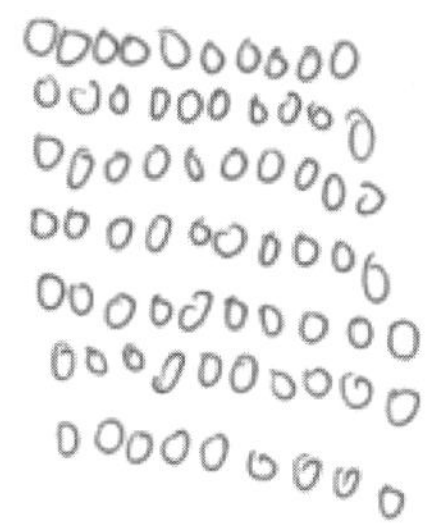

해결 방법 II. 십진 그림과 식 만들기

해결 방법 IIa. 69 − 40 = 29

"4개의 십을 X 표시해서 지우고 남은 29를 셌어요."

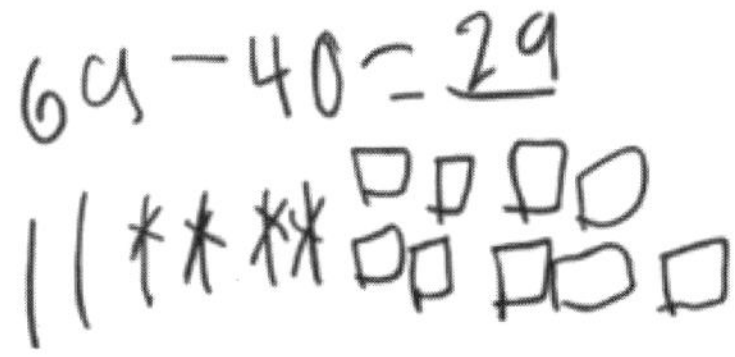

해결 방법 IIb. 69 + 40 = 29

"그 중 40을 가져갔고 29가 됐어요."

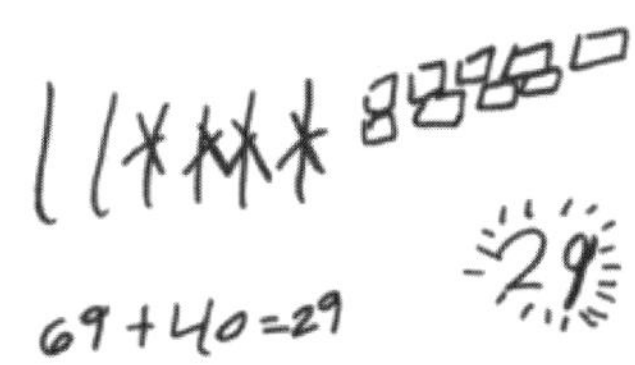

해결 방법 IIc. 6 − 4 = 2, 9 − 0 = 9

"6 빼기 4는 2와 같고, 9 빼기 0은 9와 같아요."

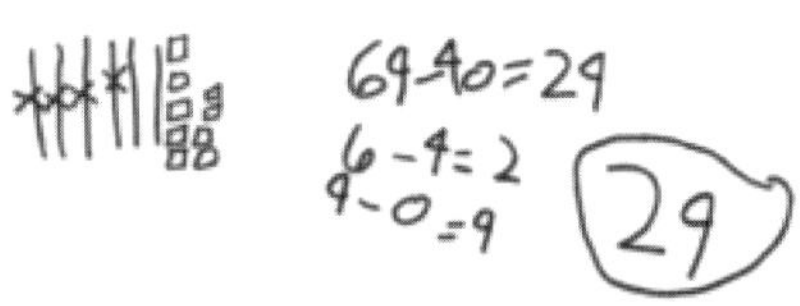

해결 방법 IId. 69 − 9 = 60 − 40 = 20

"69는 60과 9라는 걸 알아요. 그런 다음 선생님이 나눠준 마커 40개를 뺐어요."

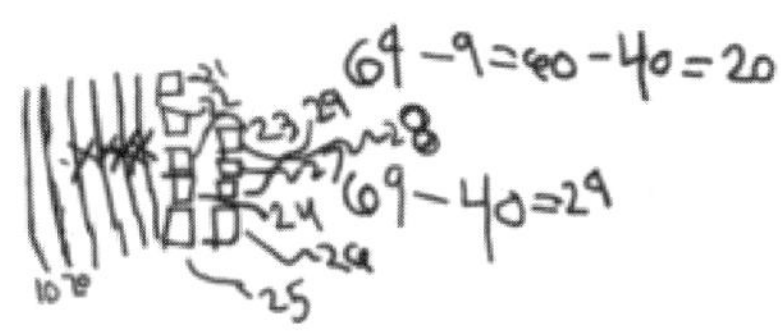

해결 방법 III. 100 차트에서 십씩 거꾸로 세기

"69를 찾은 후에 4번 뛰어 셌어요."

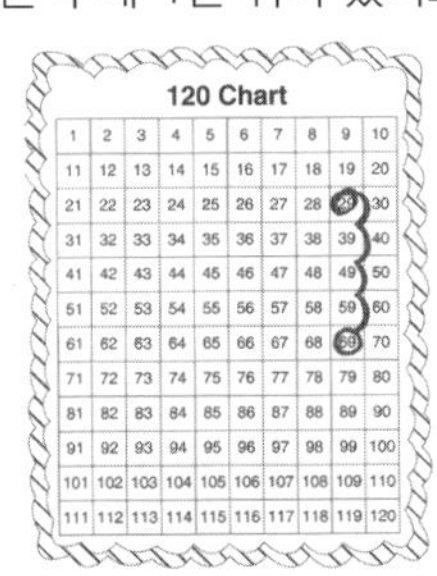

해결 방법 IV. 반올림 및 보상

"70 빼기 40 빼기 1은 29와 같아요."

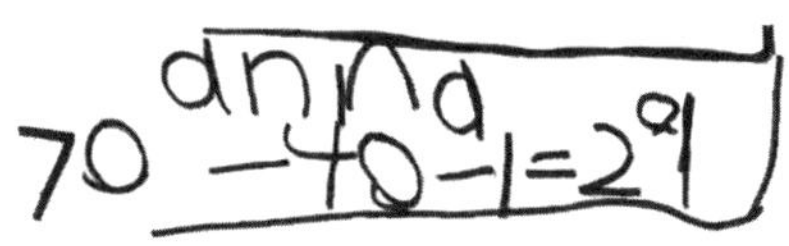

림을 보면 이 학생들은 마커 29개가 남았다는 것을 인식한 듯 하였지만, 자신들이 한 것을 나타내는 등식을 쓰지 못했다.

다른 두 학생은 60 − 40 = 20 대신에 6 − 4 = 2로 십의 자리를 표현하는 등식을 썼다. **가르치는 일을 분석하기 4.0**에서 논의한 바와 같이, 리아의 경우에 최종 답이 29인 것은 차 2가 실제로 20을 나타낸다는 것을 그녀가 인식하고 있었음을 보여준다(해결 방법 IIc). 한 학생은 두 개의 식을 하나의 식으로 잘못 결합하여 '연속식(run-on-equation)' 69 − 9 = 60 − 40 = 20을 만들었다(해결 방법 IId). (69 − 9 = 60이고, 60 − 40 = 20이지만, 69 − 9 = 20은 참이 **아니다!**) 타이어스 교사가 관찰한 또 다른 접근 방식은, 두 학생이 사용한 것으로 100 차트에서 십씩 거꾸로 세는 것이었다(해결 방법 III). 또한 한 학생은 반올림 및 보상 전략을 사용했는데, 69에 1을 더해 70으로 반올림한 후, 나중에 차에서 1만큼 뺐다(해결 방법 IV).

타이어스 교사가 학생들이 사용할 것이라고 예상하였지만 관찰하지 못한 몇 가지 전략도 있었다. 빈 수직선에서 10씩 거꾸로 세거나, 69에서 4개의 십을 뺀 다음 9개의 일을 뺀 학생은 없었다. 타이어스 교사는 또한 일부 학생들이 반올림 및 보상 전략을 잘못 사용하여 70으로 반올림한 다음, 그 차에 (1을 빼는 대신) 1을 더할 것이라 예상했지만, 이 접근 방법을 사용한 학생을 보지 못했다.

가르치는 일을 분석하기 5.1에서는 타이어스 교사의 학생들이 문제를 해결한 방법을 분석하고, 그 수업에서 설정한 수학 목표를 달성하는 데 어떤 전략이 가장 유용할지 생각해 볼 것이다.

1) 학생 해결 방법을 선정하기 - 분석

타이어스 교사의 학생들이 만든 해결 방법은 여러 가지 다른 방식으로 수업 목표를 다룬다.

목표 1: 두 자리 수끼리의 뺄셈을 할 때, 십의 자리는 십의 자리끼리, 일의 자리는 일의 자리끼리 빼야 한다. 10의 배수를 빼는 경우는 빼야 하는 일의 자리 수가 없기 때문에 십의 자리에 있는 수만 바뀐다.

가르치는 일을 분석하기 5.1

학생 해결 방법을 선정하기

타이어스 교사의 수업 목표에 비추어 [그림 5.2]에 제시된 해결 방법에 대해 생각해 보시오.

목표 1: 두 자리 수끼리의 뺄셈을 할 때, 십의 자리는 십의 자리끼리, 일의 자리는 일의 자리끼리 빼야 한다. 10의 배수를 빼는 경우는 빼야 하는 일의 자리 수가 없기 때문에 십의 자리에 있는 수만 바뀐다.

목표 2: 체계적인 방법으로 수를 분해하고 재합성하면 문제를 해결하고 십의 자리와 일의 자리의 양 사이의 관계를 보다 가시적으로 만드는 데 도움이 된다.

목표 3: 빼기를 하기 전에 수를 올림하거나 버림하여 10의 배수를 만들 수 있다. 그런 다음 처음에 더하거나 뺀 양을 보상하기 위해서 올림하거나 버림한 양은 차에서 빼거나 더해야 한다.

목표 4: 여러 가지 표현(예, 모델, 그림, 수, 등식)을 사용하여 문제를 해결할 수 있으며, 다른 표현을 서로 연결할 수 있다.

- 타이어스 교사가 수업 목표를 달성하기 위해 어떤 해결 방법을 선정할 것이라고 생각하나요?
- 해결 방법 IIb, IIc 및 IId를 사용한 학생들은 남은 마커의 개수가 29개라고 구했지만 이를 명확하게 드러내는 등식을 쓰지 않았습니다. 이러한 해결 방법 중 하나를 공유하는 이점은 무엇인가요?

타이어스 선생님의 마커 과제에서 타이어스 교사의 목표 중 하나는 학생들이 10의 배수를 뺄 때 일의 자리에 있는 수는 뺄 것이 없기 때문에 변하지 않는다는 것을 이해하는 것이다. 이는 교사가 관찰한 해결 방법에 명시적으로 드러나지는 않지만 해결 방법 II와 III에 암묵적으로 포함되어 있다. 해결 방법 II에서는 십진 그림을 사용하여 69를 분해하고, 40을 빼는 것을 4개의 십에 X표 하여 지우는 것으로 나타난다. 일의 자리는 뺄 것이 없기 때문에 제거하지 않는다. 마찬가지로 해결 방법 III에서는 100 차트에서 40을 빼는 것을 수직 아래로 4번 뛰어 세는 것으로 표현하며 각각은 십씩 빼는 것을 나타낸다. 일의 자리는 뺄 것이 없기 때문에 수평으로 이동할 필요가 없다.

목표 2: 체계적인 방법으로 수를 분해하고 재합성하면 문제를 해결하고 십의 자리와 일의 자리의 양 사이의 관계를 보다 가시적으로 만드는 데 도움이 된다.

타이어스 교사의 수업 목표에서 핵심은 학생들이 뺄셈을 모델링하면서 수를 분해하고 재합성하는 것이다. 해결 방법 II는 학생들이 십의 자리 수를 선으로, 일의 자리 수를 상자로 나타낸 십진 그림을 그리면서 이 목표를 다룬다. 학생들이 타이어스 교사가 마커 40개를 나눠준 것을 나타내기 위해 4개의 십을 X로 표시해 지우면, 남은 2개의 십과 9개의 일을 재합성하여 남은 마커 29개를 나타낼 수 있다.

목표 3: 빼기를 하기 전에 수를 올림하거나 버림하여 10의 배수를 만들 수 있다. 그런 다음 처음에 더하거나 뺀 양을 보상하기 위해서 올림하거나 버림한 양은 차에서 빼거나 더해야 한다.

해결 방법 IV는 목표 3을 직접 보여준다. 이 경우에 학생은 69에 1을 더하여 70으로 올림한 후, 나중에 1을 빼서 보상한다. 타이어스 교사는 다음과 같이 설명했다. "저는 학생들이 올림한 다음 보상할 수 있다는 것을 이해하기를 바랍니다. 그래서 69를 가지고 있다면 70으로 만들 수 있어요. 그런 다음 일단 40을 빼고, 정답을 구하기 위해 마지막에 1을 더 빼야 해요."

목표 4: 여러 가지 표현(예, 모델, 그림, 수, 등식)을 사용하여 문제를 해결할 수 있으며, 다른 표현을 서로 연결할 수 있다.

타이어스 교사의 최종 목표는 학생들이 과제를 해결하기 위해 여러 가지 표현을 사용하게 하는 것을 포함한다: "저는 모든 학생이 다양한 표현을 사용하여 자릿값 문제를 해결할 수 있다는 것을 알기를 바랍니다." 해결 방법 I, II, III에서 학생들은 69개의 대상을 직접 모델로 나타내고, 십진 그림을 만들고, 100 차트를 사용하여 과제를 탐구하고, 상황을 나타내는 다양한 등식을 만들면서 이 목표를 보여준다. 각 접근 방식은 타이어스 교사가 처음에 가지고 있던 마커 69개, 제거한 마커 40개, 그리고 남은 마커

29개를 표시하는 서로 다른 방법을 강조한다.

해결 방법 IIb, IIc, IId에서 학생들이 작성한 식은 십진 그림이나 문제 상황에서 일어나고 있는 것을 항상 명확하게 반영하지는 않는다. 그래도 해결 방법을 나타내는 식을 쓸 때 학생들이 직면하는 어려움에 대해 논의하는 것에는 몇 가지 잠재적인 이점이 있다. 예를 들어, 등식 6 − 4 = 2와 60 − 40 = 20 사이의 관계를 탐색하는 것은 자릿값 논의를 위한 중요한 출발점이 될 수 있다. 그리고 69 − 9 = 60 − 40 = 20을 자세히 살펴보는 것은 등호의 의미를 점검하는 기회가 될 수 있다. 일반적으로, 틀린 사고에 대해 논의함으로써 교실은 모든 수학적 아이디어를 존중하는 곳이며, 오류에 대한 성찰과 논의의 시간으로 삼는 장소라는 것을 학생들에게 잠재적으로 보여줄 수 있다.

수업 목표에 비추어 해결 방법을 검토한 후, 타이어스 교사는 해결 방법 IIa, IIc, III, IV를 강조하기로 결정했다. 그녀는 점검표에 대부분의 학생들이 “69 − 40 = □을 십진 체계로 나타냈다”고 기록했다. 그래서 십진 그림과 이에 해당하는 등식 69 − 40 = 29를 강조하면 많은 학생이 했던 것과 연결하는 좋은 방법이 될 것이라고 생각했다. 또한 해결 방법 IIa는 수를 분해하고 재합성하면서 목표 2를 다루고, 10의 배수를 빼면서 목표 1도 암묵적으로 다루도록 할 것이다.

타이어스 교사는 해결 방법 IIc도 수업에서 강조하고자 하였다. 이 해결 방법에서 학생은 6개의 십에서 4개의 십을 빼는 것을 설명하기 위해 십진 그림을 만들었고, 등식 6 − 4 = 2를 사용했다. 수업을 계획하는 동안 타이어스 교사는 다음과 같이 말했다. “일부 학생들은 등식을 쓰는 데 어려움을 겪을 수 있습니다. 저는 그런 학생들 중 일부에 집중하고자 합니다.” 특히, 이 해결 방법을 통해 학생들이 십진 그림과 등식 사이의 관계를 탐구하는 동안, 타이어스 교사는 목표 1과 2를 다룰 수 있을 것이다. 또한 해결 방법 III은 목표 4와 100 차트 사용을 탐색하는 방법이 될 것이다. 마지막으로 해결 방법 IV를 통해 타이어스 교사는 반올림하고 보상하는 목표 3을 다룰 수 있을 것이다.

타이어스 교사는 다른 결정을 할 수도 있었다. 예를 들어, 그녀는 학생들이 과제를 효율적으로 해결하기 위해 십의 자리와 일의 자리를 체계적으로 분해할 필요를 느끼도록 해결 방법 I을 사용하기로 결정할 수도 있었다. 마찬가지로, 십진 그림과 등식 사이의 관계를 검토하는 방법으로 해결 방법 IIb를 선정할 수도 있었다. 십진 그림은 빨셈을 사용하여 과제를 모델링한 반면에 등식은 그 관계를 덧셈으로 나타냈기 때문에, 만약 타이어스 교사가 학급 학생들이 십진 그림과 등식 사이의 불일치를 검토하도록 하고자 했다면 그것은 좋은 선정이 될 수 있었을 것이다. 타이어스 교사는 해결 방법 IId를 다루는 것을 선정할 수도 있었다. 그렇게 했다면 학생들에게 해결 방법을 나타내는 데 하나 이상의 등식이 필요하다는 것을 보여주는 결과를 얻을 수도 있었다. 요점은 전체 학급 논의에서 공유할 해결 방법들을 선정하는 **올바른 방법**이 단 하나만 있는 것이 아니라는 점이다. 핵심은 선정한 해결 방법을 통해 수업에서 가장 중요한 수학 아이디어를 드러내도록 하는 것이다.

> **수업 적용 팁**
>
> 공유할 해결 방법들을 선정하거나 계열 짓는 단 하나의 방법은 없습니다. 결정은 여러분의 수학 목표에 따라 이루어져야 합니다.

2 개별 발표자를 의도적으로 선정하기

강조하고자 하는 해결 방법을 확인한 후에는 해당 해결 방법을 학급에서 어떤 학생이 발표하게 할지 의도적으로 선정해야 한다. 하지만 어떻게 결정해야 하는가? 물론 한 가지 요인은 어떤 학생이 학급에서 교사가 공유하고자 하는 해결 방법을 만들었는지이다. 학생들에게 자신의 해결 방법을 발표하도록 하면 다양한 종류의 수학적 사고의 중요성을 검증하고 친구들을 수학 학습을 위한 귀중한 지적 자원으로 인식하도록 도울 수 있다(Aguirre et al., 2013; Jilk, 2016). 또한 학생들 스스로의 활동이기 때문에 자신의 표현과 해결 방법 뒤에 있는 추론에 대한 질문에 진정성 있게 답할 수 있다(Imm, Stylianou & Chae, 2008). 교사가 학생의 활동을 직접 공유하는 것이 더 효율적이고 덜 번거롭게 느껴질 수도 있지만 그렇게 하면 학생에게서 학생의 권위와 정체성 모두에 기여하는, 수학 아이디어의 저자로 인식될 기회를 빼앗는 것이다. [수학 학습과 긍정적인 수학 정체성 발달을 강화하기 위한 일련의 공정성 기반 교육 관행에 대해서는 Aguirre et al. (2013)을 참조하시오.]

> **수업 적용 팁**
>
> 학생들에게 자신의 활동을 직접 공유하도록 하면, 학생들은 자신의 수학 아이디어의 저자로 인식되고 자신의 추론에 대한 질문에 답할 수 있습니다.

의도적으로 학생을 선정하는 것은 교실에서 수학 학습에 대한 공정한 접근을 촉진할 수 있다. 미국에서 교실 담론은 종종 특정 학생들이 다른 학생들보다 더 자주 기여하면서 계층화된다(Hung, 2015). 또한 다양한 인종적 배경을 가진 학생들은 종종 백인 및 아시아 학생들만큼 수학을 잘하지 못하는 것으로 여겨진다(Louie, 2017; Shah, 2017). 특히 우려되는 것은 초등학생 때부터 수학을 잘하는 사람에 대한 인종적 고정관념을 가지고 있다는 사실을 보여주는 최근 연구이다(Nasir, McKinney de Royston, O'Connor & Wischnia, 2017).

어떤 학생이 자신의 해결 방법을 발표할지 선정하는 것은 교실에서 누가 그리고 무엇이 수학적으로 가치 있는지에 대한 중요한 메시지를 전달한다. 교사는 누가 최근에 학급에서 자신의 활동을 공유할 기회를 가졌으며, 누가 그렇지 않았는지, 누가 틀리거나 특이한 해결 방법을 편안하게 공유할 수 있는지, 그리고 누가 학급에서 많은 학생이 사용한 해결 방법을 공유하여 이점을 얻을 수 있을지를 주의 깊게 살펴봐야 한다.

수업 적용 팁

누가 발표할지에 대한 선정은 교사가 무엇을 그리고 누구를 중요하게 생각하는지에 대한 강력한 메시지를 전달할 수 있습니다. 공정성을 촉진할 수 있는 이러한 중요한 기회를 놓치지 마세요.

명확히 말하면, 어떤 해결 방법을 선정하고 누구를 발표자로 선정할지에 대한 결정은 종종 밀접하게 관련되어 있다. 여기에서 우리는 교사가 학생들이 수업에서 공유하기를 바라는 해결 방법을 먼저 선정한 다음, 그 해결 방법을 발표할 사람을 선정할 것을 제안했다. 실제로 이러한 결정은 종종 통합된 방식으로 발생한다. 교사는 특정 학생이 평소보다 더 많이 참여하고 있음을 인식하고 그 학생에게 자신의 해결 방법을 발표하도록 결정할 수 있다. 또는 교사는 어떤 해결 방법이 새롭고 흥미롭더라도 이 해결 방법을 제시한 학생이 최근에 발표한 적이 있음을 알아차리고 다른 해결 방법을 위해 그 해결 방법을 선정하지 않기로 결정할 수도 있다.

우리와 함께 일해 온 두 명의 교사인 제니퍼 모소티(Jennifer Mossotti)와 미셸 사로니(Michelle Saroney)는 발표할 학생을 선정하는 자신들의 방법을 설명했다. 모소티 교사는 학급에서 발표하는 학생을 다양하게 하기 위해 의식적으로 노력한다고 설명했다. 또한 그녀는 종종 학생들에게 발표시킬 것임을 미리 말한다. "학생들의 어깨를 살짝

두드리며 '교실 앞에서 이걸 발표해 주겠니?'라고 말해요." 사로니 교사도 비슷한 과정을 설명했다.

> 교실을 돌아다니며 학생들이 무엇을 하고 있는지 기록하면서 누구를 발표시킬지 고민해요. 그리고 저는 학생들이 자신의 활동에서 특정 부분에 대해 이야기할 준비를 할 수 있도록 미리 알려주는 편이에요. 이는 학생들이 긴장할 때 갑자기 곤란한 상황에 놓이지 않도록 하는 데에도 도움이 돼요.

또한 모소티 교사는 종종 학생들에게 개별적으로 발표하게 하지만 함께 활동한 학생들에게 함께 발표하도록 하는 것도 생산적이라고 설명했다. 그녀는 특히 학년 초에 학생들이 '같은 방법으로 생각한 사람'과 함께 발표하면 학생들의 자신감을 키울 수 있다는 것을 알게 되었다. 또한 그녀는 꾸준히 '다른 모든 사람들과 다르게 생각하는 사람'을 강조한다고 말했다. "저는 그런 학생에게 주목하게 함으로써 나머지 학생들이 다른 종류의 사고에 접근할 수 있도록 합니다." 분명히, 교사가 학급에서 학생들이 무슨 아이디어를 공유하기를 바라는지 그리고 어떤 학생들이 그 아이디어를 발표하기를 바라는지를 조정하는 과정에서 유념해야 할 점이 많다! (제니퍼 모소티와 미셸 사로니의 5가지 관행 사용에 대한 자세한 내용은 Smith & Sherin(2019)을 참조하시오.)

마지막으로 고려할 사항은 학생들이 자신의 활동을 공유하는 과정이다. 교실에 실물화상기가 있다면 학생들은 자신이 작성한 활동지를 다른 학생들이 볼 수 있도록 공유할 수 있다. 그렇지 않은 경우에는 학생들에게 칠판에 해결 방법을 다시 쓰게 하거나 시간이 있다면 학급에서 발표할 포스터를 준비하게 할 수도 있다. 학생들이 전자기기로 활동할 경우에는 그 활동지를 직접 프로젝터로 띄워 학급 학생들이 볼 수 있도록 할 수도 있다. 기술이 계속 발전함에 따라 우리는 학생 활동을 쉽게 공유할 수 있는 기술

잠시 멈추고 생각해 보기

수업에서 어떤 학생이 발표할지를 어떻게 결정하나요? 여러분의 결정은 어떻게 공정한 학습 환경을 촉진하거나 제한하나요?

기반 방법을 더 많이 보게 될 것이다.

타이어스 선생님의 마커 과제에서 교사는 조슬린에게 해결 방법 IIa를, 리아에게 해결 방법 IIc를 발표하게 하기로 결정했다. 학급의 많은 학생이 해결 방법 IIa를 만들었지만 타이어스 교사는 조슬린을 선정한 이유 중 하나로 "저는 한동안 그녀를 발표시키지 않았어요"라고 설명했다. 타이어스 교사는 다양한 학생들이 자신의 사고를 공유할 기회를 갖는 것이 중요하다고 생각했다. 리아는 해결 방법 IIc를 사용한 두 명의 학생 중 한 명이었다. 타이어스 교사는 리아를 부르기로 결정했다. 왜냐하면 리아는 수업 중에 그녀와 이야기하면서 "2는 실제로 2개의 십이에요"라고 표현했고 타이어스 교사는 그 아이디어를 학급 학생들과 논의할 계획이었기 때문이다.

타이어스 교사는 또한 두주안에게 해결 방법 III을 발표하게 했다. 그녀는 자신의 수업 목표에서 다양한 표현을 살펴보는 것이 필수적이었기 때문에 학급 학생들이 반드시 100 차트 사용에 대해 논의할 기회를 가지기를 원했다. 두 명의 학생이 100 차트를 사용했지만 두주안은 조슬린과 마찬가지로 최근에 발표하지 않았으므로 타이어스 교사는 그가 좋은 선정이었다고 생각했다. 타이어스 교사는 엘시에게 해결 방법 IV를 발표하도록 할 계획이었다. 그녀는 "수학 목표에 도달하는 데 도움이 되는 이 새로운 아이디어를 학급 학생들에게 보여주고 싶었기 때문에 엘시에게 요청했고, 엘시는 그 시점에 그 방법을 시도한 유일한 학생이었습니다"라고 설명했다.

3 일관된 이야기 흐름을 설정하기

선정하기와 계열짓기의 마지막 단계는 해결 방법을 발표할 학생들의 순서를 결정하는 것이다. 의도적으로 순서를 정하면 수업 목표에 대한 일관된 이야기 흐름을 만들 수 있는 중요한 기회를 얻을 수 있다. 학생들의 학습을 지원하는 방법으로 교육과정 단위의 자료들을 서로에 기반하여 주의 깊게 계열 짓는 것처럼, 교사는 학생들의 발표를 전략적으로 계열 지어야 한다. 우리와 함께 연구한 한 교사인 미셸 무스메치(Michelle Musumeci)는 다음과 같이 설명했다. "저는 이 문제에 대해 마치 하나의 이야기처럼 구성하여 목표를 향해 나아가면서 그 과정에서 연결을 만들 수 있도록 노력하고 있어요" (미셸 무스메시의 교실 수업은 Smith & Sherin(2019)에서 자세히 살펴볼 수 있다).

잠시 멈추고 생각해 보기

수업에서 학생의 해결 방법 발표를 계열 짓는 방법을 정할 때 어떤 요소가 중요하다고 생각하나요?

학생들을 한데 모으고 수업 목표를 강조하는 하나의 이야기를 효과적으로 만드는 방법에 대해 생각할 때 고려할 수 있는 여러 가지 이슈가 있다. 개념적 일관성을 세우려면 가장 구체적인 해결 방법에서, 보다 추상적인 해결 방법으로 이동하는 것이 도움이 될 수 있다. 여기에는 특정 사례와 관련된 해결 방법으로 시작한 다음 일반화된 해결 방법을 발표하도록 하는 것이 포함될 수 있다. 일부 교사는 물리적 모델에서 그림으로, 다시 수식으로 나아가는 것과 같이 덜 정교한 표현에서 더 정교한 표현으로 나아가는 것이 생산적이라고 생각한다.

교실 논의의 순서를 정하는 방법을 생각할 때, 교실의 사회적 조직에 주의를 기울이는 것 또한 중요한 고려 사항이 될 수 있다(Horn, 2012). 예를 들어, 많은 학생이 사용한 해결 방법을 먼저 공유하는 것을 선택하여 학생들이 자신이 제시한 것과 유사한 활동을 처음에 접하도록 할 수 있다(Aguirre et al., 2017). 학생 자신의 해결 방법이 검증되면 자신과 다른 방법에 대해 듣는 데 더 관심을 가질 수 있다. 또한 틀린 해결 방법을 언제 어떻게 다룰지에 대해 신중하게 생각해야 한다(이는 본 장의 2부에 더 자세히 제시되어 있다).

사용하기로 결정한 기준이 무엇이든 시간에 따라 접근 방법을 변화시키는 것이 중요하다. 루틴이 명시적으로 형성되지 않은 경우에도 학생들은 루틴에 익숙해질 수 있다. 예를 들어, 학생들은 교사가 일반적으로 가장 간단한 해결 방법을 먼저 소개한다고 느끼는 경우에 첫 번째로 발표시키면 실망할 수 있다. 학급 논의를 계열 짓는 데 사용하는 기준을 뒤섞으면 모든 학생이 참여할 기회를 늘리는 데 도움이 될 수 있다.

타이어스 선생님의 마커 과제에 대한 논의를 조직하는 방법에 대해 생각하면서 타이어스 교사는 조슬린부터 시작하여 십진 그림과 그에 대한 등식을 설명하게 하기로 결정했다(조슬린의 최종 활동은 [그림 5.3]의 해결 방법 IIa에 나와 있다). 학급의 많은 학생이 이 접근 방식을 사용했으며 타이어스 교사는 논의를 시작하기에 좋은 부분이라고 생각했다. 다음으로, 그녀는 40개를 주고 난 후 남은 마커의 개수를 구하기 위해 100 차트를 어떻게 사용했는지를 두주안에게 설명하게 하기로 계획했다(그림 5.3의 해결 방법 III). 타이어스 교사는 이 방법을 그 다음에 공유하여 학급 학생들이 100 차트를 사용하는 것과 십진 그림을 명시적으로 비교할 수 있기를 바랐다.

그림 5.3 조슬린과 두주안의 해결 방법

첫 번째 발표 – 조슬린
해결 방법 IIa. 십진 그림과 등식 69 − 40 = 29를 만듦

두 번째 발표 – 두주안
해결 방법 III. 100 차트에서 10씩 거꾸로 셈

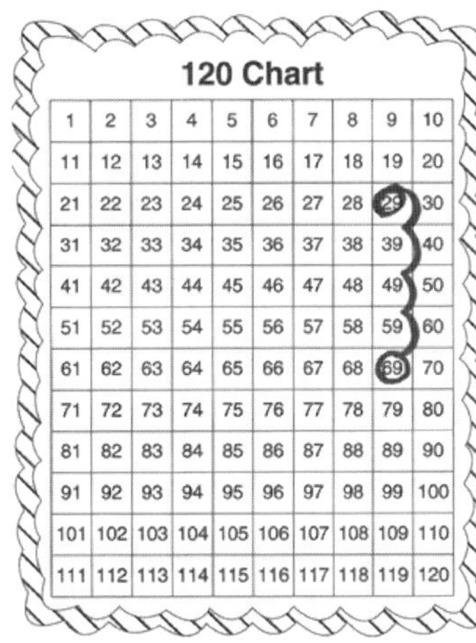

타이어스 교사는 두주안에 이어 등식 6 − 4 = 2를 사용한 리아의 접근 방식을 공유하게 하기로 계획했다(그림 5.4, 해결 방법 IV). 타이어스 교사는 리아가 자신의 등식과 십진 그림 사이의 관계를 강조해 주기를 바랐다. 타이어스 선생님의 마커 과제에 대한 이야기 흐름에서, 타이어스 교사는 반올림 및 보상 전략의 사용이 학생들을 수에 능숙해지도록 이끄는 핵심이라고 생각했다. 그러나 이것은 대부분의 학생들에게 새로운 접근 방식이었기 때문에 그녀는 이 해결 방법을 논의의 마지막으로 남겨두기로 결정했다. 타이어스 교사는 먼저 십진 그림에서 수의 분해를 살펴보고, 100 차트를 사용하여

십씩 이동하는 것이 학생들에게 이 새로운 접근 방식을 이해하는 데 도움이 되기를 바랐다.

그림 5.4 리아와 엘시의 해결 방법

세 번째 발표 – 리아 해결 방법 IId. 십진 그림과 등식 6 – 4 = 2 및 9 – 0 = 9를 만듦 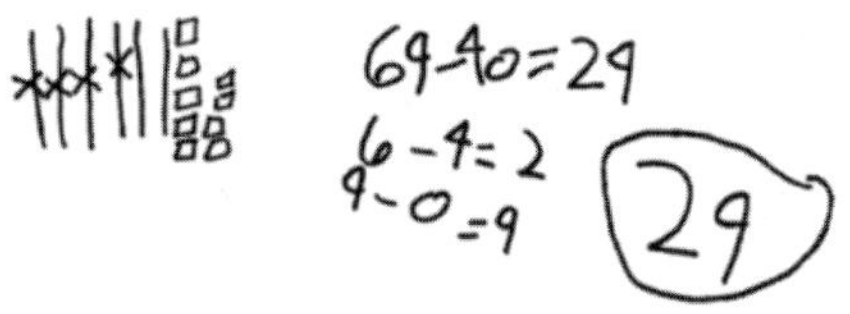	**네 번째 발표 – 엘시** 해결 방법 Ⅳ. 반올림하고 보상을 함 

4 핵심 질문에 대한 타이어스 교사의 관심: 선정하기와 계열짓기

타이어스 교사는 학생들이 타이어스 선생님의 마커 과제를 해결하는 데 사용한 해결 방법에 대해 논의하는 수업을 준비하면서 핵심 질문에 집중했다. 그녀는 점검표를 사용하여 수업 목표를 염두에 두고 학생들의 해결 방법을 검토했다. 어떤 해결 방법이 십의 자리는 십의 자리끼리, 일의 자리는 일의 자리끼리 빼야 한다는 것을 이해한다는 목표를 강조할 수 있을까? 어떤 해결 방법이 서로 다른 표현 간의 연결을 강조할 수 있을까? 이러한 질문은 타이어스 교사가 교실 논의 중에 어떤 해결 방법에 주목할지 생각하는 데 결정적이었다. 또한 그녀는 학생들이 과제를 수행하면서 직면한 어려움을 검토하고, 이를 학급에서 논의하는 것이 가치 있을지 생각해 보았다.

타이어스 교사는 **누가** 이러한 해결 방법을 학급 학생과 공유할 것인지에 대해서도 세심한 주의를 기울였다. 그녀는 누가 최근에 발표했는지, 학생들을 개별적으로 발표시킬지 아니면 모둠으로 발표시킬지, 그리고 학생들이 발표할 때 어떤 종류의 지원을 제공할 것인지를 포함하여 여러 가지 요인을 고려했다. 그녀는 발표자 선정이 매우 중요하며 그것은 수업에서 학생들을 위한 공정한 학습 환경을 촉진하는 역할을 할 수 있다는 것에 유념하였다.

마지막으로 발표를 계열 짓는 방법을 정할 때 타이어스 교사는 그 특정 해결 방법을 사용하지 않은 학생들까지 포함하여 모든 학생에게 학습 목표가 보이도록 하는 일관된 구조를 만들고자 하였다. 이제 우리는 교사가 학생 해결 방법을 선정하고 계열 지을 때 직면하는 몇 가지 어려움을 살펴본다.

교사는 수업 목표를 달성하고 수업 시간을 효율적이고 효과적으로 사용하는 것을 보장하기 위해 공유할 해결 방법을 의도적으로 선정하고 계열 지어야 한다. 선정하기와 계열짓기가 특히 어려울 수 있다. 왜냐하면 수업을 계획할 때 이상적으로 공유하고자

그림 5.5 선정하기 및 계열짓기 관행에 관한 어려움

어려움	설명
학습 목표와 관련된 해결 방법만 선정하기	교사는 수업의 수학 목표를 성취하는 데 도움이 되는 제한된 수의 해결 방법을 선정해야 한다. 직접적으로 관련이 없는 해결 방법을 공유하면 논의가 흐트러질 수 있으며 (관련이 있더라도) 너무 많은 해결 방법을 공유하면 학생들의 집중력이 떨어질 수 있다.
평소 발표하는 학생들 이상으로 확장하기	교사는 종종 분명하게 말할 수 있으며, 일관적인 설명을 해줄 것으로 기대할 수 있는 학생을 선정한다. 교사는 각각의 모든 학생을 발표자로 세울 기회를 찾고 학생들이 자신의 사고를 설명하는 능력을 기를 수 있도록 도와야 한다.
대다수의 학생들이 과제를 해결하지 못하고 초기 목표를 달성할 수 없을 것 같을 때 어떤 활동을 공유할지 결정하기	교사는 때때로 과제가 대다수의 학생들에게 너무 어려워서 의도한 만큼 참여하지 못했음을 알게 될 수 있다. 이 상황에서 교사는 초기 계획을 조정하고, 학생들이 나아갈 수 있도록 논의의 초점을 어떻게 맞출지 결정해야 한다.
학생들이 핵심 전략을 제시하지 못할 때 앞으로 나아가기	수업을 계획할 때 교사는 특정 전략이 수업 목표를 달성하는 데 필수적이라고 판단할 수 있다. 수업의 성공이 이 특정 전략을 이용하는 것에 달려 있다면 교사는 어떤 수단을 통해서든 그 전략을 도입할 준비가 되어 있어야 한다.
오류, 오개념 또는 미완성 해결 방법을 어떻게 계열 지을지 결정하기	교사는 종종 학생들이 틀린 방법을 기억할 것을 우려하여, 완전하지 않고 정확하지 않은 활동을 공유하지 않기로 결정한다. 하나의 영역에서 주요 오개념을 강조하는 해결 방법을 공유하면 모든 학생이 왜 특정 접근 방식이 맞지 않는지를 분석할 기회를 가질 수 있다. 미완성이거나 부분적인 해결 방법을 공유하면 모든 학생이 그러한 활동이 더 견고한 해결 방법과 어떻게 연결될 수 있을지를 생각해 볼 기회를 가질 수 있다.

하는 내용을 어느 정도 생각해 볼 수 있지만, **무엇을** 공유할 것인지, **누가** 그것을 공유할 것인지, **어떻게** 해결 방법을 순서대로 배열할 것인지에 대한 실제적인 결정은 수업 중에 이루어지기 때문이다. 이 절에서는 [그림 5.5]에 제시한 바와 같이, 이 관행들과 관련된 5가지 구체적인 어려움에 초점을 맞추는데, 이러한 어려움은 우리가 교사들과 함께 한 활동을 통해 확인한 것이다.

1 학습 목표와 관련된 해결 방법만 선정하기

학생들이 완성된 결과물을 산출하도록 동기를 부여하고, 모든 학생에게 자신의 사고를 공유할 기회를 제공하거나, 또는 학생들의 노력을 인정해 주기 위해 모든 모둠이 과제에 대한 자신들의 활동을 공개적으로 공유하게 하고 싶어질 수 있다. 이 전략은 좋은 의도를 가지고 있지만, 종종 비슷한 해결 방법이 반복되면서 논의가 길어지고 늘어지며, 수학적 아이디어가 사라지고, 학생들이 참여하지 않게 되는 결과를 초래한다. 수업에서 목표로 삼고 있는 수학을 명시적으로 다루는 데 도움이 되는 것으로 공유할 해결 방법의 개수를 제한하면 수업 시간을 최대한 활용하고 학급 학생들이 수업에 계속 집중하고 참여하게 할 수 있다.

예를 들어, 스트롱 선생님의 등산 과제에 대한 스트롱 교사의 수업을 생각해 보자(그림 3.9 참조). 3장에서 논의한 바와 같이 스트롱 교사는 수업에 참여한 결과로 학생들이 다음을 이해하기를 바랐다.

1. 범자연수를 분수로 나누는 것(예, $4 \div \frac{1}{3}$)은 범자연수(4)에 분수($\frac{1}{3}$)가 몇 번 반복하여 들어가는지 구하는 것을 의미한다.
2. 범자연수를 분수로 나눈 몫은 곱셈(예, $4 \div \frac{1}{3} = 4 \times 3$)으로 구할 수 있다. 분수가 피제수의 단위 1안에 몇 번 반복하여 들어가는지를 구한 다음, 단위 1안에 들어가는 횟수와 피제수에 있는 그 단위의 총 개수를 곱한다(예, 1마일에 $\frac{1}{3}$이 3개 있으므로 4마일에는 $\frac{1}{3}$이 4×3만큼 있다).
3. 1보다 작은 수로 나누면 1보다 작은 양으로 묶음을 만들기 때문에 몫은 피제수보다 커진다.

학급의 다섯 모둠 중에서 네 모둠(1, 3, 4, 5)은 수직선을 만들었다. 각각의 수직선은 4마일로 나누어져 있고 각 마일은 3개의 똑같은 부분으로 세분되어 있었다. 두 모둠(1, 4)은 3개의 똑같은 부분을 각 마일에 대한 분수($\frac{1}{3}$, $\frac{2}{3}$, 1, $\frac{1}{3}$, $\frac{2}{3}$, 2 등)로 표시한 반면에, 두 모둠(3, 5)은 각 삼분의 일을 원점으로부터의 거리(즉, $\frac{1}{3}$, $\frac{2}{3}$, $\frac{3}{3}$, $\frac{4}{3}$, $\frac{5}{3}$ 등)로 표시했다. 다섯 모둠 각각은 두 개의 등식을 제시했는데, 하나는 나눗셈($4 \div \frac{1}{3}$)으로, 다른 하나는 곱셈(4×3)으로 나타냈다. 다섯 모둠 모두 어느 정도의 설명을 제시하였지만, 1모둠만 4는 마일 수이고, 각 마일은 $\frac{1}{3}$씩 묶음들로 나뉘고, 각 마일에 $\frac{1}{3}$씩 표시된 개수는 마일당 물을 마시는 횟수라고 설명했다. 또한, 2모둠은 자신들의 포스터에 틀린 등식($\frac{1}{3} \div 4$)과 옳은 등식 2개를 제시하였고, 4모둠은 임의의 마일 수와 각 마일당 멈춘 횟수가 주어졌을 때 물을 마신 횟수를 구하는 더 일반적인 규칙을 제시했다.

스트롱 교사는 [그림 5.6]과 같이 1모둠[제인(Zane), 헨리(Henry), 카마리아(Kamaria), 에이든(Aidyn)]과 3모둠[코니(Connie), 잭슨(Jackson), 잘리자(Zalijah), 자니사(Jahnisa)]이 만든 수직선으로 논의를 시작하기로 결정했다. 스트롱 교사는 다음과 같이 설명했다.

> 수직선을 보면 더 많은 것을 알 수 있거나 적어도 대화하기가 조금 더 쉽다고 생각해요. 우리가 다루고자 했던 두 가지 다른 유형의 수직선이 있었어요. 하나는 전체를 네 개의 1마일로 나누었어요. 그런 다음 각 1마일을 삼분의 일씩 나누었어요(그림 5.6 상단 참조). 다른 유형의 수직선은 총 마일 수를 하나의 전체로 보고, 이를 삼분의 일씩 12개로 나누어요(그림 5.6 하단 참조). 이는 우리에게 여러 가지 다른 관점을 논의할 수 있는 기회를 주었습니다.

그런 다음 스트롱 교사는 2모둠[에스터(Ester), 루시안(Lucian), 마켈(Markel), 재스퍼(Jasper)]에게 그들이 제시한 등식을 논의하도록 결정하였다. 그들은 처음에 식을 $\frac{1}{3} \div 4$로 잘못 썼지만 곧 그것이 적절하지 않다는 것을 알았다. 이에 대해 스트롱 교사는 다음과 같이 설명했다.

> 학생들은 4를 $\frac{1}{3}$로 나누는 대신, $\frac{1}{3}$을 4로 나누려고 했습니다. 그들은 자신들의 답이 적절하지 않음을 곧 깨달았어요. 그것이 왜 적절하지 않은지, 그리고 4를 $\frac{1}{3}$로 나누는 것이 어떤 의미인지 설명하는 과정에서 학생들이 전체(a total)를 분수로 나누고 있다는

그림 5.6 1모둠(제인, 헨리, 카마리아, 에이든)과 3모둠(코니, 잭슨, 잘리자, 자니사)이 만든 수직선

1모둠

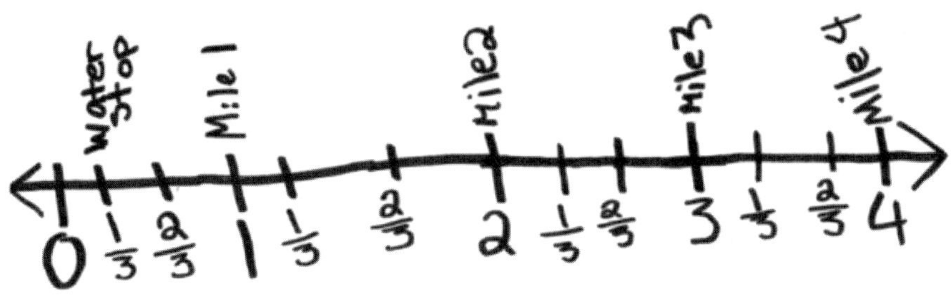

3모둠

것을 이해했음을 보여주는 많은 이야기를 들었어요. 또한, 학생들은 몫이 피제수보다 커진다는 점을 저에게 설명할 수 있었고, 그것은 그날의 목표 중 하나였어요.

마지막으로 스트롱 교사는 문제에서 요구하는 것보다 한 단계 더 나아간 4모둠[러틀랜드(Rutland), 호아킨(Joaquin), 아니야(Aniya), 아이작(Isaac), 유스티나(Youstina)]을 선정했다. 해당 학생들은 수직선과 등식을 제시하는 것 외에도 자신들의 결과를 일반화했다: "마일 수에 각 마일당 몇 번 멈췄는지를 곱하면 모두 몇 번 멈췄는지를 구할 수 있어요." 스트롱 교사는 다음과 같이 언급했다.

학생들은 수직선에 표시하고 등식을 알아내는 것에 그치지 않았어요. 학생들은 물을

마시는 횟수가 바뀌고, 마일 수가 바뀌더라도 상관없다는 것을 알아냈어요. 분모를 보고 1마일 안에 몇 번 반복되는지를 파악했고, 그런 다음 몇 마일이 있든 구할 수 있었어요. 학생들은 그것을 끝까지 밀고 나갔어요!

그렇다면 스트롱 교사는 왜 각 모둠에게 자신들의 포스터를 발표하게 하지 않았을까? 우리는 모둠에서 제시한 내용이 상당히 중복된다는 사실을 고려하여 스트롱 교사가 수업에서 목표로 삼은 세 가지 핵심 아이디어를 두드러지게 하는 특정 해결 방법에 전략적으로 초점을 둔 것이 합리적이라고 주장한다. 구체적으로, 범자연수를 분수로 나누는 것(목표 1)의 의미는 수직선과 등식에 대한 논의를 통해 명확해질 수 있다. 앞에서 스트롱 교사가 2모둠과 대화한 것을 바탕으로 그는 학생들의 등식에 대한 논의를 통해 1보다 작은 수로 나눌 때 어떤 일이 일어나는지(목표 3), 그리고 $\frac{1}{3}$로 나누는 것과 3을 곱하는 것 사이의 관계(목표 2)가 명확해 질 것이라고 확신했다. 4모둠이 논의에서 한 기여는 설정된 목표 중 하나를 명시적으로 다루지는 않았지만, 학생들에게 특정 사례를 넘어 일반화할 수 있는 기회를 제공했다. 이는 5학년 규준에 해당하는 대수적 추론의 중요한 구성 요소이다. 따라서, 선정된 해결 방법은 전체 학급 논의가 활발히 일어나도록 충분한 자료(fodder)를 제공했다.

이제 스태스트니 교사가 라자냐 과제에 대한 학생 해결 방법을 어떻게 선정하고 계열 지었는지를 살펴보도록 한다(그림 3.6 참조). 3장에서 논의한 바와 같이, 스태스트니 교사는 수업에 참여한 결과로 학생들이 다음을 이해하기를 바랐다.

1. 분수는 전체 또는 단위(넓이/영역, 집합, 길이/측정)를 똑같은 부분으로 나누는 것을 나타낸다. 분수의 크기는 전체 또는 단위의 크기에 따라 상대적이다.
2. 가지고 있는 부분의 개수(분자)가 전체가 나누어진 부분의 크기(분모)와 같은 분수를 하나의 전체(one whole)라고 한다. 따라서 $\frac{4}{4}$는 네 개의 부분이 있고, 각 부분이 전체의 $\frac{1}{4}$이라는 것을 의미한다.
3. 두 분수가 크기가 같은 전체에서 같은 넓이를 나타낸다면, 부분의 개수와 부분의 크기가 달라도 두 분수는 동치이다.

학급의 많은 학생이 결국 타니샤와 데이비드가 라자냐의 $\frac{2}{2}$와 $\frac{4}{4}$, $\frac{2}{4}$와 $\frac{4}{8}$ 또는 $\frac{2}{6}$와

$\frac{4}{12}$만큼을 받았다는 것을 정확하게 보여주는 모델을 만들었지만 스태스트니 교사는 많은 학생이 처음에는 어려움을 겪었다는 것에 주목했다. 그녀는 다음과 같이 말했다.

> 제가 놀랐던 점은 시작하지 못하거나 예상과 다르게 시작하는 경우가 꽤 많았다는 것입니다. 예를 들어, 2분의 1(one-half)과 4분의 2(two-fourths) 또는 4분의 2(two-fourths)와 4분의 4(four-fourths)로 잘못 나타냈어요. 이 두 가지는 제가 전혀 예상하지 못했던 것이었습니다.

처음에 있었던 이러한 혼란의 결과로 스태스트니 교사는 자신이 주목한 오개념을 생각해 보는 것으로 논의를 시작하기로 결정했다. 스태스트니 교사는 다음과 같이 설명했다.

> 저는 오개념부터 시작하는 것을 선택했습니다. 왜냐하면 많은 학생이 그 오개념을 가지고 있었고 저는 학생들이 모델을 통해 이를 살펴보기를 바랐기 때문입니다. 저는 모든 학생이 여러 번, 다양한 방식으로 들으면서 그것이 왜 오개념이고, 질문에서 요구하는 바를 다루지 않았는지를 확실히 이해하기를 바랐습니다.

논의 직전에 스태스트니 교사는 [그림 5.7]과 같이 포스터를 준비했다. 교사는 학생들이 왜 $\frac{2}{4}$와 $\frac{4}{4}$(그림의 왼쪽)가 동치가 아니며, 문제에서 타니샤와 데이비드가 같은 양을 먹었다고 언급한 조건을 충족하지 않는지를 분명히 따져보기를 바랐다. 또한 교사는 학생들이 $\frac{1}{2}$과 $\frac{2}{4}$(그림의 오른쪽)는 동치이지만 타니샤가 두 조각을 먹었고 데이비드가 네 조각을 먹었다는 조건을 충족하지 않는다는 것을 학생들이 알기를 바랐다. 교사는 또한 학생들이 $\frac{2}{4}$와 $\frac{4}{8}$가 서로 동치이고, $\frac{1}{2}$과도 동치이면서, 타니샤와 데이비드에게 준 조각의 개수를 정확히 나타낸 것임을 알기를 바랐다.

스태스트니 교사는 실질적인 이유(a practical reason)로 오개념을 가진 학생들이 자신의 활동을 직접 발표하지 않게 하기로 결정했다. 그녀는 다음과 같이 설명했다.

> 많은 학생이 모둠 대화(group talk)를 하는 동안 실제로 답을 바꿨습니다. 학생들이 답을 지우거나 줄을 그어서 종이에 적힌 내용이 명확하게 보이지 않았어요. 그래서 저는 우리가 무엇에 대해 말하고 있는지를 학생들이 분명하게 볼 수 있기를 원했어요.

그림 5.7 학생들의 활동을 바탕으로 스태스트니 교사가 만든 포스터

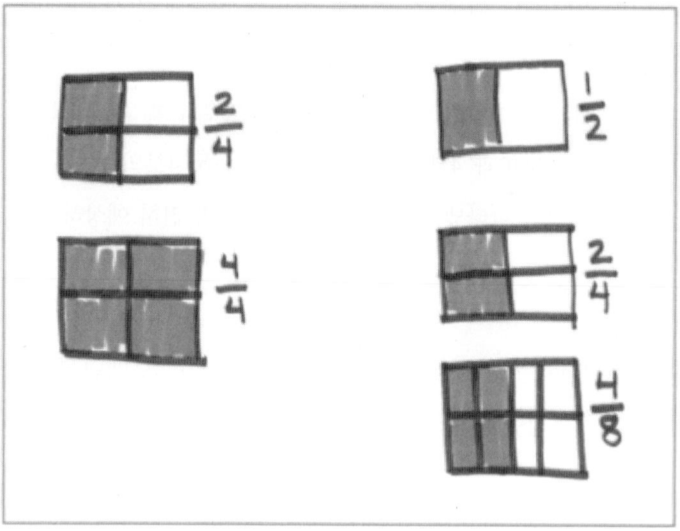

그림 5.8 라자냐 과제에 대한 아메드(왼쪽)와 아나시몬(오른쪽)의 해결 방법

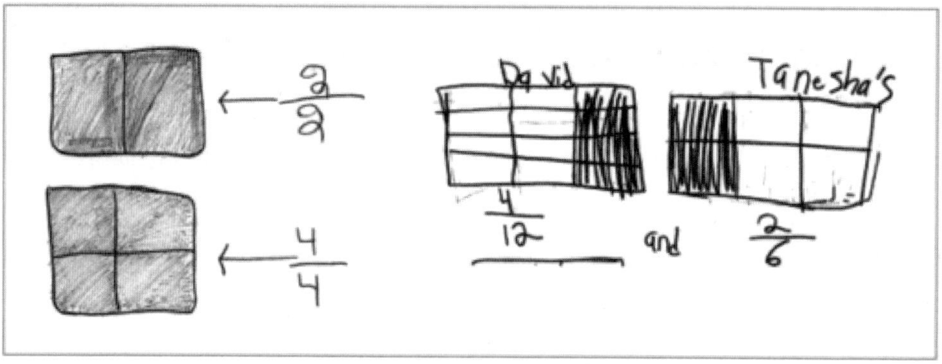

오개념에 대해 논의한 이후에, 스태스트니 교사는 바르게 해결한 두 개의 다른 해결 방법을 발표시킬 것을 계획했다. 이는 $\frac{2}{2}$와 $\frac{4}{4}$(아메드, Ahmed) 그리고 $\frac{2}{6}$와 $\frac{4}{12}$(아나시몬, Anasimon)로 [그림 5.8]에 나타나 있다. 그녀는 다음과 같이 설명했다.

> 저는 2분의 2와 4분의 4를 선택했어요. 왜냐하면 학급 학생 중 적어도 절반이 이를 자신의 모델로 사용했기 때문이에요. 일부 학생들은 오개념으로 시작했지만 모둠원과 이야기를 나눈 후 2분의 2와 4분의 4가 가능한 모델 중 하나라는 것을 깨달았어요. 저는 학생들 중 일부가 보지 못한 모델(6분의 2와 12분의 4)을 다루면서, 이를 동치 및 분수의 분자와 분모를 2배하는 것(the doubling of the fractions)과 연결 짓도록 하고 싶었어요.

또한 아나시몬의 해결 방법을 포함하는 것은, 비록 다른 학생들은 이를 만들지 않았지만, 스태스트니 교사에게 동치 개념에 대한 학생들의 이해를 평가할 기회를 제공했다. 왜냐하면 학생들은 그 문제를 처음 탐구할 때 고려해본 적 없는 해결 방법에 대해 생각해야 했기 때문이다.

라자냐 과제에 대한 옳은 반응과 틀린 반응을 모두 검토함으로써 스태스트니 교사의 학생들은 분수가 무엇을 나타내는지(목표 1), 전체를 구성하는 것은 무엇인지(목표 2), 그리고 언제 분수끼리 동치인지(목표 3)를 설명할 기회를 가질 수 있었다. 옳은 해결 방법 세 개만 발표되었지만, 이 방법들은 학급의 대부분의 학생들이 실제로 사용한 해결 방법을 반영했다. 그 결과, 발표자가 아닌 많은 학생도 논의에 기여할 수 있었다.

그렇다면 서로 다른 해결 방법이 **많이** 있을 때 교사는 무엇을 해야 할까? 논의할 해결 방법을 적절한 개수로 어떻게 제한할까? 이 질문에 답하기 위해 2학년 학생들을 가르치는 하나의 수업을 생각해 보시오. 여러분이 학생들에게 덧셈 및 똑같은 묶음과 관련된 문제를 나타내고 해결하도록 하고자 한다고 가정해 보시오. 그리고 [그림 5.9]에 제시된 양과 오리 과제를 선정하였다고 하자. 왜냐하면 모든 학생이 문제에 들어갈 수 있고 (비계를 제공하는 질문 1~4), 질문 5는 여러 가지 다른 방식으로 접근하여 답할 수 있으며, 수업 목표와 일치하기 때문이다. 학생들은 [그림 5.10]에 제시된 전략들을 만들어냈다. **가르치는 일을 분석하기 5.2**에서는 수업 목표를 성취하기 위해 학생들의 해결 방법을 어떻게 선정하고 계열 지을 수 있을지를 생각해 볼 것이다.

1) 핵심 아이디어를 강조하는 해결 방법을 선정하기 - 분석

양과 오리의 다리 수가 모두 32개가 되는 서로 다른 조합은 9가지가 있다(예, 양 8마리, 오리 16마리 또는 오리 6마리, 양 5마리), 학생들이 올바른 조합(winning combination)을 구하는 데 사용할 수 있는 다양한 전략들(예, 직접 모델링, 세기, 덧셈)이 있다. [그림 5.11]은 학생들이 해당 문제를 해결하기 위해 사용한 조합과 전략을 요약한 것이다.

학급 학생들은 다리 수가 모두 32개가 되는 9가지 조합 중 5가지를 만들었다. 학생들은 다양한 전략을 사용했으며, 여기에는 똑같은 묶음을 직접 모델링하기, 뛰어 세기(skip counting), 동수 누가 및 수식 등이 포함된다. 학생 해결 방법을 선정하고 계열 짓

그림 5.9 양과 오리 과제

양과 오리 과제

농부가 양과 오리를 기른다.

1. 오리 한 마리는 다리가 몇 개인가?
2. 오리 네 마리는 다리가 몇 개인가?
3. 양 다섯 마리는 다리가 몇 개인가?
4. 헛간 옆 우리에는 양 두 마리와 오리 세 마리가 있다. 다리는 모두 몇 개인가? 답이 옳다는 것을 어떻게 알 수 있는지 보이시오.
5. 농부의 우리 중 하나는 높은 울타리로 둘러싸여 있다. 농부는 울타리 아래로 32개의 다리를 보았다. 단어, 그림, 수를 사용하여 양과 오리의 다리 수가 모두 32개가 되는 한 가지 방법을 보이시오.

출처 | Noyce Foundation (2007) biscotto87/iStock.com 양과 오리에서 발췌

가르치는 일을 분석하기 5.2

핵심 아이디어를 강조하는 해결 방법 선정하기

[그림 5.10]에 제시된 양과 오리 과제에서 질문 5에 대한 학생 해결 방법을 검토하시오. 수업 목표(아래 설명)를 염두에 두고 다음을 결정하시오.

1. 전체 학급 논의에서 어떤 해결 방법을 선정할 것인지 결정하시오.
2. 각 해결 방법이 논의에 기여하는 바는 무엇인지 결정하시오.
3. 모든 학생이 논의에 참여할 수 있도록 해결 방법을 어떻게 계열 지을 것인지 결정하시오.

특히 교사가 학생들에게 기대하는 바는 다음과 같다.

- (곱셈의 기초로서) 똑같은 묶음이 포함된 상황을 이해하기
- 덧셈과 뺄셈을 사용하여 문장제 해결하기
- 단어, 수, 식 및/또는 그림을 사용하여 자신의 추론을 설명하기
- 서로 다른 표현을 연결하기

그림 5.10 양과 오리 과제 해결 방법

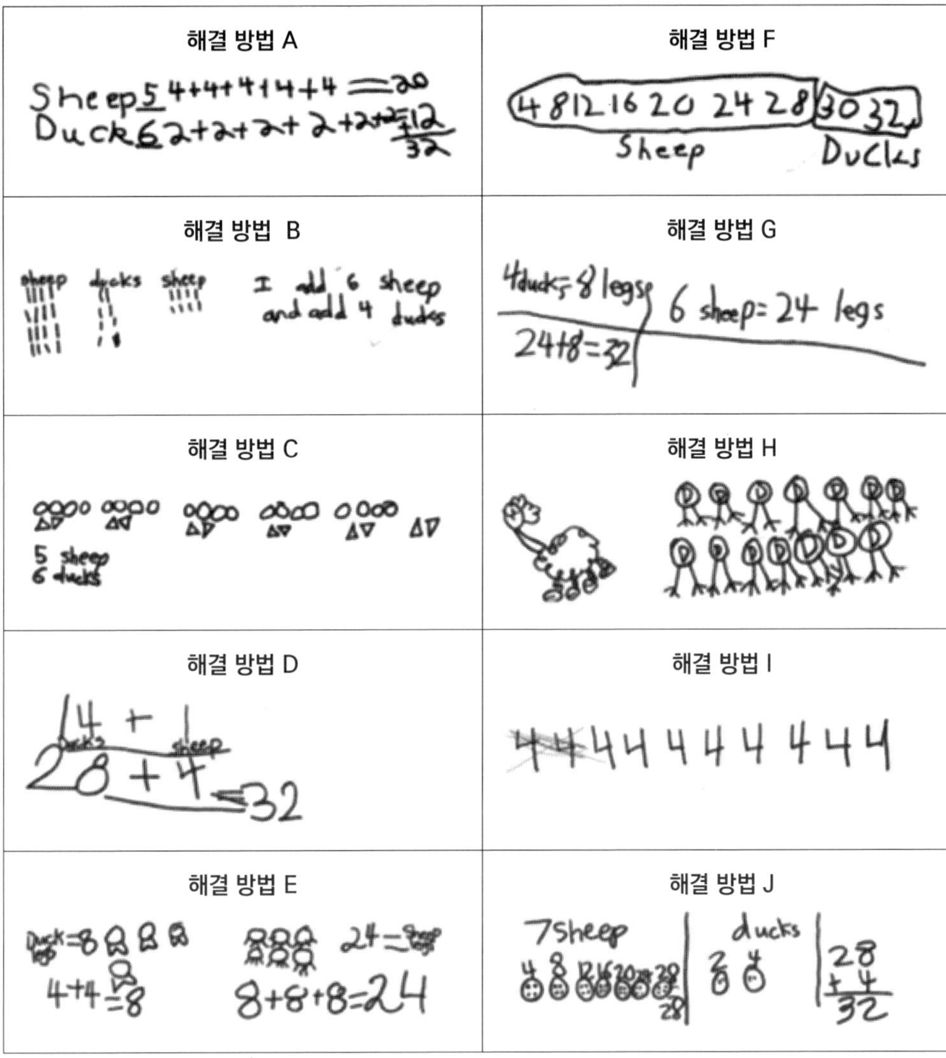

출처 | Noyce Foundation (2007) Inside Mathematics에서 발췌

는 방법에는 여러 가지가 있다. 어려운 것은 10가지 서로 다른(unique) 해결 방법 중에서 어떤 일부를 선정할지 결정하는 것이다. 선정된 해결 방법은 수업 목표를 달성하는 데 도움이 되고, 모든 학생이 논의에 참여할 수 있도록 하며, 학생들의 관심과 집중을 유지할 수 있어야 한다. 해결 방법을 검토한 결과, 학생 4명이 모델을 그렸고(해결 방법 C, E, H 및 J), 학생 2명이 똑같은 묶음으로 다이어그램을 만들었으며(해결 방법 B 및 J), 한 학생이 뛰어 세기(해결 방법 J)를 한 것으로 나타났다. 해결 방법 D를 제시한 학생은 양과 오리의 수를 표시한 다음에, 바로 양과 오리의 다리 수로 넘어갔다. 이는 해당 학

생이 곱셈적 사고(예, 14 × 2 = 28, 1 × 4 = 4)를 사용했을 수도 있다는 것을 시사한다. 또한 많은 학생은 수식을 사용하여 동물 수의 덧셈 또는 다리 수의 덧셈을 표현했다(학생 A, D, E, G 및 J).

가능한 계열을 정할 때 수학적으로 달성하고자 하는 목표를 유념해야 한다. 여러 모둠이 똑같은 묶음을 나타냈고, 많은 학생이 덧셈을 사용했기 때문에 목표를 달성하려면 학생들이 자신의 추론을 의사소통하는 다양한 방법을 보여주고 서로 다른 표현을 연결하는 것이 중요하다. 가능한 계열 중 하나는 해결 방법 H, A, D 및 J의 순서이다. 해결 방법 H는 수나 글 없이 해결 방법의 직접 모델링을 보여주며 모든 학생에게 접근

그림 5.11 학생들이 사용한 조합과 전략

해결 방법	조합		전략
	양	오리	
A	5	6	동수 누가, 2와 4를 사용한 수식, 양의 다리 수와 오리의 다리 수 더하기, 전체 다리 수를 표시함, 오리와 양의 수를 표시함
B	6	4	4씩 6묶음과 2씩 2묶음을 나타낸 다이어그램, 전체 다리 수를 제시하지 않음, 오리와 양의 수를 나타냄
C	5	6	직접 모델링, 양과 오리의 수를 나타냄, 전체 다리 수를 제시하지 않음
D	2	14	양과 오리의 수를 나타내는 수식, 오리 다리의 총 개수, 양 다리의 총 개수 및 전체 다리 수를 제시함
E	6	4	직접 모델링, 둘씩 그리고 넷씩 더하는 대신에 4와 8의 동수 누가, 오리와 양 각각의 전체 다리 수를 제시하지만, 오리와 양의 수 또는 전체 다리 수를 제시하지 않음
F	7	2	4씩 뛰어 센 다음 2씩 뛰어 세기로 변경함, 양과 오리의 수를 명시적으로 나타내지 않음
G	6	4	4 × 2를 의미하는 [오리 4마리] = [다리 8개], 6 × 4를 의미하는 [양 6마리] = [다리 24개]라고 씀, 전체 다리 수를 제시함
H	2	14	오리 14마리와 양 1마리를 직접 모델링, 양과 오리의 수 또는 전체 다리 수를 제시하지 않음
I	8	0	4를 8번 적음, 양과 오리의 수를 명시적으로 나타내지 않음, 연산 없음, 전체 다리 수를 제시하지 않음
J	7	2	직접 모델링, 양은 4씩, 오리는 2씩 뛰어 세기, 다리의 총 개수를 구함, 양이 모두 몇 마리인지 나타냈지만 오리 수는 나타내지 않음

가능할 것이다. 해결 방법 A는 4씩 묶음과 2씩 묶음으로 된 수식을 보여준다. 해결 방법 A에 대한 논의 후에 학생들에게 해결 방법 H에 대한 수식을 쓰게 할 수 있다. 해결 방법 D는 해결 방법 H와 같은 양과 오리 조합을 보여 주지만 해당 학생은 그림 대신에 전체 양과 오리의 수 및 전체 다리 수에 대한 수식을 썼다. 해결 방법 H와 D를 나란히 두면, 학생들은 학생 H의 모델과 학생 D의 수식을 연결할 기회를 가질 수 있다.

해결 방법 H, A, D로 수업 목표를 달성하기에 충분하지만, 해결 방법 J를 포함하여 또 다른 전략인 뛰어 세기와 추가적으로 연결하는 기회를 만들 수 있다. 이 해결 방법을 포함하면 해당 전략을 논의하고 그것을 다시 해결 방법 A 및 H와 연결할 기회를 제공할 수 있다.

여기서 요점은 이 절에서 논의한 세 가지 사례처럼 공유할 해결 방법을 서너 개만 선정해야 한다는 것이 아니라, 공유할 해결 방법의 개수는 수업 목표와 논의에 할애할 수 있는 시간에 따라 결정되어야 한다는 것이다. 이 경험적 법칙(this rule of thumb)을 적용하면, 모든 학생이 매일 발표할 수는 없을 것이다. 그러나 시간이 지나면서 각각의 모든 학생이 자신의 활동과 생각을 공유할 기회를 갖게 된다면, 이는 문제되지 않는다. 이 점에 대해서는 다음 절에서 논의할 것이다.

2 평소 발표하는 학생들 이상으로 확장하기

해결 방법의 수학적 잠재력을 기반으로 발표할 해결 방법을 선정해야 하지만, 누가 발표할 것인지도 두 번째로 고려해야 한다. 시간이 지나면서 모든 학생은 학급 앞에서 발표할 기회를 가져야 한다. 이것은 공정성의 문제이다! 또한 이는 정체성을 형성하고 친구들에게 유능한 학생으로 인식되는 데에도 중요하다. 일관되고 분명한 설명을 할 수 있다고 믿는 학생을 발표자로 선정하고 싶을 수 있지만, 학생들은 단순히 다른 학생들의 발표를 듣는 것만으로는 발표하고 설명하는 능력을 키울 수 없다. 더욱이, 항상 같은 학생만 발표하도록 하면, 교사가 누구를 유능하다고 생각하는지를 분명하게 드러내는 메시지를 전달하게 된다.

잠시 멈추고 생각하기

발표자를 정하는 관행을 성찰해 보시오. 같은 학생을 반복적으로 지목하는 경향이 있나요? 자신의 생각을 설명하는 능력을 향상할 기회와 학급에서 수학적으로 능력이 있는 사람으로 보일 수 있는 기회를 더 많은 학생에게 제공하기 위해 무엇을 할 수 있나요?

예를 들어, [그림 5.12]에 제시된 자동차, 자전거, 세발자전거 과제를 생각해 보시오. 여러분은 이 과제에 대해 논의하는 동안에 한 학생에게 '똑같은 묶음' 해결 방법을 공유하게 하기로 결정한다. 왜냐하면 이 해결 방법은 나눗셈에 대한 구체적 모델을 제공하고 52는 2와 4로는 나눌 수 있지만 3으로는 나눌 수 없다는 것을 명확하게 보여줌으로써 과제의 처음 두 질문에 답할 수 있기 때문이다(그림 5.13 참조). 여러 학생이 이 해결 방법을 만들었다. 발표자로 어떤 학생을 선정할 것인가? 우리는 전체 학급 논의에서 최근에 자신의 활동을 발표할 기회가 없었던 학생을 선정해야 한다고 말한다. 이전의 여러 논의에서 작성한 점검표를 (**누가 무엇을**, **순서** 열에 초점을 두면서) 검토하고, 최근에 논의에서 두드러진 특징을 보이지 않은 학생들의 간단한 목록을 메모지에 작성해 둘 수 있다. 이는 선정할 수 있는 학생이 여러 명일 경우, 누구를 선정할지 결정하는 데 도움이 될 것이다. 물론 목록에 있는 학생 중 아무도 교사가 원하는 해결 방법을 제시하지 않았다면, 다른 학생을 선정하고 목록에 있는 학생들을 어떤 방식으로든 참여

그림 5.12 자동차, 자전거, 세발자전거 과제

자동차, 자전거, 세발자전거 과제

장난감 공장에서 자동차, 자전거, 세발자전거를 만든다. 이 공장은 매일 한 종류의 장난감만 만든다. 어느 날은 자전거를 만들고, 또 다른 날은 세발자전거를 만들고, 그 다음 날은 자동차를 만든다.

1. 공장에서 바퀴 52개를 사용했다면 어떤 장난감을 만든 것일까요? 자동차, 세발자전거, 또는 자전거 중 무엇인가요?
2. 이 문제에 두 가지 정답이 나올 수 있는 이유를 설명하시오.
3. 같은 날에 만들 수 있는 장난감이 두 종류가 되는, 바퀴의 개수를 두 가지 더 찾아보시오.

출처 | 피츠버그 대학교 학습 연구소(2009)에서 개발한 과제.

시킬 기회를 계속 찾아야 한다.

발표할 학생을 정하고 나면, 교사는 학생들에게 그들의 해결 방법을 공유해야 한다는 점을 알려야 한다. 이를 통해 학생들은 전체 학급 앞에서 발표하기 전에 자신의 모둠 안에서 안전하게 설명을 연습할 기회를 갖게 될 것이다. 이는 영어 학습자(ELL)에게 특히 중요하지만, 모든 학생이 학급 앞에 서는 것에 대해 자신감을 더 가지도록 도울 수 있다. 또한, 짝과 함께 발표를 하게 하면 학생은 더 편안함을 느낄 수 있다. 하지만 이 상황에서 교사는 짝이 설명을 전부 도맡아 하지 않도록 주의해야 한다!

어떤 경우에는 교사는 처음에 목표로 삼았던 해결 방법을 만들지 않은 학생들도 논의에 참여하도록 포함할 수 있다. 예를 들어, 누네즈(Nunez) 교사의 4학년 수업에서 있

그림 5.13 자동차, 자전거, 세발자전거 과제에 대한 똑같은 묶음 해결 방법

바퀴 52개로 자전거 26대를 만들 수 있다. 52를 2묶음으로 나누면 각 묶음에 26씩 있기 때문이다.

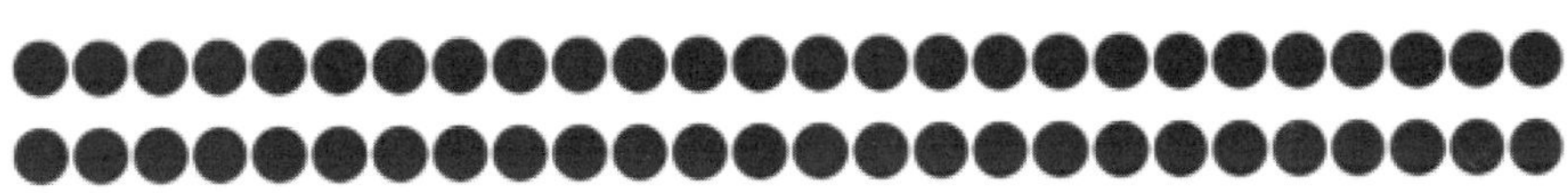

바퀴 52개로 세발자전거 17대를 만들 수 있지만, 바퀴 1개가 남는다. 왜냐하면 52를 3묶음으로 나누면 나머지 1이 나오기 때문이다.

바퀴 52개로 자동차 13대를 만들 수 있다. 왜냐하면 52를 4묶음으로 나누면 각 묶음에 13씩 있기 때문이다.

었던 일을 생각해 보시오. 교사는 학생들이 자릿값에 대한 이해와 연산의 성질을 통해 여러 자리 수의 곱셈을 해결하기를 바랐다. 교사는 학생들에게 [그림 2.12]에 제시된 크레파스 상자 과제를 주었는데, 해당 과제는 모든 학생에게 접근 가능하면서 수업 목표와 부합한다고 판단했기 때문이다.

누네즈 교사는 과제에 대한 학생들의 활동을 점검하면서 [그림 5.14]와 같이 학생들 대부분이 교사가 예상한 세 가지 방법 즉, 동수 누가, 분배 법칙(property) 또는 넓이 모델 만들기 중 하나로 문제를 해결했다는 것에 주목했다. 또한, 학급 학생 중 한 명인 알리시아(Alicia)는 64개씩 4묶음을 나타내는 십진 모델을 그리고 이는 24개의 십과 16개의 일이고, 256과 같다고 설명했다. 또 다른 학생인 제시(Jesse)는 표준 알고리즘을 사용하여 문제를 해결했다(그림 5.15 참조).

누네즈 교사는 알리시아에게 자신의 그림을 설명하게 하면서 논의를 시작하기로 결정했다. 비록 십진 그림이 이 시점에서 학생들이 사용할 것이라고 예상했던 해결 방법은 아니었지만, 그는 여러 가지 이유로 시작점으로 삼기에 적절하다고 생각했다. 첫째, 알리시아의 그림은 64를 십의 자리와 일의 자리로 분해한 것, 4개의 똑같은 묶음, 십의 자리는 십의 자리끼리 더하고 일의 자리는 일의 자리끼리 더하는 것, 그리고 십의 자리와 일의 자리를 재합성하여 256을 구하는 것을 명확하게 보여주었다. 이는 누네즈 교사가 학생들이 이해하기를 바라는 핵심 구성 요소들이다. 둘째, 누네즈 교사는 알리시아가 자신의 아이디어를 표현하는 데 종종 어려움을 겪으며 자주 발표하는 학생은 아니었기 때문에 알리시아를 포함하였다. 알리시아가 자신의 해결 방법을 설명하는 것은 그녀의 자신감을 키우고 학급의 모든 학생이 논의에 쉽게 참여할 수 있도록 하는 데 도움이 될 것이다. 왜냐하면 이 모델은 학생들에게 익숙한 것이기 때문이다. 마지막으로 알리시아의 그림은 나중에 다른 표현, 즉 동수 누가(64씩 4묶음을 나타내는 구체적인 방법), 분배 법칙(6개의 십씩 4묶음과 4개의 일씩 4묶음으로 분해된 64), 그리고 모눈 종이에 나타낸 넓이 모델(4개의 행 각각에 제시된 6개의 십과 4개의 일, 64개의 단위 넓이)과 연결될 수 있다.

누네즈 교사는 제시의 해결 방법으로 일련의 발표를 마무리하기로 결정했다. 왜냐하면 제시의 방법을 이전에 발표된 다른 방법들과 연결할 기회를 제공할 수 있었기 때문

그림 5.14 누네즈 교사의 학급 학생들이 크레파스 상자 과제를 해결하기 위해 사용한 전략

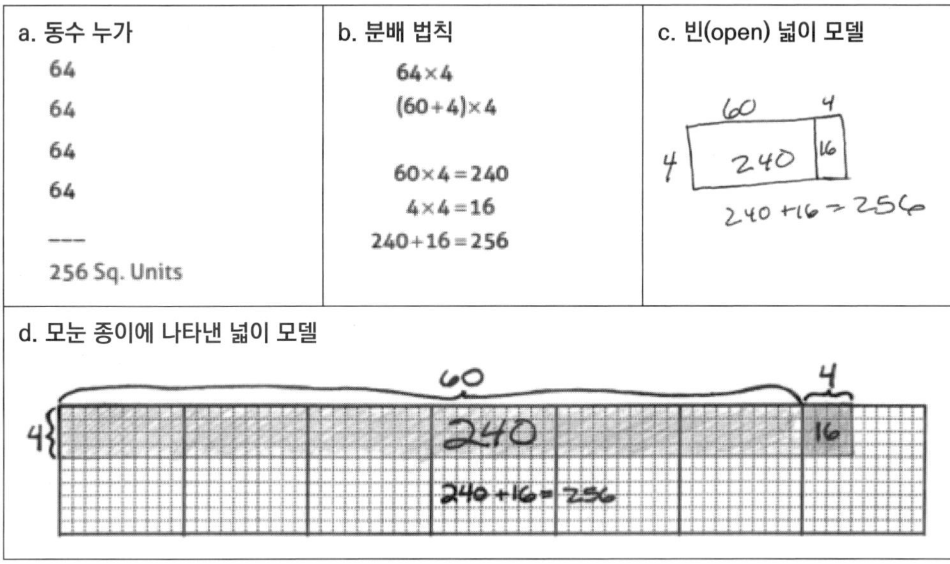

그림 5.15 크레파스 상자 과제에 대한 알리시아(왼쪽)와 제시(오른쪽)의 해결 방법

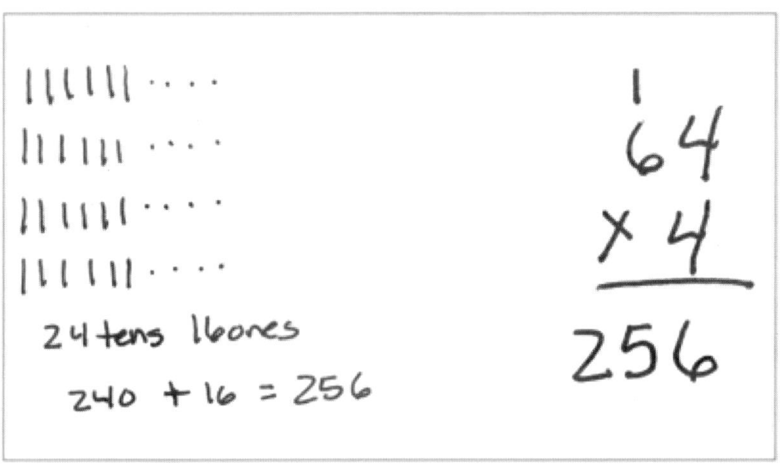

이다. 제시는 많은 절차를 알고 있으며 이를 공유하고 싶어 하지만, 누네즈 교사는 형식적인 방법을 너무 일찍 도입하는 것을 신중하게 고려하며, 학생들이 먼저 스스로 의미 있다고 느끼는 방법을 사용할 기회를 갖도록 기다린다. 그래서 이것은 제시를 인정하면서 서로 다른 표현을 연결하도록 학급 전체를 참여시키는 기회였다.

여기서 중요한 점은, 어려움을 겪는 학생뿐만 아니라 뛰어난 학생을 포함하여 모든 학생이 전체 학급 논의에 실질적으로 참여할 기회를 가져야 한다는 것이다. 이를 통해, 학생들은 서로에게 수학적으로 능력이 있는 존재로 인식될 수 있으며, 자신을 '수학을 하는 사람(doers of mathematics)'으로 볼 수 있게 된다. 때때로 누네즈 교사가 했던 것처럼, 보다 많은 학생이 참여할 수 있도록 초기 계획을 조정해야 할 수도 있다. Jansen, Cooper, Vascellaro & Wandless(2016)는 학생들이 논의에 더 활발히 참여할 수 있도록 돕는 **초안 말하기**(rough-draft talk)라는 전략을 설명한다. 이 전략의 핵심은 위험을 감수하는 문화를 조성하고 학생들이 초기 아이디어를 공유(초안 말하기 발표)한 뒤, 모둠으로 돌아가 생각을 수정하고 최종 해결 방법을 완성하도록 하는 것이다. 초안 말하기 발표는 다양한 아이디어를 꺼내놓게 하는 역할을 하면서 생각을 자극하고 틀리는 것에 대한 두려움을 줄이는 역할을 한다. Jansen과 그녀의 동료들(2016)에 따르면,

> 초안 말하기가 가치 있게 여겨지면, 브레인스토밍한 아이디어가 환영받는다. 더 많은 학생이 어려운 과제에 얼어붙기 보다는 위험을 감수할 가능성이 높아진다. 더 다양한 기여에 가치를 두면, 항상 같은 학생만 참여하거나 전혀 참여하지 않는 경우와 달리, 더 많은 학생이 논의에 적극적으로 참여하게 된다(p.304).

3 대다수의 학생들이 과제를 해결하지 못하고 초기 목표를 달성할 수 없을 것 같을 때 어떤 활동을 공유할지 결정하기

아무리 최선을 다하더라도 수업이 항상 계획대로 진행되는 것은 아니다. 이는 과제가 학생들에게 너무 어려웠거나, 필수적인 선행 지식이 부족했거나, 학생들이 생산적이지 않은 해결 경로를 따라갔기 때문일 수 있다. 이러한 경우, 계획대로 수업을 진행하면 그 소재를 **다루는 것**은 가능하지만, 학생들이 과제 측면에서 어려움을 겪고 있다면, 단순히 수업을 밀고 나간다고 해서 의도한 학습이 이루어질지 명확하지 않다. 이럴 때는 학생들의 현재 수준에 맞춰 수업 목표를 조정할 필요가 있다.

이는 마이클 맥카시 교사가 식탁 및 의자 조사 과제에 대한 수업에서 직면한 상황이

었다(그림 2.9 참조). 그의 학생들은 이미 패턴을 만들고 분석한 경험이 있었지만, 정비례 관계(direct variation relationship)가 아닌 패턴은 처음 접하는 것이었다(즉, 총 손님의 수는 그림(figure) 번호의 배수가 아님). 맥카시 교사는 학생들이 상수를 가지는 패턴을 포함하여 더욱 다양한 패턴을 일반화하는 데 보다 많은 기회를 가지기를 원했다.

맥카시 교사와 그의 동료들은 [그림 5.16]에 제시된 바와 같이 과제에 대한 여러 가지 다른 해결 방법을 만들었다. 그는 5학년 학생들이 대수적으로 일반화를 표현할 것이라고 기대하지 않았지만, 학생들이 다이어그램을 사용하여 이러한 일반화 중 일부를 말로 설명하고 자신의 설명이 그림과 어떻게 일치하는지 보일 수 있을 것으로 생각했다. [Friel & Markworth(2009)는 이것을 형상적 추론(figural reasoning)으로 설명한다. 이는 패턴 일반화를 설명하고 지원할 수 있는 시각적 단서에 주의를 기울이는 것이다.]

맥카시 교사의 수업에서 대다수 학생들은 앉을 수 있는 손님의 수를 나타내는 표를 완성하고 식탁이 1개 추가될 때마다 의자의 개수가 2씩 증가하는 재귀적 패턴을 인식했다. 식탁이 7개, 8개, 9개일 때 앉을 수 있는 손님의 수를 구하는 방법을 설명하게 하자, 학생들은 이어 붙인 각 식탁마다 2씩 더하면서 식탁을 늘려 나갔다. 그 결과, 학생들은 '식탁이 하나 적을 때 앉을 수 있는 수에 2를 더한다' 이상으로 패턴을 설명할 수 없었으며, 따라서 임의의 식탁의 개수에 앉을 수 있는 손님의 수를 예측하지 못했다. 학생들은 손님의 수의 증가량(+2)에만 수치적으로 집중했고, 식탁의 물리적 배치와 앉을 수 있는 손님의 수 또는 그림 번호를 연결하지 못했다. 맥카시 교사는 애초의 목표였던 일반화에 도달하는 것을 추구하는 대신, 특정 개수의 식탁에서 손님의 수를 구하는 다양한 방법을 찾는 것에 논의의 초점을 맞추기로 결정했다.

그림 5.16 맥카시와 그의 동료들이 예상한 방정식과 표현

방정식	시각적 표현	말로 한 설명
$c = 2t + 2$	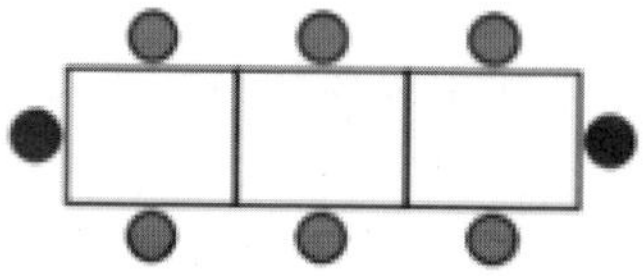	위와 아래에 있는 손님의 수는 그림 번호 또는 식탁의 개수와 같다. 그러면 맨 끝에는 항상 두 자리가 있다.
$c = 2(t + 1)$	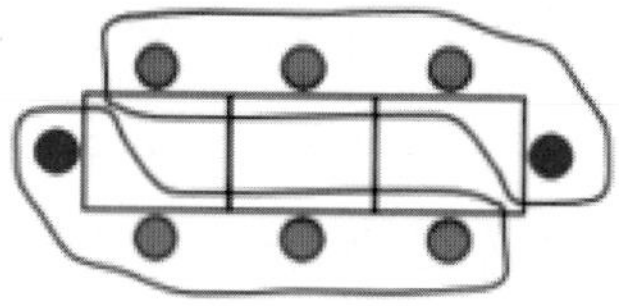	위에 있는 손님의 수 더하기 오른쪽 끝에 있는 1명을 더하면 식탁의 개수 더하기 1이다. 이는 아래에 있는 손님의 수 더하기 왼쪽 끝에 있는 1명과 같다.
$c = 4 + 2(t - 1)$	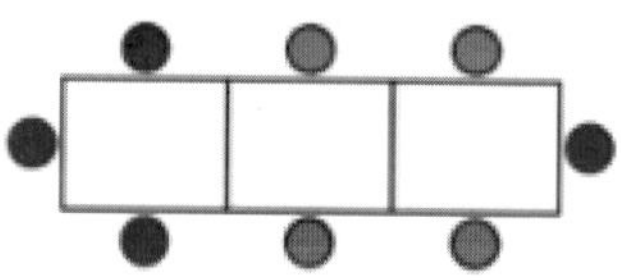	첫 번째 식탁에 있는 손님 3명과 오른쪽 끝 식탁에 있는 손님 1명은 항상 4이다. 나머지 식탁에 앉아 있는 손님의 수는 위에 식탁 수 빼기 1, 그리고 아래에 식탁 수 빼기 1이다.
$c = 4t - 2(t - 1)$	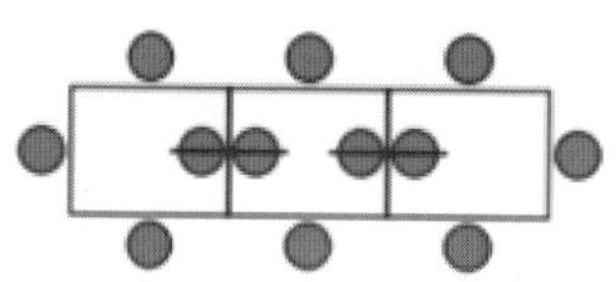	각 식탁은 서로 붙어있지 않으면 4명이 앉을 수 있다. 그러나 두 식탁이 연결될 때마다 의자 두 개가 없어진다. 의자 두 개씩 없어지는 횟수는 식탁의 개수나 그림 번호보다 1만큼 적다.

참고 | 각 방정식에서 t는 식탁의 개수 또는 그림 번호이며 c는 손님의 수이다.

맥카시 교사는 학생들이 모둠으로 활동하는 동안 점검하기를 통해 한 모둠이 여러 개의 식탁에 적절하게 앉을 수 있는 사람들을 명확하게 보여주는 모델을 만들었다는 것을 알아차렸다. 교사가 모둠 학생들과 그림에 대해 이야기를 나누는 과정에서 학생들은 자신들이 알아차린 패턴을 사용하여 처음 6개 그림에서 식탁에 앉을 수 있는 전체 손님의 수를 찾았다고 설명할 수 있었다. 모둠은 자신들이 탐색한 특정 개수의 식탁 이상으로 일반화하지는 않았지만 맥카시 교사는 모둠원 중 한 명인 테일러(Tylor)에게 처음 네 개의 그림을 그린 것(그림 5.17 참조)을 공유하게 하기로 결정했다.

맥카시 교사는 테일러의 활동이 그의 방법을 사용하여 임의의 식탁 수에 앉을 수 있는 손님의 수를 어떻게 예측할 수 있는지에 대한 논의를 이끌어낼 것이며, 궁극적으로 학생들이 세어 보지 않고도 식탁의 개수와 손님의 수를 연결하는 다른 방법을 고려하

그림 5.17 테일러가 그린 식탁과 손님 그림

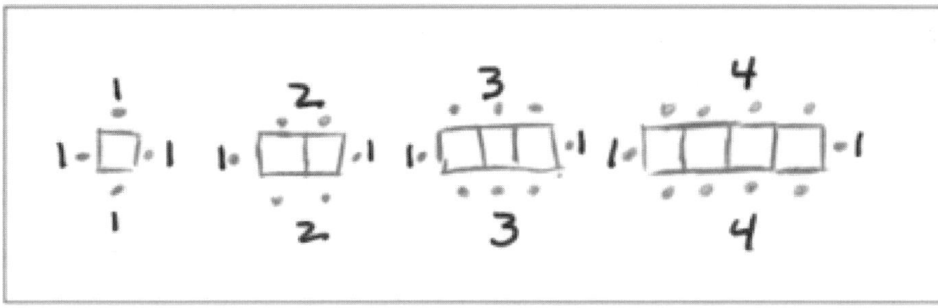

도록 자극할 것이라고 생각했다. 이와 같이 맥카시 교사는 수정된 논의 방향(agenda)을 통해 결국 자신의 목표에 도달할 수 있을 것이라 생각했지만, 애초 계획했던 것처럼 한 차시 안에 이루어지지는 않을 것이라고 느꼈다.

대다수 학생들이 과제의 특정 측면에서 어려움을 겪고 있다면, 계획대로 나아가는 것은 너무 많은 학생을 뒤처지게 만들 것이다. 학생들이 무엇을 어려워하고 있는지, 그 어려움을 극복하도록 어떻게 도울지를 파악함으로써, 학급 전체가 초기 수업 목표를 향해 더 효과적으로 나아갈 수 있을 것이다. 선정되고 계열 지어진 학생 활동은 학생들이 어려움을 겪었던 과제의 측면을 확실히 파악하도록 도와야 한다.

4 학생들이 핵심 전략을 제시하지 못할 때 앞으로 나아가기

예상하기 관행에 참여할 때 교사는 학생들이 과제를 해결하는 데 사용할 가능성이 있는 옳은 전략과 틀린 전략을 고려하며, 학생들이 제시한 활동에 어떻게 반응할 것인지를 생각한다. 이것은 또한 학생들이 사용할 것으로 예상한 전략 중 어떤 것이 수업 목표를 달성하는 데 가장 유용할지 고려하는 시간이기도 하다. 그렇다면, 수업 중에 교사가 수업 목표를 달성하기 위해 반드시 논의해야 한다고 생각했던 전략을 학생들 중 아무도 사용하지 않았다면 어떻게 해야 할까? 교사는 무엇을 할 수 있을까?

타이어스 선생님의 마커 과제에 대한 수업을 준비하면서 타이어스 교사는 학생들이 반올림 및 보상 전략을 이해하기를 원했다(즉, 빼기를 하기 전에 10의 배수를 만들기 위해서 수를 올림하거나 버림할 수 있다. 그런 다음 처음에 더하거나 뺀 양을 보상하기 위해서 올림하거나 버림한 양은 차에서 빼거나 더해야 한다). 이 과제에서 두 가지 주요 문제는 이 전략을 적용하기에 적합했지만(예, 69 - 40 = 70 - 40 - 1), 학생들은 이때까지 이 전략을 사용한 적이 없었다. 만약 학생이 이 해결 방법을 제시하지 않는다면, 타이어스 교사는 100 차트에서 69 - 40에 대해 논의한 후, "우리는 이미 100 차트에서 69 - 40을 구했어요. 이제 70 - 40이 무엇인지 살펴보겠습니다"라고 말하면서 그 방법을 도입할 계획이었다. 교사는 그런 다음 69 대신 70으로 시작했을 때 어떤 일이 일어났는지, 그리고 이미 구한 답을 얻기 위해 무엇을 해야 하는지에 대해 이야기 나누려고 했다고 설명했다. 그녀가 기대한 것은 학급의 모든 학생이 이 전략을 이해하고 사용하는 것이 아니라, 학생들이 유연한 사고를 기를 수 있는 수단으로 그 전략을 탐구하는 것이었다.

1부에서 논의한 것처럼, 타이어스 교사는 결국 이 계획을 실행할 필요가 없었는데, 한 학생이 이 전략을 사용했기 때문이다. 수업이 끝난 후 타이어스 교사는 이렇게 말했다. "실제로 한 학생이 스스로 반올림하고 보상하기를 했다는 것에 놀랐어요. 매우 충격적이었어요. 엘시가 그렇게 할 거라고는 예상하지 못했어요." 그녀는 앞으로도 학생들과 함께 이 전략을 계속 다뤄 나갈 것이라고 밝혔다.

타이어스 교사는 반올림 및 보상 전략을 알려진 전략과 연결하고 학생들에게 질문함으로써 그 전략을 도입할 준비가 되어 있었다. 학생들이 논의해야 할 해결 방법을 제시하지 않았을 경우를 대비해, 교사가 고려할 수 있는 몇 가지 다른 방법도 있다. 이전 수업에서 나온 해결 방법을 가져오거나 이전 학년도에 모아둔 학생 활동을 강조할 수 있다. 또 다른 옵션은 엘리스(Ellis) 교사가 자주 사용하는 방법이다. 엘리스 교사는 4학년 학생들이 간식 봉투 과제를 해결하기 위해 사용할 수 있는 다양한 전략을 예상했지만(그림 3.12 참조), 그녀는 더 적은 수의 전략 즉, 넓이 모델, 십진 모델 및 동수 누감(그림 3.13 참조)에 주목했다. 이는 그녀가 학생들이 나눗셈의 의미와 그 표현 방법을 확실히 이해할 수 있도록, 수업 말미 논의에서 반드시 공유해야 한다고 생각한 것이다. 엘리스 교사는 논의를 하는 동안 학생들이 이러한 전략을 제시할 것이라고 운에 맡기지 않았다. 그녀는 다음과 같이 설명한다.

가끔씩 수업 목표에 중요하다고 생각하는 특정 전략을 학생들이 사용하지 않을 경우를 대비해 미리 그 전략을 써놓습니다. 어떤 학생이 쓴 것처럼 적어 둬요. 저는 이 예시를 꺼내서 참고하면서 "작년에 한 학생이 이렇게 했는데, 어떻게 생각하나요?"라고 말합니다.

중요한 해결 방법을 미리 준비하거나 이전 학년도 또는 다른 수업 시간에 모아둔 핵심 해결 방법을 활용함으로써, 교사는 학생들이 그날 수업에서 제시하지 못한 해결 방법을 예정된 발표 계열에 포함할 준비를 할 수 있다. 학생들에게 그 해결 방법이 타당한지 즉, 이 방법은 맞나? 항상 그럴까?를 생각해 보게 할 수 있다. 다른 학생의 추론을 이해하도록 요구하는 것은 도전적인 동시에 중요한 활동이며, 이를 통해 교사는 학생들이 실제로 무엇을 이해하고 있는지에 대한 추가적인 통찰을 얻을 수 있다.

5 오류, 오개념 또는 미완성 해결 방법을 어떻게 계열 지을지 결정하기

교사는 학생들에게 완성되고 옳은 활동만 공유하게 하는 것이 가장 편할 수도 있다. 이렇게 하면 학생들이 좋은 활동에 대한 모델을 가질 수 있기 때문이다. 그러나 미완성 해결 방법을 통해 완성되고 옳은 해결 방법이 다룰 수 없는 분석과 논의의 기회를 제공할 수 있다. 예를 들어, 타이어스 선생님의 마커 과제에 대해 등식이 포함되지 않은 십진 해결 방법으로 시작하면 물리적 모델을 수치적으로 표현하는 방법을 논의할 수 있는 기회를 모든 학생에게 제공할 수 있다.

잠시 멈추고 생각하기

타이어스 교사, 스트롱 교사, 스태스트니 교사 세 명 모두 전체 학급 논의에서 부정확한 해결 방법을 활용할 계획이었다. 여러분의 수업에서 부정확한 해결 방법은 어떤 역할을 하나요? 최근에 학생들이 오답을 통해 학습 기회를 가질 수 있었던 상황을 생각해 볼 수 있나요?

부정확한 해결 방법은 학생들에게 무슨 일이 일어나고 있는지, 왜 그것이 말이 되는지, 또는 말이 되지 않는지를 탐색할 기회를 제공할 수 있다. 정답을 찾는 것과 답이 왜 옳은지 판단하는 것은 전혀 다른 수준의 이해를 요구한다. 예를 들어, 타이어스 교사의 수업에서 리아에게 타이어스 선생님의 마커 과제에 대한 해결 방법 중 부정확한 등식(예, 60 − 40 = 20 대신 6 − 4 = 2)을 공유하게 하여 자릿값 측면에서 각각의 수는 무엇을 나타내는지 생각해 볼 기회를 학급 학생들에게 제공할 수 있다.

스트롱 교사 역시 전체 모둠 논의에서 틀린 답을 포함했다. 이전에 논의한 바와 같이, 2모둠은 스트롱 선생님의 등산 과제에서 처음에 $\frac{1}{3} \div 4 = \frac{1}{12}$이라고 식을 썼다가, 자신들의 실수를 깨닫고 수정했다. 다른 모둠에서는 아무도 이 오류를 범하지 않았지만, 전체 학급 차원에서 이를 논의하면서 학생들이 이 식이 문제 맥락에서 왜 말이 되지 않는지를 확실히 이해할 기회를 제공했다.

앞에서 논의한 바와 같이, 스태스트니 교사는 라자냐 과제(그림 3.6 참조)에 대한 전체 학급 논의에서 발표할 두 가지 해결 방법을 선정했을 뿐만 아니라, 학생들의 모둠 활동을 점검하면서 관찰한 오개념을 제시하는 것으로 논의를 시작할 계획도 세웠다.

학생들에게 부정확한 활동지를 공유하게 할 때 주의할 점이 있다. 만약 교사가 학생의 오류를 공유하고자 하고, 그 학생이 오류임을 아직 인지하지 못한 경우라면, 교실 문화가 틀린 답을 새로운 학습 기회로 받아들이는 분위기여야 하며, 학생이 틀린 답을 제시했다는 이유로 조롱당하지 않도록 해야 한다(이와 관련하여, 6장에 제시된 타이어스 교사의 수업 중 리아의 사례에서 이를 확인할 수 있다). 대안적으로, 부정확한 해결 방법을 소개할 때, 다른 학급에서 보았던 해결 방법이라고 하면서 학생들에게 그것이 맞는지 혹은 틀린지, 그리고 왜 맞거나 틀린지를 판단하도록 할 수도 있다. 또는, 스태스트니 교사처럼 단순히 다시 만들어 제시할 수도 있다. 이렇게 하면, 해당 해결 방법을 만든 학생이 굳이 자신의 것이라고 밝히지 않아도 되며, 원한다면 스스로 저자임을 밝힐 수도 있다.

하지만 모든 부정확한 해결 방법이 공유할 가치가 있는 것은 아니다. 오류가 단순히 계산 실수거나, 문제를 잘못 이해한 결과거나, 또는 한두 명의 학생들이 보인 경우라면, 전체 논의가 아닌 개별적으로 다루는 것이 좋을 수 있다. 여러 학생들이 같은 오류를 범하거나 한 명 이상의 학생들이 주요한 오개념을 가지고 있다면 부정확한 해결 방법을 공유하는 것이 합리적이다. 스태스트니 교사는 이를 실행하는 방법에 대한 좋은 예를 보여준다. 그녀는 특정 발표자를 지목하지 않고, 대신 학급 학생들이 붙들고 씨름하기를 바라는 이슈를 꺼내 놓았다. 학생들은 이에 대해 논의하면서, 궁극적으로 $\frac{2}{4}$와 $\frac{4}{4}$가 동치가 아니라는 것과 그 이유를 학급 차원에서 결론지을 수 있을 것이다.

미완성이거나 부정확한 활동지는 논의를 심화하고 학생들이 다른 사람의 추론을 이해하게 하는 데 활용될 수 있다. 이것은 모든 논의에서 반드시 해야 할 것은 아닐 수 있지만, 틀렸다는 이유만으로 피해서는 안 된다! 리아 알칼라(가명 아님)는 학생들이 실수를 분석하는 데 참여하도록 이끄는 루틴을 개발했다. 그녀는 이를 '내가 가장 좋아하는 No(My Favorite No)'라고 부른다. 이 루틴의 핵심은 학생들에게 공부할 문제를 제공하고, 문제에 대한 학생들의 반응을 모으고, 해결 방법을 검토하고, 가장 흥미로운 오답을 확인하고, 학급에서 논의할 오답을 선정하는 것이다. 논의를 위해 선정한 오답은 **어떤 면에서 좋은 수학**이지만 어떤 면에서 오류를 보여주며 특정 학생과 연결되지 않는다. 이후 학급 전체는 무엇이 옳고 그른지와 그 이유는 무엇인지를 주의 깊게 분석한다. 알칼라 교사는 이 루틴을 매일 수업 전 준비 활동으로 사용하지만, 수업 중 어느 시점에서든 형성 평가 활동으로 사용할 수도 있고, 부정확한 해결 방법을 공유하기 위한 보다 일반적인 기술로 사용할 수도 있다. ['내가 가장 좋아하는 No'에 대한 자세한 내용은 https://www.teachingchannel.org/videos/class-warm-uproutine을 참조하시오.]

6 결론

이 장에서 논의한 바와 같이, 선정하기와 계열짓기 관행을 통해 교사는 공유할 해결 방법과 순서를 결정한다. 이는 공개적으로 공유한 해결 방법이 향후 논의의 소재(grist)를 제공하기 때문에 중요하다. 따라서 특정한 해결 방법은 수업에서 목표로 하는 수학 아이디어를 강조할 수 있는 잠재력을 **가져야 한다**(must). 해결 방법이 공유되는 계열은 학생들이 논의에 접근할 수 있도록 하고, 학생들이 따라갈 수 있는 일관된 이야기 흐름을 형성해야 한다. 첫 번째로 발표되는 해결 방법은 모든 학생이 자신이 제시한 해결 방법과 관계없이 이해할 수 있는 것이어야 하며, 이후 발표자들이 자신의 활동을 공유하면서, 하나의 해결 방법을 토대로 다음 해결 방법을 구축해 나가는 이야기 전개가 명확해야 한다.

성공적인 선정하기와 계열짓기에서 핵심은 수업에서 달성하려는 목표를 주의 깊게 고려하는 것이다. 타이어스 교사의 작업은 학생들이 제시한 활동지를 고려하면서 자신이 달성하려는 목표를 성찰하고 논의에서 무엇을 부각할지를 신중하게 결정하는 교사의 사례를 보여준다. 그녀의 작업은 교사가 과제에 대한 학생들의 활동을 점검할 때 수집한 데이터가 선정하기와 계열짓기에서 의사 결정을 위한 자원으로 어떤 역할을 하는지를 강조한다.

선정하기와 계열짓기에는 어려움이 따르기 마련이지만, 이 장의 2부에서 논의한 바와 같이 이러한 어려움은 극복할 수 있다. 스태스트니 교사, 스트롱 교사, 누네즈 교사의 교실 사례는 공유할 해결 방법의 수를 제한하면서도 수학적 아이디어에 중점을 두

학생 해결 방법을 선정하고 계열짓기 – 요약

비디오 클립 5.1

선정하기와 계열짓기에 대해서 더 자세히 듣고 보려면 비디오 클립 5.1을 시청하시오.

온라인 자료 비디오는 resources.corwin.com/5practices-elementary에서도 볼 수 있다.

며 다양한 목소리를 들을 수 있도록 해결 방법을 선정하고 계열 짓는 방법에 관한 몇 가지 구체적인 아이디어를 제공한다.

맥카시 교사가 처한 상황은 고려할 필요가 있는 중요한 것이다. 수업은 항상 계획대로 되지 않으며, 중요한 것은 계획한 수업(Lesson)대로만 가르치는 것이 아니라 학생들을 가르치는 것임을 명심해야 한다. 그 수업에서 학생들이 수행한 활동은 교사가 계획을 수정하도록 이끌 수도 있다. 이러한 경우에는 학생들이 만들어낸 활동지가 수정된 목표를 달성하는 데 어떻게 도움이 될지를 생각해 보아야 한다.

다음 장에서는 연결하기 관행에 대해 살펴본다. 여기에서 우리는 타이어스 교사의 수업으로 되돌아가서 이 관행에 참여하기 위해 무엇이 필요하고 어떤 어려움이 있는지를 생각해 볼 것이다.

5가지 관행을 자신의 수업에 연결하기

선정하기와 계열짓기

이제 4장을 바탕으로 가르친 수업을 되돌아볼 시간입니다. 하지만 이번에는 해결 방법을 선정하고 배열하는 관점에서 성찰해 보시오.

1. 전체 모둠 논의에서 어떤 해결 방법을 발표하도록 선정하였나요?

   - 선정한 해결 방법이 수업에서 목표로 했던 수학 아이디어를 다루는 데 도움이 되었나요? 목표를 달성하는 데 더 유용했을 수도 있는 다른 해결 방법이 있나요?
   - 학생들에게 몇 개의 해결 방법을 발표하도록 하였나요? 모든 해결 방법들이 배워야 할 수학을 더 잘 이해하는 데 기여하였나요? 주어진 시간 안에 논의를 마쳤나요?
   - 어떤 학생을 발표자로 선정하였나요? 발표를 자주 하지 않는 학생들도 포함하였나요? 포함할 수도 있었나요?

2. 해결 방법들을 어떻게 계열 지었나요?
   - 일련의 발표가 더해져 결국 무엇으로 이어졌나요? 이야기 흐름이 일관적이었나요?
   - 미완성이거나 부정확한 해결 방법을 포함하였나요? 이러한 해결 방법을 계열 중 어디에 배열했나요?

3. 이 장을 읽고 선정하기와 계열짓기 관행에 대해 더 깊이 있게 이해한 것을 바탕으로, 그 수업을 다시 한다면 무엇을 다르게 할 것인가요?

4. 다음 수업을 계획하고 가르칠 때 활용할 것으로, 무엇을 배웠나요?

"저는 학생들이 자신이 한 것과 다른 학생들이 한 것에 대해 이야기할 때 서로 연결하면서 '아, 제가 할 수 있는 다른 방법이 있어요'라고 말할 수 있기를 바랍니다."

- 타라 타이어스, 1학년 초등학교 교사

CHAPTER 06

학생 해결 방법을 연결하기

수업 목표를 염두에 두고 학생 해결 방법들을 선정하고 계열 지었다면, 이제 전체 학급 논의를 진행하고 학생 해결 방법들을 연결하는 5가지 관행 중 마지막 관행에 참여할 준비가 되었다. 교사는 학생들이 자신의 해결 방법을 친구들과 공유할 때 중요한 역할을 하도록 논의를 설계하는 동시에 교사 역시 논의에서 중요한 역할을 한다. 학생들이 의도된 내용을 진정으로 배우기 위해서는 교사가 학생들이 공유된 해결 방법들과 수업 목표 사이의 연결을 이해하도록 도와야 한다. 이를 위해서 교사는 논의를 신중하게 이끌어야 한다.

Smith & Stein(2018)은 연결하기를 다음과 같이 설명한다.

> (연결하기에서) 질문은 단지 각 학생이 무엇을 했고 어떻게 했는지를 명확하게 하고 탐색하는 것을 넘어서야 한다. 대신, 수학적 의미와 관계에 초점을 맞추어 질문해야 하고 수학 아이디어와 표현을 연결하는 질문을 해야 한다(p.70).

의미 있는 논의를 촉진하는 것은 학생들이 자신의 사고를 다른 학생이 이해할 수 있는 방식으로 공유하도록 돕는 것을 포함한다. 교사는 학생들에게 어디에 서야 하는지, 얼마나 크게 말해야 하는지, 그리고 자신의 과정과 추론을 설명하는 것이 얼마나 중요한지 인식하도록 도와야 할 수도 있다(Boaler & Humphreys, 2005; Kazemi & Hintz, 2014). 발표하지 않는 학생들도 적극적으로 경청하고 친구들에게 질문할 준비를 하는 과정에서 자신의 역할을 이해하는 데 교사의 도움이 필요할 수도 있다(Hufferd-Ackles, Fuson & Sherin, 2015). 예를 들어, 처음에는 질문하는 방법, 동의하지 않는 방법, 대안적인 아이디어를 공유하는 방법 등을 교사가 모델링해 줄 필요가 있을 수 있다. 학생들과 함께 참여에 대한 명확한 규범을 정하는 것은 모든 학생이 교실 논의에서 자신에게 기대되는 바가 무엇인지를 더 잘 이해하도록 도울 수 있다(Horn, 2012).

연결하기 관행은 더 나아간다. 연결하기는 학생들이 해결 방법이나 아이디어를 수업 목표 중 하나 이상과 관련시키고 서로 다른 해결 방법들 사이의 관계를 이해하도록 돕는 것을 포함한다. 여기서 교사의 임무는 선정한 해결 방법들과 학생들이 만들어야 하는 중요한 연결을 고려하는 것이다. 이들 중 일부는 교사가 학생들이 자신의 해결 방법을 어떻게 설명하는지, 그리고 다른 학생들이 어떤 질문을 하는지를 보면서 수업 중에 즉각적으로 이루어져야 한다. 하지만 논의를 시작하기 이전에 학생들이 필수적으로 만들어야 할 연결이 무엇일지 예상하고, 이러한 연결을 하도록 도울 수 있는 질문을 미리 고려하는 것이 유용할 수 있다.

이 장에서는 먼저 연결하기의 핵심 측면을 기술하고, 실제 초등학교 교실에서 이 관행이 어떻게 실행되는지 예를 들어 설명한다. 그런 다음 연결하기의 어떤 측면이 교사에게 일반적으로 어려운지 논의하고, 자신의 교수 관행에서 연결하기를 탐색할 기회를 제공한다.

1부 관행을 풀어보기: 학생 해결 방법을 연결하기

학생 해결 방법을 연결하기는 학생들이 수업에서 발표하는 아이디어를 수업 목표와 관련짓고 서로의 아이디어를 관련짓는 것을 포함한다. 여기에서 우리는 타이어스 교사의 교실을 들여다봄으로써 이러한 구성요소를 각각 탐구한다. [그림 6.1]은 연결하기 과정을 안내하기 위해 이 관행의 구성 요소 및 핵심 질문을 강조한다.

그림 6.1 연결하기 관행을 지원하기 위한 핵심 질문

구성 요소	핵심 질문
학생 활동을 수업 목표와 연결하기	학생 활동에 대한 어떤 질문이 수업에서 목표로 하는 수학을 더 분명하게 드러내는가?
다른 해결 방법을 서로 연결하기	어떤 질문이 학생들로 하여금 제시된 서로 다른 해결 방법들을 연결하도록 돕는가?

1 학생 활동을 수업 목표와 연결하기

학생들이 학급에서 공유할 해결 방법을 선정할 때, 교사는 수업 목표를 발전시키는 데 중요한 수학 아이디어를 포함한 학생 활동을 의도적으로 고른다. 교실에서 논의가 진행되는 동안 교사는 이러한 아이디어를 염두에 두어야 한다. 학생들이 발표하면서 이러한 연결을 만들 수도 있지만, 항상 그렇지는 않다. 교사는 학생들의 활동에 대해 질문을 준비하여, 수업에서 다루는 중요한 수학이 학급 전체에 명확하게 드러나도록 해야 한다. 이러한 방식으로, 연결하기는 학생들이 공유한 내용에서 수업의 기본이 되는, 수학적으로 중요한 아이디어로 이어지는 다리를 만드는 것을 포함한다(Leatham, Peterson, Stockero & Van Zoest, 2015). 이러한 연결을 보지 못하면, 학생들은 무엇을 배

워야 하는지 명확히 알지 못한 채로 수업을 마칠 수 있다.

교사는 이것을 어떻게 할 수 있는가? 교사는 각 해결 방법이 공유될 때마다, 학급이 얻어야 할 핵심 수학 아이디어를 염두에 두어야 한다. 많은 경우에, 이는 학생이 **무엇을** 했는지보다는 학생이 주어진 과제에서 특정 접근 방식을 사용한 **이유**와 더 관련이 있다. 교사는 학생들에게 특정 해결 경로를 선정한 이유를 공유하게 하고 자신의 활동을 이끈 추론을 설명하게 함으로써 학생들로부터 이러한 아이디어를 이끌어내야 할 수도 있다.

또한 교사는 학생 활동과 수업 목표 사이의 명확한 연결을 강조해야 한다. "이 접근 방식은 우리가 탐구하고 있는 질문에 답하는 데 어떻게 도움이 되는가?", "이 아이디어는 우리가 알아내고자 하는 것에 어떻게 부합하는가?" 학생들은 수업 목표와 중요하게 연결된 수학 아이디어를 적용하고 있을 수도 있지만, 그 연결을 아직 인식하지 못할 수도 있다. 교사의 목표는 발표자와 학급 학생들이 이러한 연결을 볼 수 있도록 돕는 것이다. Boaler & Brodie(2004)는 이러한 질문이 학생들이 수업에서 다루는 핵심 개념을 목표로 삼도록 하기 때문에 중요하다고 설명한다.

아이디어를 공개적으로 공유한 후에는 모든 학생에게 이러한 연결을 곱씹어볼(digest) 기회를 주는 것이 종종 유용하다. **옆 사람과 이야기하기**(turn-and-talk) 전략(Kazemi & Hintz, 2014)을 사용하면, 학생들은 짝과 함께 새로운 정보를 고민하고 특정 아이디어가 자신의 접근 방식과 어떻게 부합하는지(또는 부합하지 않는지)를 성찰하는 데 필요한 시간을 가질 수 있다.

학생들이 연결하기에 참여하는 것은 실제 수업에서 어떻게 이루어지는가? **가르치는 일을 분석하기 6.1**에서는 타이어스 교사가 학생들이 발표된 해결 방법과 수업 목표를 연결하도록 어떻게 돕는지 살펴볼 기회를 가질 것이다. 우리의 분석을 읽기 전에 비디오 클립을 보고 제기된 질문들을 고려해 보기를 권한다.

1) 학생 활동을 수업 목표와 연결하기, 1부 – 분석

이 비디오 클립에서는 첫 번째 발표자인 조슬린이 자신의 접근 방식을 설명하는 것

가르치는 일을 분석하기 6.1

학생 활동을 수업 목표와 연결하기 – 1부

비디오 클립 6.1

비디오 클립 6.1을 시청하면서, 조슬린이 발표한 해결 방법과 타이어스 교사 및 다른 학생들의 코멘트에 대해 생각해 보시오. 타이어스 교사는 수업 목표 1과 2를 반영하기 위해 조슬린의 활동을 선정하였다는 것을 상기하시오. 여기에 다시 조슬린이 작성한 활동지(work)를 제시한다. 이는 조슬린이 발표하는 동안 실물화상기를 통해 칠판에 제시된 것이다.

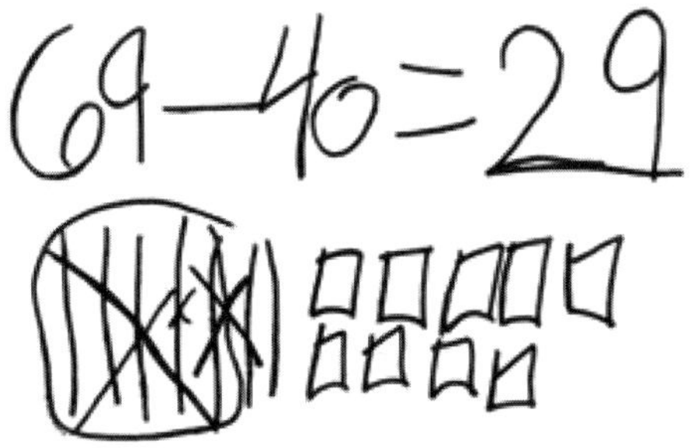

- 타이어스 교사는 조슬린의 발표를 수업 목표 1과 2와 연결하기 위해 어떤 질문을 하나요?
- 학생들의 반응은 이러한 목표를 어떻게 반영하나요?

목표 1: 두 자리 수끼리 뺄셈을 할 때, 십의 자리는 십의 자리끼리, 일의 자리는 일의 자리끼리 빼야 한다. 10의 배수를 빼는 경우는 빼야 할 일의 자리 수가 없기 때문에 십의 자리에 있는 수만 바뀐다.

목표 2: 체계적인 방법으로 수를 분해하고 재합성하면 문제를 해결하고 십의 자리와 일의 자리의 양적 관계를 보다 가시적으로 만드는 데 도움이 된다.

온라인 자료 비디오는 resources.corwin.com/5practices-elementary에서도 볼 수 있다.

을 볼 수 있다. 조슬린은 "6개의 십과 9개의 일을 만들었고, 그런 다음 4개의 십을 X표시로 지웠어요"라고 말하면서 자신의 그림을 설명한다. 이어서 조슬린은 "그 후 2개의 십이 남았고, 일의 자리는 그대로 남아 있어서 이어서 세었어요"라고 말한다. 타이어스 교사는 이 해결 방법에서 무엇을 공개적으로 다루고자 했을까?

타이어스 교사의 목적을 더 깊이 있게 이해하기 위해, 우리는 조슬린의 설명에 대한 교사의 질문을 면밀히 살펴볼 수 있다. 타이어스 교사는 오드리에게 '조슬린이 무엇을 했는지 설명'하도록 한 후, 조슬린의 접근 방식에 대해 더 구체적인 일련의 질문을 한다: "조금 헷갈려요. 6은 알겠고, 2와 9도 알겠는데… 29는 어떻게 나왔나요?" 조슬린은 "이어서 셌어요"라고 라일라가 대답하자, 타이어스 교사는 "그게 어떻게 보이거나, 들리나요?"라고 질문한다.

이 시점에서, 타이어스 교사의 목표는 학생들에게 조슬린이 했던 분해 및 재합성 활동을 상세히 설명하도록 하는 것으로 보인다. 조슬린은 69를 6개의 십과 9개의 일로 분해하는 과정을 명확하게 말한다. 하지만 그녀는 남은 2개의 십과 9개의 일을 재합성하는 과정에 대해서는 "이어서 세었어요"라고 말하며 구체적으로 설명하지 않는다. 타이어스 교사는 "[이어 세기]는 무엇을 의미하나요?"와 "그게 어떻게 보이거나, 들리나요?"라는 질문을 통해 이를 더 깊게 탐구한다. 앨리슨(Allison)이 "20, 21, 22…"라고 대답하자, 타이어스 교사는 앨리슨이 왜 먼저 십의 자리부터 세고 일의 자리를 세는지에 대해 더 설명하게 한다. 타이어스 교사가 학급 학생들에게 명시적으로 하고자 하는 것은 29는 남은 2개의 십과 9개의 일을 결합하여 만들어진다는 아이디어인 것으로 보인다. 이 정보는 바로 수업 목표 2를 달성하는 데 필수적인 것이다. 학생들이 목표 1에 대해 명시적으로 논의한 것은 아니지만, 조슬린의 해결 방법에 목표 1이 암묵적으로 들어있는 것으로 보인다. 왜냐하면 남은 십의 개수에 일의 개수를 더하였기 때문이다. 이를 확인하기 위해 타이어스 교사는 왜 십의 자리의 값만 바뀌었는지를 질문할 수도 있었을 것이다.

타이어스 교사는 조슬린의 발표 다음으로, 두주안에게 100 차트로 과제를 해결한 그의 접근 방식을 설명하게 한다. 타이어스 교사의 목표는 두주안이 자신의 해결 방법을 학급 학생들과 공유하도록 하는 것뿐만 아니라 조슬린과 두주안의 해결 방법 사이의 연결을 강조하는 것이다. 우리의 목적을 위해, 이 해결 방법은 다음 절에서 서로 다른 해결 방법을 연결하기에 대해 논의할 때 다루는 것이 더 유용할 것이다. 지금은 타이어

가르치는 일을 분석하기 6.2

학생 활동을 수업 목표와 연결하기 – 2부

비디오 클립 6.2

비디오 클립 6.2를 시청하면서, 리아가 타이어스 선생님의 마커 과제를 어떻게 해결했는지에 대한 설명, 특히 그녀가 사용한 등식에 대한 설명을 고려하시오. 리아가 작성한 활동지는 아래와 같다.

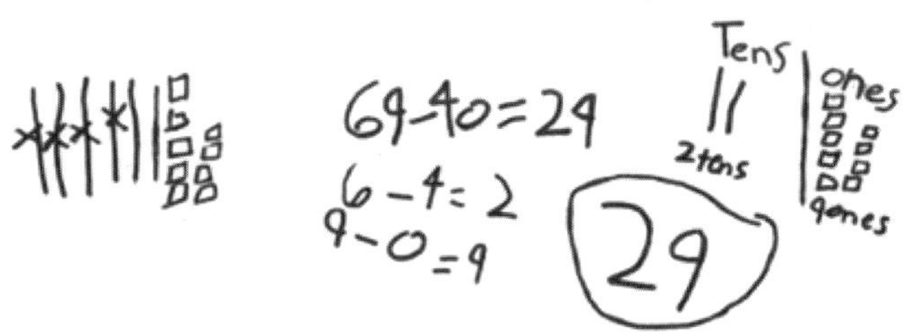

- 타이어스 교사는 리아의 발표를 수업 목표 1과 2와 연결하기 위해 어떤 질문을 하나요?
- 학생들의 반응은 이러한 목표를 어떻게 반영하나요?

목표 1: 두 자리 수끼리 뺄셈을 할 때, 십의 자리는 십의 자리끼리, 일의 자리는 일의 자리끼리 빼야 한다. 10의 배수를 빼는 경우는 빼야 할 일의 자리에 수가 없기 때문에 십의 자리에 있는 수만 바뀐다.

목표 2: 체계적인 방법으로 수를 분해하고 재합성하면 문제를 해결하고 십의 자리와 일의 자리의 양적 관계를 보다 가시적으로 만드는 데 도움이 된다.

온라인 자료 비디오는 resources.corwin.com/5practices-elementary에서도 볼 수 있다.

스 교사가 칠판 앞으로 부른 세 번째 발표자 리아로 넘어간다. 리아의 해결 방법도 목표 1과 2를 반영하기 위해 의도하였다는 것을 상기하라. **가르치는 일을 분석하기 6.2**에서 타이어스 교사가 리아의 해결 방법을 수업 목표와 어떻게 연결하는지 자세히 살펴볼 것이다.

2) 학생 활동을 수업 목표와 연결하기, 2부 – 분석

이 비디오 클립에서 타이어스 교사는 리아에게 문제에 대한 그녀의 사고를 설명하게 하는 것으로 시작한다. 타이어스 교사는 리아가 만든 등식에 집중하면서 이번에도 수를 분해하고 재합성하는 과정을 명시적으로 만드는 데 중점을 두는 것으로 보인다. 그녀는 리아에게 "너의 생각을 말해 주세요"라고 요청하며, 특히 "네가 만든 등식에 대해 말해 주세요"라고 말한다.

리아는 두 개의 등식을 설명한다. "저는 6 빼기 4가 2와 같다는 것을 알고 있어요. 그리고 9 빼기 0은 9와 같습니다." 계속하여 리아는 2와 9가 무엇을 의미하는지 설명한다. 그녀는 "2가 먼저 나왔으니까 십이고, 9는 나중에 나왔으니까 일이에요." 2가 2개의 십, 즉 20을 의미한다는 아이디어는 학생들이 20과 9를 재합성하여 29를 만드는 데 알아야 할 핵심이다. 그러므로 타이어스 교사는 학급 학생들이 이를 반드시 분명하게 이해하기를 바란다. 그녀는 존(John)에게 리아가 말한 "2가 먼저 나오고 9가 마지막에 나온다"가 무엇을 의미하는지 묻고 런던(London)과 제이시(Jacey)에게 "그게 뭔가요? 그 2는 실제로 무엇을 의미하나요?"라고 묻는다. 학생들은 2가 십의 자리에 있고 20을 의미한다고 대답하지만, 타이어스 교사는 거기서 멈추지 않는다. 또한 그녀는 이를 명시적으로 만들기 위해 등식을 어떻게 다시 쓸 수 있는지 학급 학생들에게 질문한다. "우리가 무엇을 해야 할까요?"라고 그녀가 묻자, 라일라는 "60 빼기 40은 20과 같습니다"라고 대답한다.

이는 학급 논의에서 중요한 순간이다. 한편으로, 리아의 십진 그림은 학급 학생의 대부분이 만든 그림과 유사하며 이는 나눠준 마커 40개를 나타내기 위해 4개의 십을 지운 것이다. 그러나 리아의 등식, 6 – 4 = 2와 9 – 0 = 9는 타이어스 교사가 다른 학생들의 활동에서 본 것과는 상당히 달랐다. 리아는 2가 무엇을 의미하는지, 그리고 그것이 '십'이라는 것을 분명히 이해한 듯 보이지만, 타이어스 교사는 이것을 그 등식을 보는 **누구나** 그 의미를 이해할 수 있도록 등식에서 두 개의 십을 어떻게 표현해야 하는지를 명확히 하는 기회라고 생각했다. 흥미롭게도 비디오에는 나오지 않았지만, 이 논의 후에 두주안은 리아에게 그녀의 해결 방법에 등식을 하나 더 추가할 것을 제안하였고 학급 학생들은 다 함께 20 + 9 = 29를 포함하기로 결정하였다. 이는 학생들이 수의 재합성을 나타내는 데 등식을 사용하는 것의 가치를 인식하고 있음을 더욱 강조하는 것으로 보인다.

가르치는 일을 분석하기 6.3

학생 활동을 수업 목표와 연결하기 – 3부

비디오 클립 6.3

비디오 클립 6.3을 시청하면서, 타이어스 선생님의 마커 과제를 해결하는 엘시의 방법에 대한 논의와 타이어스 교사가 이 접근 방식에 대해 학급 학생들에게 묻는 질문을 고려하시오.

- 타이어스 교사는 엘시의 발표를 수업 목표 3과 연결하기 위해 어떤 질문을 하나요?
- 학생들의 반응은 이러한 목표를 어떻게 반영하나요?

목표 3: 빼기를 하기 전에 10의 배수를 만들기 위해서 수를 올림하거나 버림할 수 있다. 그런 다음 처음에 더하거나 뺀 양을 보상하기 위해서 올림하거나 버림한 양은 차에서 빼거나 더해야 한다.

온라인 자료 비디오는 resources.corwin.com/5practices-elementary에서도 볼 수 있다.

리아의 발표가 끝난 후에 타이어스 교사는 마지막 발표자인 엘시에게 그녀의 반올림 및 보상 전략을 공유하게 하였다. **가르치는 일을 분석하기 6.3**에서는 타이어스 교사가 엘시의 해결 방법을 수업 목표 3과 연결하려고 시도한 방법을 자세히 살펴볼 것이다.

3) 학생 활동을 수업 목표와 연결하기, 3부 – 분석

이 비디오 클립에서 타이어스 교사는 학급에서 엘시가 "조금 다른 무언가를 했어요"라고 말한 다음에, 엘시에게 그 전략을 설명하게 한다. 엘시의 설명은 안나가 등식[1] 70 − 40 − 1을 사용하면 같은 답인 29를 얻게 될 것이라는 아이디어에 초점을 둔다. 엘시는 "그래서 저는 이것이 안나에게 좋은 등식이라고 생각해요. 그냥 다른 방법일 뿐이에요"라고 말한다.

하지만 타이어스 교사는 학급 학생들에게 이 접근 방식이 **왜** 작동하는지를 강조하고자 한다. 그녀는 "엘시가 70을 어디에서 얻었는지 궁금한 사람 있나요?"라고 묻는다. 많은 학생이 "네!"라고 대답한다.

학급 학생들이 그 접근 방식을 시각화하는 것을 돕기 위해 타이어스 교사는 엘시에게 100 차트에서 그 과정을 보여달라고 요청한다. 그런 다음 리아는 엘시가 한 것을 다음과 같이 설명한다. "엘시는 70에서 건너뛰어서 30까지 갔고 거꾸로 29까지 갔어요." 타이어스 교사의 목표는 70으로 1을 올리고 그 후 마지막에 1을 빼서 보상하는 것에 초점을 맞추는 것이었지만, 그녀는 먼저 엘시가 70에서 30까지 4번을 건너뛴 것에 대해 묻는다. 그녀는 학생들에게 "왜 4번이나 건너뛰었을까?"하고 묻는다. 그렇게 함으로써 타이어스 교사는 학생들이 엘시의 접근 방식과 문제 맥락을 연결하도록 격려한다. 즉, 69는 타이어스 교사가 처음 가지고 있던 마커의 개수이고 40은 그녀가 나눠준 개수이다. 특히 70이 문제에 전혀 나오지 않기 때문에 타이어스 교사는 40이 과제와 직접적으로 연결되어 있다는 점을 명확히 하려고 했을 것이다.

타이어스 교사는 다시 자신의 주된 초점으로 돌아가서 "그런데 왜 1만큼 뒤로 갔을까요?"라고 묻는다. 리아는 70이 69보다 하나 더 많다고 대답하고 오드리는 그렇기 때

1 여기에서 '등식(equation)'은 학생이 만든 등식인 70−40−1=29를 설명하기 위해 사용된 것으로 보인다.

문에 "30에 왔을 때 1만큼 뒤로 간" 것이라고 덧붙인다. 리아와 오드리의 코멘트에도 불구하고, 이 시점에서 학생들은 엘시의 접근 방식을 완전히 이해하지 못한 듯하다. 그럼에도 불구하고 수업이 타이어스 선생님의 마커 과제의 두 번째 문제로 넘어가자(전체 과제는 그림 2.4 참조), [그림 6.2]에서 볼 수 있듯이, 엘시 외에도 낸시(Nancy), 라일리(Rylee) 및 오드리를 포함하여 여러 학생이 이 접근 방식을 시도했다.

그림 6.2 반올림 및 보상 전략의 사용을 보여주는 오드리의 활동지

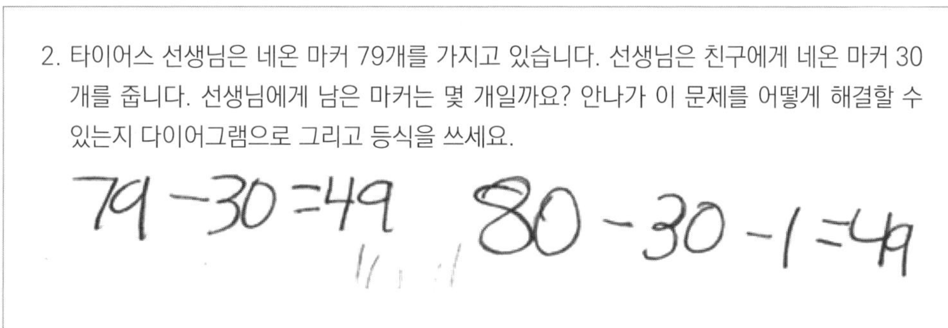
2. 타이어스 선생님은 네온 마커 79개를 가지고 있습니다. 선생님은 친구에게 네온 마커 30개를 줍니다. 선생님에게 남은 마커는 몇 개일까요? 안나가 이 문제를 어떻게 해결할 수 있는지 다이어그램으로 그리고 등식을 쓰세요.

79-30=49 80-30-1=49

타이어스 교사는 나중에 다음과 같이 말했다. "두 번째 문제를 풀 때 적어도 몇몇 학생들은 올림(rounding up)하고 보상하는 시도를 했습니다. 그래서 좋았어요. 학생들 스스로 해보고 싶어 했다는 점에서 성공적이었다고 생각해요." 따라서 대부분의 학생이 반올림 및 보상 전략(수업 목표 중 하나)을 이해했다는 증거는 없지만 이 전략을 소개함으로써 타이어스 교사는 그 방향으로 중요한 한 걸음을 내디뎠다고 생각했다. 그녀는 계속해서 "반올림 및 보상 전략은 분명히 다시 다루고 싶은 주제입니다. 더 많이 연습하면 모든 학생 또는 대부분의 학생이 그 전략을 적용할 수 있을 거라고 믿어요."

2 다른 해결 방법을 서로 연결하기

학생들의 해결 방법을 수업 목표와 연결하는 것뿐만 아니라, 학생들의 해결 방법을 서로 연결하는 것도 중요하다. 서로 다른 해결 방법은 문제 해결을 위한 새로운 기회를 열어주고 학생들의 학습을 향상시킬 수 있다(Schukajlow & Krug, 2014). 이를 통해 학

생들이 수학을 단절된 사실들의 집합으로 여기지 않고, 수학적 아이디어 사이의 연결을 형성하도록 도울 수 있다.

교사는 학생들이 다양한 해결 방법으로 어떻게 같은 답을 얻을 수 있는지 탐색하도록 돕는 것이 중요하다고 생각할 수도 있고, 어떤 방법이 다른 방법보다 더 효율적인지 검토하도록 도울 수도 있다. 이는 학생들이 나중에 더 정교한 전략을 사용할 준비가 되어 있을 때 학생들에게 중요한 정보를 제공할 수 있다(Murata & Fuson, 2006). 또한, 교사는 서로 다른 접근 방식이 왜 오답과 정답으로 이어지는지, 그리고 이러한 차이를 어떻게 설명할 수 있는지를 탐색해야 하는 상황에 처할 수도 있다.

학생들과 함께 탐구할 수 있는 또 다른 연결은 더 구체적인 해결 방법과 더 추상적인 해결 방법 사이의 관계이다. 두 가지 유형의 해결 방법 모두 초등학교 수학 수업에서 중요한 역할을 한다. 조작 도구를 가지고 활동하는 것과 상황을 직접 모델링하는 것은 개념적 이해의 발달을 도울 수 있다(Felton-Koestler, 2016). 또한, 특정 사례를 벗어나 더 일반적인 사례로 나아가는 능력은 초등학생에게 이로운 것으로 밝혀졌다(Blanton, Brizuela, Gardiner, Sawrey & Newman-Owens, 2015). 쿠키 굽기 과제의 변형된 버전과 식탁 및 의자 조사 과제에 대해 2장에서 논의한 것을 상기하시오. 두 과제 모두 학생들에게 여러 사례를 탐색하고 궁극적으로 모든 사례를 일반화하는 데 사용할 수 있는 패턴을 찾도록 요청했다. 학생들이 더 넓은 범위의 문제를 고려하고 패턴을 찾도록 이러한 기회를 마련하는 것은 학생들이 대수적 사고를 시작하도록 도울 수 있다.

사용된 표현의 변이(variations)를 탐색하는 것도 학생들에게 중요할 수 있다. 특히 초등학교에서 학생들은 그림, 다이어그램, 단어(words), 기호 등 서로 다른 표현 사이를 넘나들 수 있는 지속적인 기회를 가져야 한다(Marshall, Superfine & Canty, 2010)(수학 아이디어를 표현하는 서로 다른 방법에 대한 논의는 [그림 3.11]을 다시 참조하시오). 그 아이디어는 학생들이 **표현의 유창함**(representational fluency)을 개발하는 것이며, 이는 학생들이 하나의 표현에서의 핵심 특징(key features)이 다른 표현에서 어떻게 나타나는지를 이해하는 것이다(Suh, Johnston, Jamieson & Mills, 2008).

가르치는 일을 분석하기 6.4에서는 타이어스 교사의 교실에서 진행된 발표로 돌아갈 것이다. 이 시점에서 학급 학생들은 두 번째 발표자인 두주안이 타이어스 선생님의 마

가르치는 일을 분석하기 6.4

다른 해결 방법을 서로 연결하기

비디오 클립 6.4

비디오 클립 6.4를 시청하면서, 두주안이 타이어스 선생님의 마커 과제를 해결하기 위해 100 차트를 어떻게 사용했는지 설명한 것을 고려하고, 타이어스 교사가 학급 학생들에게 한 코멘트와 질문을 들어 보시오. 두주안이 작성한 활동지는 아래와 같다.

120 Chart

1	2	3	4	5	6	7	8	9	10
11	12	13	14	15	16	17	18	19	20
21	22	23	24	25	26	27	28	29	30
31	32	33	34	35	36	37	38	39	40
41	42	43	44	45	46	47	48	49	50
51	52	53	54	55	56	57	58	59	60
61	62	63	64	65	66	67	68	69	70
71	72	73	74	75	76	77	78	79	80
81	82	83	84	85	86	87	88	89	90
91	92	93	94	95	96	97	98	99	100
101	102	103	104	105	106	107	108	109	110
111	112	113	114	115	116	117	118	119	120

- 타이어스 교사는 두주안의 해결 방법과 다른 학생들의 접근 방식들 사이에 어떤 연결을 하도록 학생들을 격려하나요?
- 학생들은 어떻게 반응하나요?

온라인 자료 비디오는 resources.corwin.com/5practices-elementary에서도 볼 수 있다.

커 과제를 어떻게 해결했는지를 듣는다.

1) 다른 해결 방법을 서로 연결하기 – 분석

다른 발표자들과 마찬가지로 타이어스 교사는 먼저 두주안에게 자신의 사고를 공유해달라고 요청한다. 두주안은 학급 학생들을 위해 칠판에 있는 큰 100 차트를 사용하여 자신의 해결 방법을 다시 적으면서, 69를 확인하는 것으로 시작하고 그다음에 40을 빼는 것을 표현하기 위해 세로로 4번 뛰었다고 설명한다. 그가 "69에 X표를 하고 40번 뛰었더니 29가 나왔어요"라고 말한다. 타이어스 교사는 먼저 두주안의 접근 방식을 학급 전체가 명확히 이해하도록 하는 것을 목표로 한다. 그녀는 "그가 무엇을 했나요?"라고 묻는다. 라일리는 69는 마커의 개수에서 나온 것이라고 말하고 리아는 40은 나눠준 마커의 개수라고 덧붙인다.

다음으로 타이어스 교사는 학급 학생들에게 두주안의 문제 해결 방법과 조슬린의 방법을 비교해 보게 한다. 그녀는 "십진 블록과 100 차트는 어떻게 같나요?"라고 묻는다. 그녀는 학생들에게 생각할 시간을 주기 위해 "짝과 이야기해 보세요"라고 말한다. 짝과 몇 분간 이야기한 후 타이어스 교사는 학급 전체와 함께 해결 방법들 사이의 연결에 대해 논의한다. 제이시는 "둘 다 40을 뺐어요"라고 말한다. 타이어스 교사는 "무슨 뜻인가요? 보여주세요"라고 말하며 더 설명하도록 한다. 특히 학생들은 두주안이 "4번 뛰었을 때" 나눠준 40개의 마커를 뺀 것이라고 설명한다. 학생들은 조슬린이 40을 뺀 방법에 대해 명시적으로 논의하지는 않지만, 조슬린이 "4개의 십을 지웠다"고 설명한 것에서 암묵적으로 이해했을 수도 있다.

흥미롭게도 타이어스 교사의 수업 목표 중 하나(목표 4)는 학생들이 문제를 해결하는 데 여러 표현을 사용할 수 있고 이러한 표현이 서로 연결될 수 있다는 점을 인식하는 것이었다. 따라서 타이어스 교사는 여기에서 한 것처럼 학생들에게 두주안과 조슬린의 접근 방식을 비교해 보게 함으로써, 자신의 수업 목표와 학생들의 해결 방법을 서로 연결하는 중요한 활동(work) 모두에 주의를 기울이고 있었다.

3 핵심 질문에 대한 타이어스 교사의 관심: 연결하기

타이어스 선생님의 마커 과제에 대한 학급 논의를 촉진하면서 타이어스 교사는 학생들이 논의하고 있는 활동(work)과 수업에서 설정한 목표 사이의 연결을 이끌어내도록 격려했다. 타이어스 교사는 수업 목표와 관련되기 때문에 특정 학생들의 해결 방법을 선정하였지만 논의를 하는 동안 학생들에게 이러한 연결이 명확하게 보이도록 다양한 질문을 했다.

또한 타이어스 교사는 학급 학생들에게 서로 다른 해결 방법이 관련되는 방법(way)을 강조하고, 특히 문제의 특징을 서로 다른 표현에 걸쳐 연결하는 것이 중요함을 강조하기 위해 노력했다. 학생들의 해결 방법을 수업 목표와 연결하고, 해결 방법끼리 서로 연결하는 것은 5가지 관행의 이점을 온전히 실현하기 위해 매우 중요하다. 그 중요성에도 불구하고 연결하기는 결코 쉬운 일이 아니다. 실제로 많은 교사는 연결하기가 가장 성취하기 어려운 관행이라고 말한다. 이제 교사가 학생들의 해결 방법을 연결하기 위해 노력할 때 직면하는 몇 가지 구체적인 어려움을 살펴본다.

2부 교사가 직면하는 어려움: 학생 반응을 연결하기

학생들이 자신의 활동을 공유하면서 이루어지는 전체 학급 논의는, 학생들에게 자신의 학습을 더욱 견고히 다질 수 있는 기회가 된다. 논의하는 동안 교사는 수업에서 목표로 삼은 핵심 수학 아이디어를 공개적으로 드러내고, 학생들이 접근할 수 있도록 만들어야 한다. 성공적인 논의의 핵심은 교사가 알리고 싶은 내용을 학생들에게 직접 말하는 것이 아니라, 학생들이 제시한 아이디어를 기반으로 이어가는 것이다. 이는 쉽지 않다. 시간과 책임의 압박은 교사들에게 큰 부담이 되며, 학생들에게 수업을 요약해 주고 싶은 유혹도 강하다. 이 절에서는 [그림 6.3]에 제시한 바와 같이, 이 관행과 관련된 4가지 구체적인 어려움에 초점을 맞추는데, 이러한 어려움은 우리가 교사들과 함께 한 활동을 통해 확인한 것이다.

그림 6.3 연결하기 관행과 관련된 어려움

어려움	설명
개별 발표를 하는 동안 전체 학급이 참여하게 하고 책임감을 유지하게 하기	해결 방법 공유하기는 종종 **보여주고 말하기**(show and tell) 또는 교사와 발표자 사이의 대화로 바뀐다. 학급의 다른 학생들도 발표된 해결 방법을 이해하고 의미를 파악하는 데 책임감을 가져야 한다.
핵심 수학 아이디어를 공개하고 초점이 되게 하기	학생들이 흥미로운 해결 방법을 많이 공유하고 논의하더라도 수업의 핵심에 전혀 도달하지 못할 수도 있다. 수업에서 목표로 삼고 있는 핵심 수학 아이디어를 명시적으로 논의하는 것이 중요하다.
교사가 논의와 설명하기를 대신하지 않기	학생들이 해결 방법을 발표할 때 교사는 발표자와 나머지 학생들이 그 해결 방법을 설명하고 이해하도록 참여시키는 질문을 해야 한다. 학생들에게 알아야 할 내용을 교사가 대신 말하고 싶은 유혹이 있을 수 있다. 그러나 이런 일이 발생하면 학습 기회는 줄어든다. 말하는 사람이 곧 생각하는 사람이라는 것을 기억하라!
시간 부족	교사는 계획한 대로 전체 학급 논의를 진행할 시간이 충분하지 않을 수 있다. 그런 경우에는 수업을 어느 정도 마무리하면서도 교사의 설명으로 바뀌지 않도록 하는 **플랜 B**를 마련하는 것이 중요하다.

1 개별 발표를 하는 동안 전체 학급이 참여하게 하고 책임감을 유지하게 하기

수업이 끝날 때 이루어지는 학생 발표는 각 발표자가 자신이 한 것을 설명하고 나머지 학생들은 조용히 있는 일련의 보여주고 말하기로 바뀌기 쉽다. 하지만 일부 학생들이 설명하는 동안 다른 학생들은 수동적으로 앉아 있는 것만으로는 학습을 보장하기에 충분하지 않다. 교사는 학급 전체를 발표하고 있는 내용에 참여하게 하고 그 내용에 대해 이해할 책임감을 갖도록 해야 한다. Michaels, O'Conner, Hall & Resnick (2013)에 따르면,

> 교실 대화가 학습 공동체에 책임이 있을 때, 학생들은 그저 차례가 오기를 기다리며 순순히 조용히 있는 것이 아니라, 서로의 아이디어를 활용하고 그것을 토대로 쌓아 나갈 수 있도록 주의 깊게 참여하면서 서로에게 귀 기울인다. 학생과 교사는 서로의 말을 바꾸어 표현하고, 그것을 바탕으로 더 확장해 나간다. 말하는 사람은 다른 사람이 말한 것을 자신이 이해했다고 확신할 수 없는 경우에 이를 명확하게 하려고 노력한다. 그들은 정중하게 반대하고, 주장을 한 사람이 아닌 주장 자체에 이의를 제기한다. 학생들은 때로는 교사의 도움을 받기도 하고, 때로는 스스로 논증을 해나간다(pp.2-3).

그렇다면 학생들이 책임감을 갖도록 하기 위해 교사는 구체적으로 무엇을 할 수 있는가? [그림 6.4]에서 우리는 학생들이 논의에 참여할 책임을 유지하도록 교사가 할 수 있는 일련의 행동(moves)을 확인했다.

그림 6.4 학생들에게 논의에 참여할 책임감을 갖게 하기 위한 말하기 행동(talk moves)

교사 행동	목적	예	출처
추가하기(Adding on): 학생들에게 더 참여하도록 요청하기	논의에 추가적으로 기여하게 하여 더 많은 학생의 참여를 유도하거나 아이디어에 대한 더 깊은 이해를 얻게 하기	• 친구가 방금 말한 내용에 덧붙이고 싶은 사람 있나요? • 어떻게 알아냈는지 더 자세하게 말해줄 수 있나요?	Chapin, O'Connor & Anderson (2009, pp.13–16)
추론하기(Reasoning): 학생들에게 자신의 추론을 다른 사람의 추론과 비교하게 하기	학생들이 자신과는 다른 친구의 사고 방법에 참여하고 그것을 이해할 수 있도록 하기	• 동의하나요, 아니면 동의하지 않나요? 왜 그런가요? • 친구가 말한 것은 네가 생각한 것과 어떻게 같거나 다른가요?	
반복하기(Repeating): 한 학생에게 다른 학생이 말한 것을 자신의 말로 반복하게 하기	학생들에게 하나의 발표 내용을 다른 방식으로 표현해 보고, 친구의 말을 귀기울여 듣도록 하기	• 방금 친구가 말한 내용을 자신의 말로 반복할 수 있는 사람 있나요?	
다시 말하기(Revoicing): 학생이 말한 것을 반복한 다음 그 학생에게 확인하여 학생의 아이디어를 정확하게 포착했는지 확인하기	학생이 말한 것을 명확히 하거나 중요한 아이디어를 강조하기	• 그러니까, 너는 …라고 말하고 있구나. • 그래서, 여기서 내가 들은 말은 …야.	
기다리기(Waiting): 학생들에게 제기된 질문에 대해 대답하기 전에 생각할 시간을 주기	모든 학생이 제기된 질문에 대해 생각할 기회를 갖고, 지목된 학생이 자신의 생각을 정리할 시간을 가질 수 있도록 하기	• 이에 대해 잠시 생각해 보세요. • 더 많이 손을 들 때까지 기다릴게요. • 천천히 생각하세요… 기다릴게요.	
수정하기(Revise): 새로운 통찰에 기반하여 학생들이 처음의 생각을 수정할 수 있도록 하기	학생들에게 새로운 정보를 기반으로 마음을 바꾸는 것이 학습이 일어나는 방식이며 그것이 가치 있는 일임을 분명히 알리기	• 자신의 생각을 수정하고 싶은 사람 있나요? • 누구의 생각이 바뀌었나요? 그 이유는 무엇인가요?	Kazemi & Hintz (2014, p.21)
옆 사람과 이야기하기(Turn and talk): 학생들에게 제시된 아이디어에 대해 짝이나 모둠과 함께 논의할 시간을 주기	학생들에게 바로 대답하게 하는 대신에 제기된 질문에 대해 생각할 시간을 주고, 공개적으로 말하기 전에 소수의 친구와 아이디어를 명확히 하고 공유할 수 있도록 하기	• 2분 동안 책상 모둠의 옆 사람과 이야기해 보세요.	

도전적인 질문하기(Challenging): 학생들이 제기한 질문을 다시 학생들에게 질문하거나, 학생들의 기여를 통해 더 깊이 탐색하게 하기	학생들에게 추론하고 이해하는 데 책임을 돌리고 교실에서 공유된 이해를 발전시키기	• 좋은 질문이에요. 친구가 방금 말한 것에 대해 어떻게 생각하나요?	Michaels, O'Conner, Hall & Resnick (2013, p.22)
강조하기(Marking): 논의에서 나타난 가치로운 기여에 주목하기	교사가 수업에서 성취하고자 하는 것과 직접적으로 관련된 기여를 강조하기	• 방금 친구가 한 말을 모두 들었나요? 친구는 … • 그것은 중요한 포인트입니다.	
요약하기(Recapping): 여러 학생이 논의에서 제시한 핵심 포인트 요약하기	결론이 될 수 있는 내용을 간결하고 일관된 방식으로 특정 시점에 공개하기	• 발표 전반을 살펴보면 제가 들은 내용은… 입니다. • 우리가 찾아낸 내용은 …입니다.	
참여시키기(Inviting): 학생이 논의에 기여하게 하기	공개적인 논의에서 이용할 수 있는 다양한 관점을 드러내기	• _____, 너와 너의 모둠이 생각해낸 것을 발표해 줄래요? • _____, 혼란스러운 표정을 짓고 있군요. 무엇을 생각하고 있나요? • ____, 너의 전략은 이 전략과 같지 않아요. 무엇을 다르게 했나요?	Herbel-Eisenmann, Cirillo, Steele, Otten & Johnson (2017, pp.liv–lvii)
탐색하기(Probing): 개별 학생이 설명하거나 만들어낸 것에 대해 더 깊게 살펴보기	학생의 사고 과정을 다른 학생들에게 더욱 명확하게 전달하고, 특정 행위(action)를 취한 이유에 대한 추가적인 정당화를 이끌어내기	• 어떻게 구했는지 설명해 줄래요? • 어떻게 알았나요? • 왜 그렇게 되나요?	

[확인된 각 출처에 대한 요약은 부록 D를 참조하시오. 특정 저자와 특정 행동을 연결하였지만, 많은 행동들이 각각의 자료에서 다루어지고 있음을 알 수 있을 것이다.]

가르치는 일을 분석하기 6.5에서 여러분은 스태스트니 교사의 수업에서 학생들이 문제에 제시된 조건을 충족하는 분수 및 관련된 다이어그램을 밝히고자 하는 동안 일어난 논의를 분석하게 될 것이다.

가르치는 일을 분석하기 6.5

모든 학생들에게 책임감 부여하기

비디오 클립 6.5

비디오 클립 6.5에서 스태스트니 교사의 수업에서 학생들은 아래에 제시된 세 가지 다이어그램에 대해 논의하고 문제에 나와 있는 조건에 맞는 다이어그램이 무엇인지와 그 이유를 밝히고자 노력하고 있다. 많은 학생이 타니샤와 데이비드의 부분(portion)을 각각 보여주기 위해 분수 $\frac{1}{2}$ 및 $\frac{2}{4}$와 관련 다이어그램을 가지고 있었다.

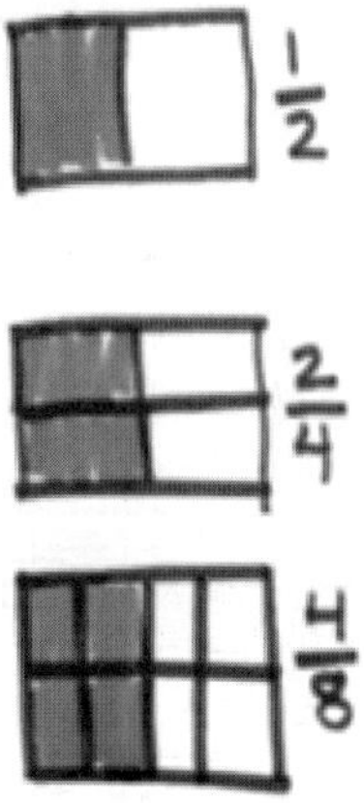

비디오 클립을 시청하면서 다음 질문들을 고려하시오.

1. 스태스트니 교사는 학생들이 세 가지 표현에 대한 논의에 참여하도록 돕기 위해 무엇을 하나요? 교사는 어떤 말하기 행동(그림 6.4 참조)을 사용하나요?
2. 학생들이 제시된 아이디어를 이해하고 있다는 증거는 무엇인가요?

온라인 자료 비디오는 resources.corwin.com/5practices-elementary에서도 볼 수 있다.

1) 모든 학생들에게 책임감 부여하기 – 분석

스태스트니 교사는 학생들이 $\frac{1}{2}$과 $\frac{2}{4}$는 동치이지만 문제에 나와 있는 조건(타니샤는 두 조각을 먹었고 데이비드는 네 조각을 먹었으며 둘 다 같은 양을 먹었다)을 충족하지 못한다는 것을 알기를 바랐다. 대신에 교사는 학생들이 $\frac{2}{4}$와 $\frac{4}{8}$가 서로 동치이고 타니샤와 데이비드에게 올바른 개수의 조각과 같은 양의 라자냐를 줬다는 것을 알기를 바랐다. 또한, 그녀는 학생들이 분수 $\frac{2}{4}$를 (분자와 분모 각각) 두 배하여(doubled)[2] $\frac{4}{8}$를 만들고 두 분수가 나타내는 넓이가 같다는 사실을 통해 동치임을 파악할 수 있기를 바랐다.

스태스트니 교사는 부정확한 방법 즉, 타니샤와 데이비드가 먹은 라자냐의 양을 각각 $\frac{1}{2}$과 $\frac{2}{4}$로 나타낸 학생을 선정하여 발표하게 할 수도 있었지만, 그렇게 하지 않고 대신 자신이 직접 제시하기로 결정했다. 5장에서 말했듯이, 교사는 학생들이 실제로 모둠 논의 중에 답을 바꾸고 '지우거나 줄을 그어 학생들의 활동지를 읽기 어려웠기 때문에' 이러한 결정을 하였다. 우리는 이 해결 방법의 소유권을 특정 학생에게 부여하지 않음으로써, 세 가지 모델을 이해하는 데 있어 모든 학생에게 책임을 지게 했다고 주장한다. 아무도 자신이 무엇을, 왜 했는지 발표하지 않았기 때문에 설명의 부담(burden)은 학급 전체에게 주어졌다. 스태스트니 교사가 제기한 첫 번째 질문, "그럼 $\frac{1}{2}$과 $\frac{2}{4}$, 이것은 누가 이야기해 줄 수 있을까요?"는 학급 전체가 그 모델을 이해하도록 이끄는 열린 질문(open invitation)이었다.

논의 전반에 걸쳐 스태스트니 교사는 학생들을 참여시키고, 논의 중인 아이디어를 이해하는 데 책임감을 가지게 하기 위해 다양한 말하기 행동을 사용했다. 그녀는 논의에 폭넓은 참여를 촉진하고 중요한 아이디어가 공개적으로 드러나며, 다른 학생들이 이를 자세히 설명하도록 하기 위해 반복하기, 추가하기, 참여시키기, 옆 사람과 이야기하기를 사용했다. 논의가 진행되는 동안 (학급 학생 20명 중에서) 서로 다른 학생 10명이 전체 논의에 참여했다. 다음 전사 부분(비디오 클립 6.5의 01:57:00 – 04:20:00 참조)은 해당 비디오 클립에서 보여지는 논의 중 일부에서 사용된 구체적인 말하기 행동을 보여준다.

2 여기서 두 배는 분자와 분모를 각각 두 배 한다는 의미이다. 혼동을 피하기 위해, 이러한 뜻으로 '두 배'를 사용한 경우에는 앞에 '(분자와 분모 각각)'이라는 문구를 덧붙였다.

스태스트니 교사: 좋아요, 그래서 그녀[타니샤]가 두 조각을 먹었어요. 만약 내가 이것[$\frac{2}{4}$와 해당 모델을 지칭]을 가지고 있다면 데이비드의 라자냐를 어떻게 만들 수 있을까요? 그의 라자냐는 어떻게 생겼을까요? 비니(Vinny)?

비니: 8분의 4(Four-eighths).

스태스트니 교사: 8분의 4? 왜 8분의 4라고 했어요? **(탐색하기)**

비니: 2분의 1에 동의하지 않기 때문이에요. 왜냐하면 데이비드는 4조각을 가졌다고 했으니까요.

스태스트니 교사: 그는 4조각을 가지고 있군요, 좋아요. 그럼 8분의 4여야 한다는 겁니까? 더 말해 볼 사람 있나요? 동의하거나, 반대하거나 뭐라도 누가 거기에 추가할 사람 있나요? 데메트리우스(Demetrius)? **(추가하기, 다시 말하기, 추론하기)**

데메트리우스: 4분의 2를 가지고 데이비드의 라자냐를 만들려면 2조각을 더 추가해야 하고 그러면 4분의 4가 될 거예요.

스태스트니 교사: 자, 이 두 모델($\frac{2}{4}$와 $\frac{4}{8}$)을 살펴보겠습니다. 이 두 가지 모델에 대해 말해 보죠. 이거 맞나요? 타니샤와 데이비드에 대해서? 에이미(Amy)?

에이미: 맞아요.

스태스트니 교사: 좋아요, 좀 더 말해 보세요. **(탐색하기)**

에이미: 왜냐하면 그것은 4분의 2에 실선 두 개를 추가했고 그게 8분의 4와 같기 때문입니다.

스태스트니 교사: 방금 말한 것을 가리켜 볼래요? **(탐색하기)**

방금 두 개의 선을 추가했다고 했어요. 추가된 선들을 가리켜 볼래요?

에이미: 이거랑 이거예요.

스태스트니 교사: 좋아요. 에이미가 방금 이 두 개의 선이 추가되었다고 말했는데, 선생님이 무엇을 했나요? 아나시몬(Anasimon)? **(추가하기)**

아나시몬: 계속해서 그것들을 나누었습니다.

스태스트니 교사: 좋아요. 그러면 조각들을 더 작은 조각들로 나누었나요? 이에 대해 더 말해 줄 수 있는 사람 있나요? 사라(Sara)? **(다시 말하기, 추가하기)**

사라: 선생님이 그것을 쪼개서(splitted, [sic[3]]) 같아졌어요.

스태스트니 교사: 제가 반으로 나눴고 그래서 색칠된 양이 같다. 이 말인가요? **(다시 말하기)**

사라: 네. [긍정]

스태스트니 교사: 알겠습니다. 색칠된 양이 같군요. 저는 두 조각이랑 네 조각을 가지고 있어요. 좋아요. 이것에 대해 더 말할 사람 있나요? 데메트리우스? **(추가하기)**

---

3 인용문의 오자나 문법 오류 뒤에 붙는 기호로 이 인용문에서는 사라가 'splitted'로 말했기 때문에 그대로 실었음을 나타내었다.

데메트리우스: 그러니까 중간에 두 개의 선을 추가하면 분모가 더 커지는 거죠.

스태스트니 교사: 좋아요. 그래서 분모가 더 커졌군요. 조각은 더 커졌나요, 아니면 작아졌나요? **(다시 말하기)**

데메트리우스: 더 작아졌어요.

스태스트니 교사: 좋아요.

데메트리우스: 선을 많이 추가하면 더 작아질 거예요.

스태스트니 교사: 좋아요. 선을 더 많이 그으면 조각은 더 작아져요. 제가 그걸 나누었거나 각각의 조각을 반으로 잘랐다는 거지요. 알았나요? 이 둘은 어떻게 동치일까요? 여러분 모두 모둠 친구들과 빠르게 이야기 나눠 보세요. 이 둘은 어떻게 동치일까요? **(옆 사람과 이야기하기와 추론하기)**

스태스트니 교사: 좋아요, 누가 말해 줄 수 있나요? 여러분의 모둠에서 어떻게 결정했나요? 이 둘은 어떻게 동치일까요? 압둘라(Abdulla). **(참여시키기 및 추론하기)**

압둘라: 그래서 4분의 2는 각각의 두 칸에 선을 두 줄씩 그으면 8분의 4와 같은 게 돼요. (분자와 분모 각각) 두 배가 된 것처럼요.

특히 스태스트니 교사는 학생들의 참여를 이끌기 위해 논의 전반에 걸쳐 '추가하기'를 사용했다. "누가 좀 더 말해 줄 수 있나요?"라는 질문을 통해 교사는 계속해서 학생들에게 그들의 아이디어를 논의에 가져오도록 이끌었다. … 그리고 학생들은 그렇게 했다. 교사가 학생들에게 "좀 더 말해 보세요"라고 요청한 모든 경우에 학생들은 실제로 더 이야기했다. 분명히 스태스트니 교사는 학생들에게 친구들이 무슨 말을 하고 있는지를 듣고 진행 중인 논의에 자신의 생각을 말하도록 하는 문화를 확립했다.

전사 자료(및 전체 비디오 클립)에서 스태스트니 교사가 다시 말하기를 많이 한다는 점도 알 수 있다. 다시 말하기를 통해 그녀는 중요한 아이디어를 더 키울 수 있었다. 한 학생이 말한 내용을 반복함으로써 다른 학생들에게 이를 다시 들을 수 있는 기회를 주었다. 또한 다시 말하기를 통해 교사는 학생의 설명에 중요한 세부 사항을 추가할 기회를 갖는다. 27행에서 사라는 "선생님이 그것을 쪼개서(splitted) 같아졌어요"라고 말한다. 스태스트니 교사는 사라의 설명을 다음과 같이 다시 말한다. "제가 반으로 나눴고 그래서 색칠된 양이 같다. 이 말인가요?"(28행). 같은 양이 색칠됐다는 사실을 추가함으로써 교사는 학생들에게 다이어그램을 다시 보게 하면서 넓이가 같은 것은 동치를 나타낸다는 사실에 대해 생각해 보게 했다. 마지막으로 그녀는 사라에게 그녀의 아이디어를 정확하게 설명한 것인지를 확인한다.

이제 교사가 한 일을 살펴보았으므로(비디오 클립 6.5 참조) 이러한 행동이 의도한 목적에 부합했는지를 고려해 볼 필요가 있다. 즉, 학생들은 $\frac{2}{4}$와 $\frac{4}{8}$가 동치이고 같은 양의 라자냐를 나타내며 타니샤와 데이비드에게 주어진 개수의 조각을 줬기 때문에 해당 과제에 대한 타당한 해결 방법이라는 것을 이해하게 되었는가? 우리는 이 논의가 몇 가지 핵심 아이디어를 드러냈다고 본다.

1. $\frac{1}{2}$과 $\frac{2}{4}$는 동치이다. 아나시몬은 "4분의 2를 2분의 1로 만들면 똑같아질 거예요. [그것]을 그냥 더 많은 조각으로 자른 것뿐이에요(broke)"라고 말한다. 랩(Lap)은 이어서 "2분의 1을 (분자와 분모 각각) 두 배하면 4분의 2이기 때문에 같다고 생각해요"라고 말한다.
2. 타니샤의 라자냐 양은 $\frac{2}{4}$에 대한 모델로 표현될 수 있다. 셀비아(Selvia), 에이미, 사라의 발표를 통해 타니샤는 네 조각 중 두 조각을 먹었고 이는 라자냐의 $\frac{1}{2}$이며, 즉 $\frac{2}{4}$라는 것을 확인했다.
3. 데이비드의 라자냐 양은 $\frac{4}{8}$에 대한 모델로 표현될 수 있다. 비니는 처음으로 데이비드가 네 조각을 먹었기 때문에 데이비드가 받은 양은 $\frac{4}{8}$라고 말했다. 이후 다른 학생들이 비니가 말한 것을 자세히 설명하려고 시도하는 동안 약간의 혼란이 있었지만, 에이미가 $\frac{2}{4}$가 $\frac{4}{8}$와 같다고 설명한다: "왜냐하면 4분의 2에 두 개의 실선을 추가하면 8분의 4와 같기 때문이에요."
4. $\frac{2}{4}$와 $\frac{4}{8}$는 동치이지만 $\frac{4}{8}$의 각 조각들은 $\frac{2}{4}$의 각 조각들보다 크기가 작다. 여러 학생들[아나시몬, 사라, 데메트리우스, 압둘라 및 에드가르도(Edgardo)]이 해당 아이디어에 대해 의견을 제시하면서 분수 $\frac{2}{4}$를 (분자와 분모 각각) 두 배하여 $\frac{4}{8}$를 만들 때, 조각의 개수는 두 배가 되고 $\frac{4}{8}$의 분모는 더 커지지만 조각이 더 작아지므로 $\frac{2}{4}$의 조각들을 반으로 나눠 $\frac{4}{8}$를 만든다는 것을 설명했다.
5. $\frac{2}{4}$와 $\frac{4}{8}$에 대한 모델에서 색칠된 넓이는 같다. 랩은 "4분의 2에서는 두 조각만 색칠되어 있고, 8분의 4에서는 네 조각이 색칠되어 있지만, 그건 그냥 두 개의 선을 그어서 8개의 부분을 만든 거예요"라고 설명한다. 데메트리우스는 계속해서 "이 두 개의 선을 추가하면 크기는 달라져요. 왜냐하면 이 사각형(square)들이 더 작기 때문이에요. 이 네 개의 사각형은 이 두 개의 사각형보다 작아요. 하지만 이 선들을 없애면 똑같아질 거예요"라고 설명한다.

학급의 학생들 20명 각자가 우리가 목표로 한 이해를 하였는지 그 여부는 알 수 없지만, 논의 과정에서 여러 학생이 아이디어를 공개적으로 드러내고 설명한 것은 분명하다. 학급의 모든 학생이 논의에 참여하지는 않았지만, 그들 모두가 논의하고 있는 아이디어에 접근할 수 있었다. Hatano & Inagaki(1991)는 조용한 참여자들도 논의를 통해 배울 수 있다고 주장한다.

> 조용한 학생도 능동적으로 참여하고 있을 수 있다. 그들은 진행 중인 논의나 논쟁을 주의 깊게 관찰함으로써 많은 것을 배울 수 있다. 이는 종종 간접적인 과정(vicarious process)으로 간주되지만, 그 이상이다. 어떤 면에서 이 학생들은 모두 자신을 대신하여 실제로 말해 주는 누군가 즉, 대변자(agent)를 찾고 있다. 훌륭한 대변자나 목소리를 내는 참여자는 조용한 학생이 말하고자 하였지만 성공하지 못했던 말을 분명하게 표현해 줄 수 있다(p.346).

스태스트니 교사 수업에서 진행된 논의를 살펴보면, 우리는 교사가 세 가지 모델을 이해하도록 학생들을 적극적으로 참여시키기 위해 여러 가지 다른 말하기 행동을 활용하는 것을 볼 수 있고, 학생들이 동치에 대한 핵심 아이디어를 이해해가는 것을 들을 수 있다. 여기서 중요한 점은 학급 전체가 자신의 사고를 명확하게 표현하고 논의하고 있는 수학에 대해 자세히 듣고 깊이 생각하는 데 책임을 진다는 것이다.

2 핵심 수학 아이디어를 공개하고 초점이 되게 하기

생산적인 논의는 학생들이 수업에 참여한 결과로 배워야 할 수학 아이디어를 명확하고 명시적으로 겨냥하는 것이다. 자신의 해결 방법(심지어 가장 수준 높은 해결 방법일지라도)을 발표할 학생을 선정하는 것만으로는, 학생들이 교사가 의도한 것을 학습할 것이라고 보장하기에 충분하지 않다. 학생들은 방법들 사이의 연결을 이끌어내고 특정 해결 방법을 핵심 수학 개념과 엮는 데 있어 지원이 필요하다(Smith & Stein, 2018).

예를 들어, 수업에서 3장에서 논의한 간식 봉투 과제를 다루는 교사에 대해 생각해 보시오. 해당 과제는 [그림 6.5]에 다시 제시한다. 교사는 5학년 학생들이 수업에 참여한 결과로 다음을 이해하기를 바랐다.

1. 나눗셈(a ÷ b)은 a에 b가 몇 번 반복하여 포함되는지를 구하는 것이다.
2. 나눗셈은 다양한 방법으로 표현될 수 있으며, 이러한 다양한 표현들은 서로 연결될 수 있다.

그림 6.5 간식 봉투 과제

간식 봉투 과제

줄리아의 어머니는 생일 파티를 위해 153개의 쿠키를 만들었습니다. 줄리아는 파티에 오는 12명의 친구를 위하여 각각의 간식 봉투에 이 쿠키를 넣어야 합니다. 친구들이 모두 같은 개수의 쿠키를 받는다면 각 봉투에는 몇 개의 쿠키가 있을까요? 쿠키는 몇 개 남을까요?

온라인 자료 과제는 resources.corwin.com/5practices-elementary에서 다운로드할 수 있다.

수업 적용 팁

옳은 해결 방법만으로는 충분하지 않습니다. 교사는 학생들에게 목표로 하는 수학 개념과 연결하도록 도움을 주는 질문을 해야 합니다.

수업 중에 학생들이 [그림 3.13]에 제시된 해결 방법을 만들었다고 상상해 보시오. 제시된 모든 해결 방법이 정답이긴 하지만, 정답을 구하는 것과 목표로 삼은 아이디어를 이해하는 것은 동일하지 않다. 사실 이러한 해결 방법의 어떤 조합도 그 자체만으로는 수업 목표를 명확히 드러내지 못한다. 예를 들어, 학생들이 상황을 묘사하는 십진 모델을 그리거나 만들 수는 있지만, 그렇다고 해서 그것이 왜 나눗셈 문제인지를 이해한다거나, 그들이 자신의 십진 모델을 넓이 모델(area model)이나 반복 곱셈(repeated multiplication)으로 연결할 수 있다는 것을 의미하지는 않는다. 십진 그림에 대한 질문을 함으로써(예, 12개의 간식 봉투를 왜 그렸나요? 각 봉투에 얼마나 있는지 어떻게 구했나요? 각 봉투에 있는 개수를 통해 무엇을 알 수 있나요? 네가 그린 모델이 넓이 모델과 어떻게 같거나 다른가요?), 학생들은 자신의 활동을 되돌아보고 명확하지 않았던 연결을 만들 수 있다. 요점은 학생 해결 방법이 학습해야 할 수학을 명확히 드러내지는 않는다는 것이다. 교사는 수업 목표를 반영할 수 있는 해결 방법을 확인해야 하며, 그런 다음 학생들에게 목표로 하는 개념과 연결하도록 도움을 주는 구체적인 질문을 해야 한다.

스트롱 교사의 수업에서 일어난 것은 이 아이디어를 더 깊이 탐구할 수 있는 맥락을 제공한다. 3장에서 처음에 논의한 바와 같이, 스트롱 교사는 스트롱 선생님의 등산 과제에 참여한 결과로 학생들이 다음을 이해하기를 바랐다.

1. 범자연수를 분수로 나누는 것(예, $4 \div \frac{1}{3}$)은 범자연수(4)에 분수($\frac{1}{3}$)가 몇 번 반복하여 들어가는지 구하는 것을 의미한다.
2. 범자연수를 분수로 나눈 몫은 곱셈(예, $4 \div \frac{1}{3} = 4 \times 3$)으로 구할 수 있다. 분수가 피제수의 단위 1안에 몇 번 반복하여 들어가는지 구한 다음, 단위 1안에 들어가는 횟수와 피제수에 있는 그 단위의 총 개수를 곱한다(예, 1마일 안에 $\frac{1}{3}$이 3개 있고, 4마일 안에는 $\frac{1}{3}$이 4×3만큼 있다).
3. 1보다 작은 수로 나누면 1보다 작은 양으로 묶음을 만들게 되므로 몫은 피제수보다 커진다.

가르치는 일을 분석하기 6.6에서는 수업이 끝날 때 일어난 논의의 일부를 분석하고 어떤 아이디어를 어떻게 공개하였는지를 밝힐 것이다.

1) 핵심 아이디어를 공개하기 – 분석

5장에서 논의한 바와 같이 스트롱 교사는 [그림 5.6]에 제시된 1모둠(제인, 헨리, 카마라, 에이든)과 3모둠(코니, 잭슨, 잘리자, 자니사)이 만든 수직선으로 논의를 시작하기로 결정했다. 이 모둠들은 3분의 1에 해당하는 부분을 다르게 표시했으며 스트롱 교사는 이것이 논의해야 할 중요한 사항이라고 생각했다. 두 개의 수직선에 대한 이러한 논의는 4마일이 $\frac{1}{3}$인 부분들로 나누어지고 몫(12)이 4마일에 있는 $\frac{1}{3}$의 개수라는 점을 분명히 드러냈다. 학생들은 1마일에 3분의 1이 3개(마신 횟수) 있으므로 4마일에 있는 3분의 1의 개수(또는 마신 횟수)를 구하려면 3에 4를 곱해야 한다고 설명했다. 이러한 초반의 논의에서 목표 1과 2를 다루었으며, 두 목표 모두 이후 발표에서 탐구될 것이다.

수직선에 대한 논의가 끝난 후, 스트롱 교사는 에스터에게 이전에 논의하지 않았던

가르치는 일을 분석하기 6.6

핵심 아이디어를 공개하기

비디오 클립 6.6

비디오 클립 6.6에서는 세 가지 다른 아이디어를 논의한다.

- 먼저 에스터는 등식 $\frac{1}{3} \div 4 = \frac{1}{12}$이 틀린 이유를 설명한다. 이는 수의 순서($\frac{1}{3} \div 4$ vs $4 \div \frac{1}{3}$)가 중요한지에 대한 논의로 이어진다.
- 학급의 세 학생(마켈, 호아킨, 제인)이 분수를 곱하면 몫이 어떻게 되는지를 설명한다.
- 러틀랜드와 호아킨은 일반화에 대해 설명한다. 즉, 물을 마신 총 횟수는 등산한 마일 수와 각 마일당 멈춘 횟수를 곱한 것이다.

비디오 클립을 시청하면서 다음 질문에 대해 생각해 보시오.

1. 각각의 발표에서 목표로 하는 수학 아이디어는 무엇인가요?
2. 스트롱 교사는 학생들이 학습하기를 바라는 수학을 강조하기 위해 무엇을 하나요?

온라인 자료 비디오는 resources.corwin.com/5practices-elementary에서도 볼 수 있다.

등식을 설명하게 한다. 에스터는 자신의 모둠이 처음에 $\frac{1}{3} \div 4$를 썼지만, 이후에 그것이 정답을 도출하지 못할 뿐만 아니라, 더 중요하게는 문제 상황을 제대로 나타낸 것이 아니라는 것을 깨달았다고 설명하면서 발표를 시작했다. 에스터가 설명했듯이, "우리는 3분의 1을 나누는 게 아니에요. 왜냐하면 이것($\frac{1}{3} \div 4$)은 그게($\frac{1}{3}$) 나누어지는 수라는 것을 보여주기 때문입니다. 하지만 그건 우리가 나누고 있는 것이 아니에요. 우리는 실제로 마일을 나누고 있으므로 나누어지는 수를 4로 바꿨어요." 그러자 코니는 에스터가 말한 것을 반복한다. "아래에 있는 것은 틀렸어요. 왜냐하면 아래는 3분의 1을 4로 나누는 것이지만 실제 문제에서는 4를 3분의 1로 나누고 있기 때문이에요." 학급의 학생들은 순서가 중요하다는 점에 동의하고 에스터는 이렇게 결론을 내린다. "우리는 마일을 나눌 때, 3분의 1마일마다 멈춰서 물을 마시고 이것은 각 마일마다 세 번씩 발생한다는 것을 알았어요." 에스터의 발표는 나눗셈의 의미와 그들이 4를 $\frac{1}{3}$로 나눌 때 구하고자 한 것이 무엇인지를 다시 드러냈다.

스트롱 교사는 다음으로 마켈, 호아킨, 그리고 제인에게 분수로 나눌 때[3] 몫이 어떻게 되는지를 설명하게 한다. 마켈은 "더 커져요"라고 먼저 말하고 이후에 "처음에 있었던 나누어지는 수보다요"를 덧붙인다. 호아킨은 "그 분수로 나누면 몫이 더 커져요. 자연수[4]로 나누면 곱셈의 반대가 되기 때문에 더 작아져요"라고 말한다. 제인은 다음과 같이 정리한다: "그래서 4를 3분의 1로 나누면 더 많은 조각이 돼요. 왜냐하면 그게 전체 1마일(the whole mile)보다 더 작기 때문이에요. 하지만 전체 1마일로 나누면 훨씬 크기 때문에 조각의 개수가 줄어들 거예요." 해당 모둠의 세 학생의 기여는 목표 3(즉, 1보다 작은 수로 나누면 1보다 작은 양의 묶음을 만들기 때문에 몫은 피제수보다 커진다)을 분명히 드러냈다.

마지막으로 스트롱 교사는 러틀랜드와 호아킨에게 그들이 만든 일반화에 대해 논의하게 한다. 러틀랜드는 "마일 수에 각 마일에 멈춘 횟수를 곱하면 각 마일에 몇 번 멈췄는지를 알 수 있어요. 따라서 마일 수가 얼마든지, 멈춘 횟수가 얼마든지 상관없어요"라고 말한다. 러틀랜드의 설명은 완전히 옳은 것은 아니다. 실제로 그가 말한 것은 각 마일(위의 음영 처리)에 멈춘 횟수가 아니라 **임의의 마일 수에 대한 것**을 의미했다. 예를 들어, 호아킨은 이렇게 말한다: "256마일이 있고 분수가 7이면, 마일 수에 그 분수를 곱하면 돼요." 호아킨의 예는 완전히 명확한 것은 아니다. 왜냐하면 그는 7을 분수라고 말했지만 실제로 $\frac{1}{7}$을 의미하며 여기서 7은 각 마일에 멈춘 횟수이기 때문이다. 이는 결국 스트롱 교사의 질문을 통해 명확해진다. 일반화는 목표 2(즉, 범자연수를 분수로 나눈 몫은 곱셈으로 구할 수 있다. 왜냐하면 피제수의 단위 1안에 그 분수가 몇 번 반복하여

---

3 원문에는 '분수를 곱할 때(multiply by a fraction)'로 되어 있으나, 문맥에서 의미하는 것은 '분수로 나눌 때'이다.

4 원문에는 '범자연수(whole number)'로 되어 있으나 0으로 나눌 수 없으므로, 자연수로 번역하였다.

들어가는지를 구하는 것이기 때문인데, 이는 단위 1안에 반복하여 들어가는 횟수와 피제수에 있는 단위의 개수를 곱하는 것을 의미한다)를 탐구할 수 있는 또 다른 기회를 제공했다.

스트롱 교사는 학습해야 할 수학을 강조하기 위해 무엇을 하였는가? 가장 먼저 스트롱 교사는 수업에서 핵심에 있는 아이디어를 발표할 학생들을 신중하게 선정했다. 이것은 단지 학생들에게 자신들이 만든 포스터를 설명하게 하는 것 이상이었다. 사용한 표현 측면에서 포스터 사이에 유사성이 있었기 때문에, 상당한 중복이 발생할 수도 있었다. 대신 스트롱 교사는 각 발표자에게 특정한 것에 대해 이야기하도록 하여 핵심 아이디어가 공개적으로 드러나도록 하였다.

발표 학생들이 자신들이 알아낸 내용을 설명하는 동안 스트롱 교사는 학생들의 설명을 명확히 하기 위해 질문을 하거나 다른 학생들에게 발표하도록 하였다. 비디오에 나온 세 가지 발표는 수업의 마지막 7분 동안 일어났기 때문에 각각 다소 급하게 진행되었다. 시간이 좀 더 있었다면 스트롱 교사는 더 많은 학생에게 논의 중인 아이디어에 대해 깊이 생각해 보도록 함으로써, 학생들이 그 아이디어를 확실히 파악하도록 했을 수도 있다. 그러나 논의를 통해 그가 목표로 삼고 있던 핵심 아이디어가 드러났고, 이는 다음 수업에서 학생들이 그 아이디어를 더 자세히 탐구할 수 있는 토대를 마련해 주었다.

스트롱 교사의 수업에 대한 논의에서 나온 핵심 적용 팁(takeaway)은 다음과 같다. 그는 학생들이 붙잡고 씨름하기를 바라는 아이디어가 나올지를 우연에 맡기지 않았으며, 단 한 번의 설명을 듣는 것으로는 학생들이 그것을 이해하고 있다고 확신하기에 충분하지 않다고 여겼다. 교사는 발표할 활동을 신중하게 선정함으로써 학생들의 주의를 그 활동의 특정 측면으로 끌어들일 수 있었다.

3 교사가 논의와 설명하기를 대신하지 않기

교사로서 여러분은 학생들이 수업을 통해 무엇을 배워야 하는지 알고 있으며, 때때로 이를 학생들에게 전달하는 가장 빠르고 효과적인 방법은 그저 교사가 원하는 바를 직접 말해 주는 것이라고 생각할 수도 있다. 그러나 학생들이 단순히 교사의 설명을 들을 때 무엇을 배우고 기억하는지는 명확하지 않다. 경험이 풍부한 교사인 Steven Reinhart(2000)는 이에 대해 다음과 같이 가장 잘 설명했다.

> 제가 학급 앞에서 시범으로 보여주고 설명할 때 저는 많은 것을 배우고 있었지만, 정작 많은 학생은 그렇지 않았어요! 결국 저는 학생들이 수학을 정말로 배우려면, 학생들이 설명해야 하고, 저는 들어야 한다는 결론을 내렸습니다. 그 이후로 좋은 교사에 대한 저의 정의는 '학생들이 이해할 수 있도록 잘 설명하는 사람'에서 '학생들이 이해할 수 있을 만큼 잘 설명하게 하는 사람'으로 바뀌었습니다(p.478).

잠시 멈추고 생각하기

수업이 끝날 때 모든 설명을 하고 있는 자신을 발견했던 때를 생각해 보십시오. 그때 학생들은 무엇을 배웠다고 생각하나요? 어떻게 알 수 있나요? 여러분이 목표로 삼고 있는 아이디어에 대해 학생들이 이해한 것에 더 많은 통찰을 제공하기 위해 무엇을 다르게 할 수 있었을까요?

가르치는 일을 분석하기 6.5에서 살펴본 스태스트니 교사 수업의 예로 돌아가 보자. 학생들에게 $\frac{1}{2}$, $\frac{2}{4}$, 그리고 $\frac{4}{8}$를 나타내는 세 가지 모델에 대해 논의하도록 하는 대신, 학생들이 범한 오류를 지적하고 그 오류가 왜 틀린 것인지를 설명하면서 논의를 시작할 수도 있었다. 더 효율적이기는 하겠으나, 학생들이 무슨 생각을 하는지, 그 상황을 어떻게 이해하고 있는지(또는 이해 여부)에 대해서는 전혀 알 수 없었을 것이다. 교사는 말하기 행동을 사용하여 학생들이 무엇을 이해하고 있는지 배우고, 학생들이 어려움을 겪고 있는 것이 무엇인지 확인했으며, 모든 학생에게 그 상황과 동치에 관한 핵심 아이디어를 이해할 기회를 제공했다.

스트롱 교사의 경우에 두 모둠이 수직선을 발표한 후에 바로 멈추고, 교사가 학생들이 학습해야 할 핵심 아이디어를 요약할 수도 있었다. 이것은 진행된 논의보다 훨씬 빠르고 덜 **어수선**할 것이다.

스태스트니 교사와 스트롱 교사는 모두 교실 논의가 학생 학습에 매우 중요하다고 보았고, 논의에 개입해서 주도하고 싶은 충동을 억제했다. Reinhart(2000)는 이러한 정서를 그대로 반영하여 말한다.

> 좋은 논의에는 시간이 걸립니다. 처음에는 하나의 질문이나 문제를 논의하는 데 그렇게 오랜 시간을 들이는 것이 불편하게 느껴졌습니다. 편의상 학생들에게 그냥 말해 주고 넘어가고 싶은 욕구가 상당했습니다. 결국, 저는 지금 '적을수록 더 낫다(less is more)'는 철학으로 부르는 것의 가치를 보기 시작했어요. 이제 저는 양질(high-quality)의 문제를 제기하고 학생들에게 탐색하고, 자신의 사고를 처리하고, 발견한 내용을 성찰하고 방어하는 데 필요한 시간을 줄 때 모든 학생이 더 많은 것을 배울 수 있다고 믿습니다(p.480).

4 시간 부족

위의 인용문에서 라인하르트(Reinhart)가 언급했듯이 좋은 논의에는 시간이 걸린다. 그렇다면 전체 수업 시간이 45분밖에 없다면 좋은 논의를 촉진할 수 있을까? 여기에서 도움을 줄 수 있는 몇 가지 제안을 제시한다. 첫째, 수업을 이틀에 걸쳐 연장할 수 있다. 예를 들어, 양과 오리 과제(그림 5.9 참조)를 다루는 수업을 이틀 동안 진행하기로 계획할 수 있다. 첫째 날에는 과제를 소개하고 학생들이 모둠별로 과제를 수행하도록 할 수 있다. 첫째 날이 끝날 때 활동지를 모을 수 있다. 둘째 날 이전에 활동을 검토하고 어떤 반응(그림 5.10 참조)을 공유하기를 바라는지, 누가 공유할지, 어떤 순서로 발표할지 정할 수 있다. 그런 다음 둘째 날에는 전체 학급 논의를 진행할 수 있다. 이 접근 방식에는 몇 가지 장점이 있다. 활동을 검토하고 선정하기와 계열짓기에 관해 신중히 결정할 시간을 가질 수 있다. 또한 서두르지 않고 논의를 진행할 시간을 제공한다. 하지만 매 수업마다 이틀을 잡을 수는 없으므로 이는 신중하게 활용해야 하는 해결 방법이다!

고려해야 할 또 다른 사항은 학생들이 모둠으로 과제를 수행해야 하는 시간을 제한하는 것이다. 우리와 함께 활동했던 일부 교사들은 타이머를 설정하여 각 모둠이 자신에게 주어진 시간과 남은 시간을 정확히 알 수 있도록 했다. 이를 통해 학생들은 자신의 활동을 진행하는 데 책임을 지고, 교사는 시간이 얼마나 지났는지 알 수 있다. 학생들이 충분한 진전을 이루지 못한 경우에는 언제든지 시간을 연장할 수 있다.

학생 활동을 점검할 때 교사가 항상 염두에 두어야 하는 것은, 교사의 목표는 논의를 시작하기 전에 모든 학생이 정답을 구하도록 하는 것이 아니라, 학생들이 과제에서 진전을 이루도록 돕는 것이라는 점이다. 오히려 목표는 학생들이 논의를 이해할 수 있는 위치에 설 수 있도록 하는 것이다. Cartier와 그녀의 동료들(Cartier, Smith, Stein & Ross, 2013)은 다음과 같이 언급했다.

> 모둠에 개입할 때 교사의 목표는 활동 시간이 끝날 때까지 모든 학생이 완성되고 옳은 대답을 했는지 확인하는 것이 아니다. 오히려 목표는 학생들이 앞에 놓인 과제를 이해하려는 초기 단계의 노력을 지원하고, 생산적인 방향으로 활동하도록 하는 것이다. 수업 후반에는 학생들은 자신의 활동을 다른 학생들이 만든 것과 비교하고, 활동하고 있는 과제가 무엇이든 그에 대한 좋은 설명의 특징과 그 이면에 있는 생각을 명확히 할 수 있도록 전체 학급 논의에 참여할 기회를 갖게 될 것이다(p.88).

스태스트니 교사의 수업은 이에 대한 좋은 예를 제공한다. 모든 학생이 상황을 정확하게 묘사한 모델을 가지고 전체 학급 논의에 이른 것은 아니다. 스태스트니 교사는 모둠에 가서 학생들에게 무엇을 했는지 되돌아보게 하고, 그것이 과제 측면에서 말이 되는지 생각해 보게 했다. 우리는 스태스트니 교사가 셀비아, 아나시몬, 비니 그리고 요한나(Johanna)와 상호작용할 때 이를 볼 수 있었다. 셀비아와 아나시몬은 서로 다른 두 가지 모델을 가지고 있었다. 아나시몬은 $\frac{2}{6}$와 $\frac{4}{12}$를 보여주었고 셀비아는 $\frac{2}{6}$와 $\frac{4}{6}$를 보여주었다. 스태스트니 교사는 모둠에게 $\frac{2}{6}$와 $\frac{4}{6}$를 나타내는 모델을 검토하게 하고 그 모델이 타니샤와 데이비드가 같은 양을 먹었음을 보여주는지 확인하게 했다(**가르치는 일을 분석하기 4.5** 참조).

스태스트니 교사는 전체 학급 논의가 시작되기 전에 해당 모둠과 다시 확인해 보지 않았다. 논의 중에 스태스트니 교사는 아나시몬에게 본인이 만든 모델인 $\frac{2}{6}$와 $\frac{4}{12}$를 발표하도록 하였다. 원래 $\frac{4}{6}$를 만들었던 셀비아는 그것이 왜 $\frac{4}{12}$이어야 하는지 설명했다. 그녀는 "저는 6을 두 배하여 12를 만들었고, 2에 두 배하면 4가 돼요. 그리고 실제로 6을 나눠서 6개의 조각을 더 만들면 12가 돼요"라고 말했다. 이는 스태스트니 교사가 해당 모둠을 떠난 후 아나시몬이 자신의 모델을 발표할 때까지 그 사이에 셀비아가 이전에는 이해하지 못했던 것을 이해하게 되었음을 보여준다.

수업 적용 팁

모든 학생이 정답을 가지고 있거나 전체 과제를 완료해야만 전체 학급 논의에 참여하고 그로부터 배움을 얻을 수 있는 것은 아닙니다.

최선을 다해도 시간이 부족할 수 있다. 이것이 스트롱 교사에게 일어난 일이다. **가르치는 일을 분석하기 6.6**에서 우리는 스트롱 교사가 수업 시간에 에스터가 제시한 아이디어(왜 $\frac{1}{3} \div 4$가 아니라 $4 \div \frac{1}{3}$인지), 마켈, 호아킨, 그리고 제인이 제시한 아이디어(제수가 분수일 때 몫은 어떻게 되는지), 러틀랜드와 호아킨이 제시한 아이디어(마일 수와 멈춘 지점들 사이의 거리를 고려하여 물을 마신 횟수를 어떻게 일반화할 수 있는지)를 철저하게 논의할 시간이 충분하지 않다는 점을 보였다.

그러면 스트롱 교사는 이 수업 이후에 무엇을 해야 하는가? 학생들이 모두 식 $4 \div \frac{1}{3}$과 4×3을 쓸 수 있는 것으로 보였기 때문에 교사는 왜 나눗셈식이 곱셈식이 되는지를 명시적으로 다루는 데 초점을 둘 수도 있다. 이를 위해 교사는 [그림 6.6]과 같은 문제를 사용할 수도 있다.

그림 6.6 스트롱 교사가 활용할 수 있는 문제의 예

> 제시(Jesse)는 피자 5판을 가지고 있습니다. 그는 친구들이 각각 피자 한 판의 $\frac{1}{4}$을 먹을 것이라고 말합니다. 몇 명의 친구가 피자를 먹을 수 있나요?
>
> 1. 각각 피자 한 판의 $\frac{1}{4}$을 받는다면 몇 명의 친구를 초대할 수 있는지 다이어그램을 그리고, 설명하시오.
> 2. 제시가 피자 5판을 가지고 있고 각 친구에게 피자 한 판의 $\frac{1}{8}$을 주기로 한다면 몇 명을 초대할 수 있나요?
> 3. 제시가 피자 5판을 가지고 있고 각 친구에게 피자 한 판의 $\frac{1}{2}$을 주기로 한다면 몇 명을 초대할 수 있나요?
> 4. 단위 분수가 자연수에 몇 번 들어가는지 어떻게 구할 수 있나요?

온라인 자료 과제는 resources.corwin.com/5practices-elementary에서 다운로드할 수 있다.

이 문제는 학생들로 하여금 러틀랜드와 호아킨이 설명한 방식으로 특정 문제를 넘어 일반화하도록 이끈다. 이는 학급의 다른 학생들에게 문제를 해결할 기회를 줄 뿐만 아

니라 핵심 아이디어와 씨름할 수 있는 기회를 제공할 것이다. 어느 시점에서 스트롱 교사는 친구 한 명당 똑같은 분수 양만큼 받을 때 주어진 임의의 피자 개수로 총 몇 인분을 만들 수 있는지를 구하는 가장 일반화된 버전의 문제로 나아가도록 유도하고자 할 수도 있다.

스트롱 교사가 해당 수업 이후에 할 수 있는 또 다른 아이디어는 학생들에게 분수를 자연수로 나누는 일련의 과제를 해결하게 하는 것이다. 학생들은 피자 한 판의 $\frac{1}{2}$을 친구 5명과 나누어야 한다면, 한 명이 받는 양은 얼마인지를 생각해 볼 수 있다. 이를 통해 학생들은 $5 \div \frac{1}{2}$과 $\frac{1}{2} \div 5$ 사이의 차이를 탐색할 수 있다.

여기서 핵심 포인트는 아이디어를 공개했다고 해서 모두가 이를 이해한다고 가정할 수 없다는 것이다. 학생들이 아이디어를 스스로 이해하고, 자신이 이해했음을 말로 발표하거나 활동지에 쓰는 것을 통해서 보여줄 시간이 충분하지 않은 경우 다른 맥락에서 해당 아이디어를 다시 살펴볼 기회를 가져야 한다.

5 결론

이전 장에서 논의한 목표 설정하기, 과제 선정하기와 예상하기, 점검하기, 선정하기, 그리고 계열짓기 관행은 교사가 생산적인 논의를 조율하도록 준비하기 위한 것이다. 논의는 수업을 신중하게 계획하고 과제를 수행하는 동안 학생들이 무엇을 하고 말하는지에 세심한 주의를 기울이는 데 있어서 교사가 하는 모든 일의 정점이다. 연결이 이루어지고 수업에서 목표로 삼는 수학 아이디어가 공개되는 것은 논의이다.

의도적이고 신중하게 선정하고 계열 지은 학생 활동은 교실 논의의 기초가 된다. 타라 타이어스, 올리비아 스태스트니, 그리고 앤드류 스트롱이 조율한 논의는 이 점을 잘 보여준다. 각 교사는 학생들을 수학 아이디어의 저자로 두고 그들이 무엇을 했는지, 그리고 그 이유는 무엇인지를 설명하도록 했다. 교사들은 주의 깊은 질문을 통해 학생들이 설명을 명확하게 하도록 돕고, 학급의 전체 학생들이 발표자의 활동을 이해하는 데 참여하도록 도울 수 있었다. 이렇게 함으로써 모든 학생은 발표자의 활동과 수업에서 핵심이 되는 수학 아이디어를 이해하는 데 책임을 졌다.

앞서 언급했듯이 논의를 조율하는 것은 어려울 수 있다. 극복해야 할 가장 큰 장애물은 아마도 교사 자신일 것이다. 즉 학생들이 알아야 하는 것을 직접 말해 주고 그 생각을 대신하는 유혹을 참고 견디는 것이다. 20여 년 전에 『**학교 수학을 위한 원리와 규준**』(NCTM, 2000)에서 언급했듯이, "교사는 학생들의 사고 과정을 대신하여 그 어려움을 없애는 것이 아니라, 학생들을 어떻게 지원할 것인지 … 결정해야 한다"(p.19). 우리가 확인한 어려움들은 교사가 학생들을 전체 학급 논의에 참여시킬 때 직면할 수 있는 몇 가지 주의할 점을 강조한다. 우리는 여러분이 자신의 교실에서 논의를 조율해 나갈 때 스트롱 교사와 스태스트니 교사가 이러한 어려움을 다룬 방식에서 도움을 얻기를 바란다.

다음 장에서 왜 5가지 관행 모델의 활용을 고려해야 하는지, 그리고 이 관행들을 수업 도구(instructional toolkit)의 구성 요소로 삼기 위해 어떻게 시작할 수 있는지에 대한 질문을 다룬다.

학생 반응을 연결하기-요약

비디오 클립 6.7

학생 반응을 연결하기에 대해서 더 자세히 듣고 보려면 비디오 클립 6.7을 시청하시오.

온라인 자료 비디오는 resources.corwin.com/5practices-elementary에서도 볼 수 있다.

5가지 관행을 자신의 수업에 연결하기

연결하기

이제는 4장 이후에 여러분이 가르친 수업에 대해 학생들의 반응을 연결하기라는 렌즈를 통해서 성찰할 시간입니다.

1. 학생의 반응과 수업 목표 사이에는 어떤 연결이 이루어졌나요?

2. 학생들의 서로 다른 반응 사이에는 어떤 연결이 이루어졌나요?

3. 수업에서 목표로 삼은 수학 아이디어는 어느 정도로 공개적으로 드러났나요?

4. 학급의 모든 학생이 발표된 아이디어를 이해하는 데 참여하고 책임질 수 있도록 교사로서 무엇을 했나요?

5. 이 장을 읽고 연결하기 과정에 대해 더 깊이 이해한 것을 바탕으로, 같은 수업을 다시 한다면 무엇을 다르게 할 것인가요?

6. 다음 수업을 계획하고 가르칠 때 활용할 것으로, 이 장에서 무엇을 배웠나요?

"5가지 관행에 대해서 제가 가치 있다고 알게 된 것은 나의 학생들을 위해 높은 수준의 과제를 선정하고, 계획하고, 계획하고, 또 계획한다는 것입니다. 저에게 5가지 관행을 행하는 가장 큰 부분은 학생이 할 것에 대해 계획하고, 예상하고, 파악하는 것이어서 학생들이 학습을 발전시킬 수 있도록 제가 준비되는 것입니다."

- 올리비아 스태스트니, 3학년 교사

CHAPTER 07

되돌아보기와 나아가기

2장부터 6장까지는 생산적인 수학적 논의를 조율하기 위한 5가지 관행 각각을 탐색하고 각 관행의 구성 요소 및 이와 관련한 어려움을 확인했다. 올리비아 스태스트니, 앤드류 스트롱, 타라 타이어스 교사가 가르쳤던 수업은 5가지 관행에 생명을 불어넣고 실제 도시 교실에서 교수·학습을 분석하기 위한 풍부한 맥락을 제공했다.

이 시점에서 여러분은 부담감을 느낄지도 모른다. 정말 이 일을 할 수 있을지, 이러한 노력을 할 만한 가치가 있는지 궁금해지기 시작할 수도 있다. 그렇다면 여러분은 혼자가 아니다. 우리가 여러분에게 요청하는 일은 이 일에 **능숙해지기까지**(get good at it) 상당한 시간이 걸리며, 현재의 관행을 재고해야 할 수도 있다. 메트로 내슈빌 공립학교의 세 교사도 비슷하게 느꼈다. 이 교사들은 다음과 같은 조언을 제공한다.

> 완벽하지는 않을 것입니다. 모든 수업이 완벽하지는 않습니다. 여러분은 모든 것을 다 해내지 못할 수도 있습니다. 그냥 흘러가도록 내버려두세요. 단지 여러분의 단계(phases)와 하고 싶은 것을 확실하게 계획하세요. 사전 계획은 매우 중요하며 더 많이 계획할수록 더 잘할 수 있을 것입니다. 그러한 연결을 만들면 여러분의 학생들은 수학을 사랑하고 즐길 수 있을 것입니다.
>
> – 타라 타이어스

더 많이 행하고, 더 많이 시도하고 연습하면 할수록, 가르치는 데 타고난 재능이 생기게 됩니다. 그렇게 하기는 꽤 어렵기 때문에 연습해야 합니다. 그러한 단계, 아이디어, 접근 방식을 마음에 두고 연습하면 그것이 여러분의 가르치는 방식이 됩니다.

– 앤드류 스트롱

이 방식이 다르다고 해서 시도하는 것을 두려워하지 마세요. 여러분의 아이들이 자신의 학습을 주도하게 하고 교사는 한 발짝 물러서서 그냥 두세요. 가장 중요한 조언은 단지 계획을 세우라는 것입니다!

– 올리비아 스태스트니

이 장의 나머지 부분에서는 다음의 세 가지 질문을 다룬다. 왜 5가지 관행 모델의 사용을 고려해야 하는가? 이러한 관행을 수업 도구의 구성 요소로 만들려면 어떻게 시작해야 하는가? 높은 수준의 과제에 대한 논의에 학생들을 얼마나 자주 참여시켜야 하는가? 이러한 질문에 대한 답을 통해 불안감을 조금이나마 해소하고 5가지 관행을 가지고 앞으로 나아가기 위한 경로를 찾을 수 있다.

1 5가지 관행 모델을 활용하는 이유

2장부터 6장까지 논의한 것과 같이 높은 수준의 수학 과제에 대한 논의는 학생들이 수학에 대한 이해를 개발하는 주요한 수단이다. 연구에 따르면 학생들이 높은 수준의 과제에 지속적으로 참여할 기회를 가질 때 학습 성과(outcomes)가 가장 큰 것으로 나타났다(Boaler & Staples, 2008; Stein & Lane, 1996; Stigler & Hiebert, 2004). 그러나 높은 수준의 과제는 그 과제의 요구 사항(demands)을 유지하는 방식으로 실행하기가 가장 어렵다(Stein, Grover & Henningsen, 1996). 수업 중에 과제의 인지적 요구 수준이 유지되지 않으면 학생들의 사고와 문제 해결의 기회가 사라지고 학생들은 종종 거의 노력 없이 규칙이나 절차를 적용해야 하는 경우가 많다[예를 들어, '스티븐스 씨와 밴드 콘서트 과제의 사례'(Huinker & Bill, 2017) 또는 '프랜 고먼과 케빈 쿠퍼의 사례'(Stein, Smith, Henningsen & Silver, 2009)를 참조하시오].

5가지 관행 모델은 교사가 수업 전에 사려 깊고 철저한 계획하기에 집중함으로써 수업 중에 높은 수준의 과제에 대한 인지적 요구 수준을 유지할 수 있도록 돕기 위한 것이다. 수업 중에 교사가 결정해야 하는 개수를 제한함으로써, 교사는 학생들에게 무엇을 해야 하는지 지시하기보다는 질문을 통해 학생들을 지원할 준비를 더 잘 할 수 있다. Smith & Stein(2018)은 다음과 같이 언급한다.

> 간단히 말해, 5가지 관행을 통해 교사는 과제의 요구 수준을 낮추지 않으면서도 학생들이 도전적인 과제를 수행할 수 있도록 지원할 수 있다. 특히 학생들이 과제를 해결할 때 (시작하지도 못하는 경우를 포함하여) 어떻게 할 것 같은지를 예상하고 학생들의 이해를 평가하고 발전시키기 위해 물어볼 수 있는 질문을 통해, 교사는 학생들의 사고를 대신하지 않고도 학생들의 참여와 학습을 지원하는 비계를 제공할 수 있는 훨씬 더 나은 위치에 있게 된다(p.131).

소개된 세 명의 교사들은 모두 자신이 선정했던 높은 수준의 과제의 요구 수준을 유지하는 데 성공했으며, 이는 교사들이 5가지 관행을 상당 부분 활용했기 때문이라고 생각한다. 각 교사는 해당 수업에서 달성해야 하는 분명한 목표를 가지고 있었고, 그 목표에 부합하는 높은 수준의 과제를 선정했으며, 학생들이 무엇을 할 것이고 어떻게 반응할지 예상했다. 그 결과, 교사들은 학생들의 사고를 지나치게 대신하지 않고도 학생들이 목표를 향해 지속해서 나아갈 수 있도록, 학생들의 과제 수행을 지원하는 방식으로 학생들과 상호작용할 준비가 되어 있었다. 예를 들어, 루시안, 제스퍼, 에스터, 마켈이 스트롱 선생님의 등산 과제(**가르치는 일을 분석하기 4.4** 참조)를 해결하고 있는 동안 스트롱 교사는 그들과 상호작용하면서, 학생들의 대답(3 × 4 = 12이므로 스트롱 선생님이 물을 마시려고 12번 멈췄다)을 받아들이고 3을 곱하는 것이 어떻게 $\frac{1}{3}$로 나누는 것과 같은지 설명할 수도 있었는데, 그러지 않았다. 대신 교사는 학생들에게 왜 원래의 문제에는 분수가 있었는데, 학생들의 등식에는 분수가 없는지 그 이유를 설명하라고 요청했다. 그는 "여기에서 분수는 어디로 간 거죠?"라고 질문했다. 이후 스트롱 교사가 수업 중 이 모둠으로 돌아왔을 때(**가르치는 일을 분석하기 4.6** 참조), 학생들이 어느 정도 진전이 있었고, 추가적으로 등식 $4 \div \frac{1}{3}$을 작성했음을 알게 되었다. 교사는 3을 곱하는 것과 $\frac{1}{3}$로 나누는 것을 학생들이 연결해 보도록 격려했다. 스트롱 교사는 "만약 네가 말한 대로 이러한 [등식]이 같은 답이 된다면, [$4 \div \frac{1}{3} = 12$를 가리키면서] 여기서 3은 어디에 있나요?"라고 물었다. 스트롱 교사는 자신이 보기를 원했던 관계(3이 1마일에 들어 있는 $\frac{1}{3}$의 개수라는 것)를 학생들에게 단순히 설명하는 것이 훨씬 더 편리했을 수도 있지만, 그렇게 하면 학생들이 사고하고 학습할 기회를 빼앗아 갔을 것이다. 학생들이 주도권(ownership)을 갖지 못한, 교사의 설명이 학생들의 이해에 도움이 되었을지는 분명하지 않다. 스트롱 교사는 자신의 행동을 통해 과제의 요구 수준을 유지하고 학생들의 학습 기회를 극대화할 수 있었다.

수업 적용 팁

5가지 관행 모델을 활용하면 교사가 과제의 요구 사항을 낮추지 않고도 높은 수준의 과제를 실행하는 데 도움이 됩니다.

높은 수준의 과제에 대한 논의는 학습을 촉진하는 것 외에도 접근성(access)과 공정성(equity)을 증진할 수 있다. 미국 수학 교사 협의회(2014)에 따르면, 접근성과 공정성을 제공하려면 "모든 학생이 수학 교실에 성공적으로 참여하고 도전적인 수학을 배울 수 있는 기회를 가지는 것을 확실히 하는"(p.68) 교수법이 필요하다. 여러 가지 시작점을 가지고 있고, 다양한 표현을 사용할 수 있으며, 다양한 방법으로 해결할 수 있는 높은 수준의 과제를 활용하는 것이 모든 학생이 의미 있는 수학을 접할 수 있도록 하는 첫 번째 단계이다. Boaler & Staples(2008)에 따르면, "성공할 수 있는 방법이 많으면 더 많은 학생이 성공한다"(p.16).

학생들이 높은 수준의 과제에 대한 논의에 참여하도록 하는 것은 접근성과 공정성을 달성하기 위한 다음 단계이다. 논의를 통해 학생 사고를 존중하고, 학생들을 수학적 아이디어의 저자로 자리매김하며, 과제와 그 해결책을 이해하는 데 기여한 공로를 인정할 수 있는 기회를 제공한다. Sorto & Bower(2017)는 담화(discourse)가 접근성과 공정성을 향상시킬 수 있는 방법을 설명한다.

> 생산적인 담화는 학생들이 논의를 통해 수학적 개념과 전략을 이해하고 기여할 수 있는 기회를 제공한다. 또한 학생들은 동료 학생들의 지원을 받으면서 문제에 대한 접근과 이해를 할 수 있다. 교사가 안전한 지적 기여 환경을 조성함에 따라 교실의 모든 학생에게 높은 기대와 책임감을 부여할 수 있다. 학생들의 참여와 추론은 항상 문제를 성공적으로 해결하는 데 기여하는 정도로 검증된다(p.68).

예를 들어, 타이어스 교사의 수업에서 일어났던 논의를 생각해 보자. 타이어스 교사는 그 교실의 어느 누구도 생각하지 못했던 반올림 및 보상 전략(**가르치는 일을 분석하기 6.3** 참조)을 엘시에게 발표하도록 초대함으로써, 엘시의 사고를 존중하고 그녀를 중요한 수학적 활동의 저자로서 자리매김하게 했다. 엘시의 해결 방법에 대한 논의를 통해 그 학급의 모든 학생은 그 상황을 개념화하고 과제를 해결하는 다른 방법을 접할 수 있었다. 학생들은 해결책을 이해하는 데 책임감을 가져야 했다. 타이어스 교사는 학급 학생들에게 질문을 제기했고(예, 누가 그녀가 말한 것을 말할 수 있을까요? 그녀가 70을 어디서 얻었는지 궁금한 사람 있나요? 왜 1만큼 되돌아갔을까요?) 학생들이 이 질문에 답하기를 기대했다.

타이어스 교사의 교실에서 논의는 모든 학생에게 도전적인 수학을 접하고 문제에 대한 이해를 넓힐 수 있는 기회를 제공했다.

높은 수준의 과제에 대한 논의는 또한 수학적 행위자로서의 학생들의 정체성 발달에도 도움이 될 수 있다. Aguirre, Mayfield-Ingram & Martin(2013)은 **수학적 정체성**(mathematical identities)을 '학생들이 수학적 맥락에 참여하고 효과적으로 수행하며, 삶의 다양한 맥락에서 수학을 강력하게 활용할 수 있는 자신의 능력에 대해 형성해가는 성향과 깊은 신념'으로 정의한다(p.14).

그렇다면 학생들이 긍정적인 수학적 정체성을 형성하도록 어떻게 도울 수 있을까? Aguirre와 동료들(2013)은 학생들의 긍정적인 정체성을 형성하는 데 도움이 되는 일련의 공정성 기반 교수 관행을 확인한다. 이러한 관행의 핵심은 다양한 시작점을 제공하는 인지적 요구 수준이 높은 과제에 학생들을 참여하게 하고, 학생들이 자신의 해결책을 정당화하도록 지원하며, 끈기를 장려하고, 학생들도 전문성(expertise)을 가진 존재로 자리매김하는 것이다.

수업 적용 팁

5가지 관행 모델을 활용하면 교사가 모든 학생에게 높은 수준의 수학을 제공할 수 있습니다.

예를 들어, 발표할 사람과 순서에 대한 타이어스 교사의 결정을 고려해 보자. 그녀는 조슬린을 먼저 발표하기로 한 결정을 다음과 같이 설명한다.

> 한동안 조슬린을 부른 적이 없었고, 나는 정말로 교실에서 어느 정도 공정성이 있기를 원했기 때문에 조슬린을 불렀습니다. 그래서 나는 조슬린을 부르기로 결정했고 그래서 그녀는 자신의 수학적 사고를 설명할 수 있었습니다. 그리고 조슬린은 십진 블록을 가지고 등식을 보여줄 수 있었어요.

타이어스 교사는 그 학급의 대부분의 학생이 산출한 해결 방법을 조슬린에게 발표하게 함으로써 조슬린에게 역량을 발휘할 기회를 주고 전체 학급이 논의에 참여할 수 있는 기회를 제공했다.

세 교실을 모두 살펴보았을 때, 그 교사들 즉, 타이어스, 스태스트니, 스트롱 교사는 학생들을 전문성을 가진 존재로 자리매김하게 한다는 것을 알 수 있다. 모든 학생이 발표하지는 않았지만 각 반의 여러 학생이 자신들의 해결 방법을 공유할 기회를 가졌다. 또한 다른 많은 학생도 논의 중에 자신의 의견을 말할 기회를 가졌다.

올리비아 스태스트니, 앤드류 스트롱, 타라 타이어스 교사가 개발하고 실행했던 5가지 관행 수업은 학생들이 의미 있는 수학을 학습할 수 있도록 지원하고, 모든 개별 학생에게 접근성과 공정성을 제공하였으며, 그렇게 함으로써 학생들이 수학을 할 수 있는 유능하고 능력 있는 사람이라는

수업 적용 팁

5가지 관행 모델을 활용하면 교사들이 학생들의 긍정적인 정체성의 형성을 도울 수 있습니다.

정체성을 형성하는 데 도움을 주었다고 우리는 주장한다.

2 5가지 관행을 시작하기

5가지 관행을 처음 사용하는 사람이든, 또는 이 책을 읽기 전에 이미 활용했던 사람이든, 연습과 성찰은 교실에서 생산적인 수학적 논의를 조율하는 여정을 시작하거나 계속하는 데 도움이 될 것이다. 이 어려운 일에서 진전을 이루기 위한 핵심은 다른 교사들과 협력하고 그들로부터 배우는 것이다. 스태스트니 교사는 다음과 같이 요약한다.

> 때로는 여러분이 놓칠 수 있는 전략도 여러분과 함께 일하는 누군가는 볼 수 있기 때문에 모든 다른 전략을 보기 위해서 다른 사람들과 협력해야 하며, 실제로 함께 협력하고 계획하는 것은 매우 중요하다.

다음 절에서는 5가지 관행에 대한 작업을 시작하거나 계속하는 방법에 대한 몇 가지 지침을 제공한다.

1) 수업을 협력하여 계획하기

동료와 함께 수업을 계획하시오. 동일한 맥락에서 일하기 때문에 여러분의 학교나 교육청의 교사들과 함께 계획하는 것이 가장 적합할 수 있지만, 현재 사용 가능한 테크놀로지를 고려할 때 여러분의 협력자는 다른 도시, 주 또는 나라에 살고 있을 수도 있다!

이 책에 소개된 세 가지 수업(라자냐, 스트롱 선생님의 등산, 타이어스 선생님의 마커)은 부록 E에 표시된 수업 계획 템플릿과 부록 B에 표시된 점검표를 활용하여 협력적으로 계획되었다. 동료와 협력하여 수업을 계획하는 것은 교사로 하여금 과제에 참여하는 것으로부터 배울 수 있는 일련의 광범위한 아이디어에 접근할 수 있게 하고, 학생들이 과제에 반응할 수 있는 방법, 학생의 학습을 평가하고 발전시킬 수 있는 질문, 그리고 수업에서 목표로 하는 수학 아이디어를 공개하는 데 가장 유용한 해결책을 제공한다. 이러한 세부적인 공동 수업 계획은 일본에서 비롯된 전문성 개발 접근 방식인 수업 연구의 많은 특징을 공유한다(Lewis, Perry & Hurd, 2004).

수업 계획 템플릿은 수업의 주요 측면에 초점을 맞춘 일련의 질문을 제공함으로써 논의를 지원한다. 많은 수업 계획 도구가 수업 중에 교사가 무엇을 할 것인지에 초점을 맞추는 반면에, 수업 계획 템플릿은 학생이 무엇을 할 것인지와 교사가 어떻게 학생을 지원할 것인지에 초점을 맞추고 있다. Smith, Bill & Hughes(2008)가 설명하듯이, "목표는 흔히 수업 계획과 관련된 구조적 구성 요소를 뛰어넘어 수업 중에 학생들의 수학적 이해를 증진하는 방법에 대해 더 깊게 고려하는 것이다"(p.137).

수업 적용 팁

수업 계획 템플릿은 학생들이 무엇을 하고 있는지와 교사가 학생들을 어떻게 지원할 것인지에 초점을 맞춥니다.

5가지 관행 모델은 (부록 E의 수업 계획 템플릿에 회색 음영으로 제시된 바와 같이) 계획하기의 주요 측면을 많이 다루고 있지만, 학생들이 과제를 해결할 때 도출할 수 있는 사전 지식, 학생들에게 제공할 도구, 자원 및 자료, 과제를 시작하는 방법, 학습을 확장할 수 있는 숙제, 그리고 교사가 목표로 한 아이디어를 학생들이 이해한다는 증거로 무엇을 택할 것인지 등과 같은 다른 측면의 계획하기도 고려해야 할 사항이다. 이러한 추가 질문은 학생들이 과제에 참여하는 데 필요한 것을 갖추고 있는지 그리고 교사가 학습의 증거로 간주할 내용을 명확히 파악하는 데 도움이 된다.

타이어스 선생님의 마커 과제에 대한 완성된 점검표는 이 책의 마지막에 있는 자원 섹션에서 찾을 수 있다(부록 C 참조). 이 점검표를 이러한 교실에서 수업에 대해 교사가 알게 된 것에 비추어 검토하고, 수업 계획이 교수 및 학습을 지원했다고 생각하는 방식을 고려하는 것이 도움이 될 수 있다. [수업 계획 템플릿을 활용하여 작성한, 수업 계획의 또 다른 예는 Huinker & Bill(2017) 및 Smith & Stein(2018)을 참조하시오.]

처음에 전체 수업 계획 템플릿을 활용하는 것이 부담스러워 보이면, 일부만 집중하는 것부터 시작할 수 있다. 5가지 관행을 함께 하면 그 관행 모두를 행하는 것에 시너지가 있으므로 각 부분의 합보다 더 효과가 있지만, 목표 설정하기, 과제 선정하기, 반응과 질문을 예상하기에 집중하는 것부터 시작할 수 있다. 첫 번째 단계로 이 세 가지 관행에 참여하면 교사는 달성하고자 하는 목표, 학생들이 도전적으로 해 볼 수 있는 과제, 그리고 학생들이 진전(make progress)을 이룰 수 있도록 돕는 질문을 명확히 하여 학생을 지원할 준비를 할 수 있다. 미리 행할 수 있는 관행에 익숙해지면 다른 관행을 레퍼토리에 추가할 수 있다.

2) 수업을 관찰하고 협의하기

한 명 이상의 동료와 함께 수업을 관찰하고 분석하는 데 참여하시오. 관찰의 요점은 교사가 5가지 관행을 활용했다는 증거를 찾을 수 있는지 확인하는 것이 아니라 학생이 수학을 학습했다는 증거를 찾을 수 있는지를 확인하는 것이다. 다음 질문을 통해 수업 관찰 및 협의(debriefing)를 구성할 수 있다.

- 학생들은 무엇을 하고 무엇을 말하나요? 학생들은 누구와 대화하나요?
- 누가 질문을 하나요? 어떤 질문을 하고 있나요?
- 누가 설명을 하나요? 어떤 것이 설명으로 간주되나요?
- 학습의 증거는 무엇인가요?

5가지 관행 수업을 실시간으로 참관할 때는, 각 관찰자에게 완성된 점검하기 도구의 사본을 제공하여 수업 중 학생들이 행하는 것과 말하는 것에 대한 자료를 수집하는 데 사용할 수 있다. 그런 다음 관찰자가 작성한 주석이 달린(annotated) 점검표를 활용하여 수업 중에 학생들이 무엇을 했고 말했는지, 그리고 의도된 바를 학생들이 어느 정도 학습한 것처럼 보이는지에 대해 증거 기반 논의를 지원할 수 있다.

3) 수업을 성찰하기

수업이 끝난 후, 가능한 빠른 시점에 수업에 대해 성찰하시오. 각 수업 말미에, 목표했던 것을 달성했는지, 의도했던 것을 학생들이 배웠거나 배워가고 있는 과정 중에 있다는 증거로 무엇을 택할 수 있는지 스스로에게 물어보는 것이 중요하다. 수업에 큰 차질이 없었고 학생들이 과제에 참여했다면 수업에 만족감을 느끼기 쉽지만, 이것이 반드시 의도했던 것을 학생들이 배웠다는 것을 의미하지는 않는다. 일어난 일에 대한 자신의 믿음을 뒷받침할 증거를 찾기 위해 스스로를 독려하는 것이 중요하다. 수업 논의에 대한 비디오 녹화, 수업에서 학생이 활동한 것, 완성된 점검표, 또는 수업이 끝날 때 받은 출구 티켓(exit ticket)[1]은 학생 학습에 대한 성찰에 도움이 될 수 있는 일부 자료이다.

의도했던 것을 학생이 배웠다는 증거를 찾을 수 없다면 다음 단계를 결정해야 한다. 성찰은 학습한 것을 토대로 자신이 무언가 다른 것을 하려는 의지가 있을 때만 그 의미가 있다. 이는 다음 날 무엇인가 다른 방식으로 수업하거나 수업의 일부 측면을 변경하는 것을 의미할 수 있다.

6장에서 논의했듯이, 수업 후 성찰에서 타이어스 교사는 수업 목표 중 하나가 학생들이 반올림 및 보상 전략을 이해하는 것이었지만, 첫 번째 문제에서는 한 학생만 이 전략을 사용했고 두 번째 문제에서는 다른 학생 몇 명만 시도했기 때문에, 그 목표를 계속 유지해야 할 것으로 인정했다. 교사는 다음과 같이 설명했다.

> 두 번째 문제를 풀었을 때 적어도 몇 명은 보상(compensate)하기 위해 반올림하려고 시도했어요. 그래서 그것은 좋았습니다. 학생들이 스스로 해보고 싶어 했기 때문에 성공적이었다고 생각합니다. 반올림 및 보상 전략은 확실히 다시 해보고 싶은 부분입니다. 더 많이 연습하게 되면 모든 학생 또는 대부분의 학생이 이 전략을 적용할 수 있다고 믿습니다.

성찰을 통해 타이어스 교사는 수업을 발전시키기 위해 다음에 무엇을 해야 할지 파악할 수 있었다. 학생들의 사고와 이해가 어디쯤 있는지 솔직하게 평가하는 것은 모든 개개 학생이 수학을 이해하면서 배울 수 있도록 하는 핵심이다.

4) 비디오 클럽

학교에서 비디오 클럽(video clubs)을 시작하시오. 비디오 클럽은 교사들이 함께 모여 서로의 수업 비디오를 보고 논의할 수 있는 기회이다. 이러한 클럽은 정규 수업 전이나

1 출구 티켓은 미국 수업에서 자주 쓰이는 수업 마무리 활동 중 하나로, 수업을 마치기 직전에 학생들이 제출하는 짧은 과제나 응답지를 의미한다. 예를 들어, '오늘 수업에서 가장 중요하다고 생각되는 점은 무엇입니까?'라는 간단한 질문에 대해서 학생들이 답변을 적어 제출할 수 있다. 학생들은 수업 시간에 배운 내용을 스스로 정리할 수 있고, 교사는 학생의 이해 수준을 파악하는 데 활용할 수 있다.

후, 지정된 공유 계획 기간 또는 전문적 학습 공동체 모임 중에 모일 수 있다.

비디오 클럽의 목적은 교사들이 본인 교실과 동료 교사의 교실에서 일어나는 중요한 사건을 알아차리고 이해하는 방법을 배우도록 돕는 것이다(Sherin & Linsenmeier, 2011). 비디오를 활용하여 주목하는 방법을 배우면 교사들은 교실에서 사건이 전개될 때 순간적으로 어디에 주의를 집중해야 하는지 파악하는 데 도움이 된다. Sherin & Dyer(2017)에 따르면, 다음과 같다.

> 비디오를 사용하면 교사들이 주목한 것을 이해하는 방식을 바꾸는 데 도움을 줄 수 있다. 학생 사고의 기저에 깔린 이유는 종종 복잡하고 언뜻 보기에 쉽게 관찰할 수 없는 경우가 많다. 비디오는 교사가 수업 도중에는 보기 어려운 학생 사고의 복잡한 측면을 고려할 수 있는 기회를 교사에게 제공한다(pp.51, 53).

그러나 안내 없이 단순히 비디오를 보는 것만으로는 교사가 수업의 가장 중요한 측면에 집중하는 것을 보장하지 않는다. Sherin & Linsenmeier(2011)는 교사들의 전문적 시각(즉, 중요한 교실 사건을 이해하는 능력) 발달을 지원하는 비디오 활용에 대한 일련의 지침을 제공한다.

- 증거에 집중하시오: 일어났을 수도 있는 일이 아니라 일어난 일에 집중하시오.
- 세부 사항에 집중하시오: 교실 사건의 특정 측면(예, 학생 사고)에 집중하시오.
- 전형적인 것에 집중하시오: 모범이 아닌 일상적인 관행의 예에 집중하시오(p.41).

논의를 위한 흥미로운 자료를 제공할 수 있는 비디오를 촬영하는 것도 중요하다. 여러분과 동료들이 5가지 관행을 실천하고 있다면, 특히 학생들이 과제를 수행할 때 교사가 학생들과 상호작용하며 점검하는 동안 어떤 일이 일어나는지, 또는 학생들이 해결 방법들을 연결하고 수업 목표가 되는 수학적 아이디어와 연결하도록 교사가 도울 때 학생들의 발표를 포착하는 데 초점을 둔다면 도움이 될 수 있다.

Sherin & Dyer(2017)는 교실에서 비디오를 촬영하는 가장 좋은 방법에 대해 제안한다. 이러한 지침은 흥미로운 상호작용을 촬영하기 위해 언제 어디서 비디오를 녹화할지, 비디오 레코더(recorder)를 어디에 놓을지, 주석(annotation) 도구의 가치, 그리고 동료가 비디오를 어떤 시각으로 볼지에 대해 고려하는 데 도움이 될 수 있다.

이러한 방식으로 비디오 녹화를 활용하면, 방문이 불가능한 교실 **안을 들여다보는 것**(get inside)이 가능하고, 가까운 곳이나 멀리 있는 교사와 협력할 수 있으며, 전문 네트워크를 확장하고, 교실 사건에 주목하고 참여하는 능력을 더욱 발전시킬 수 있게 된다.

5) 독서 모임을 조직하기

이 책을 중심으로 동료들과 대면 또는 온라인으로 독서 모임(book study)을 조직하시오. 정기적인 모임(주간, 격주간, 월간)을 정하고, 그동안 여러분과 가까운 동료 또는 멀리 떨어져 있는 동료들이 이 책의 각 장을 함께 살펴보면서 '잠시 멈추고 생각하기' 질문, '가르치는 일을 분석하기' 활동, '5가지 관행을 자신의 수업 과제(assignments)에 연결하기'에 대해 논의하시오. 각 장에 대한 논의를 통해 통찰력과 반응(reactions), 개인적인 경험, 도전을 공유하고 다음 단계를 결정할 수 있다.

6) 추가적인 자원을 탐색하기

이 책 밖에서도 이 관행들을 실행하는 데 도구가 될 만한 추가적인 자원을 찾아보시오.

예를 들어, 6장에서는 전체 학급 논의 중에 학생들에게 책임을 부여하기 위한 통찰을 추가적으로 제공하는 몇 가지 자원을 확인한다. 게다가 책 전체에 걸쳐 특정한 주제에 대해 더 많은 통찰력을 제공하는 참고 자료를 확인해왔다.

잠시 멈추고 생각하기

어떻게 시작할 것인가요? 여러분의 협력자는 누구일까요?

3 5가지 관행 모델의 활용 빈도 및 시기

이 시점에서 다음과 같은 두 가지 질문이 있을 수 있다. “나의 교육 활동(work)을 지원하기 위해 5가지 관행을 활용한 논의에 학생들을 얼마나 자주 참여시킬 필요가 있나요?”와 “이 일은 내가 매일 해야 하는 일인가요?”이다. 매일 도전적인 과제를 중심으로 한 논의에 학생들을 참여시킬 필요는 없지만, 연구 결과에 따르면 학생들은 고차원적인 사고와 추론에 참여할 수 있는 정기적인 기회가 필요하다는 것을 알기에, 한 단원에 한 번, 한 달에 한 번, 또는 분기에 한 번으로는 충분하지 않다.

수학 행하기 과제를 중심으로 일주일에 한 번씩 전체 학급 논의에 학생들을 참여시킬 것을 제안한다. 처음에는 한 명 이상의 동료와 짝이 되어(대면이나 온라인으로) 협력적으로 수업을 계획하고, 심지어 수업 계획하기를 교대로 번갈아 주도하는 것이 생산적인 경우가 많다. 다른 사람들과 협력함으로써, 수업 계획을 만드는 데 있어서 책임을 공유하는 동시에 특정 수업에 대한 폭넓은 아이디어의 혜택을 누릴 수 있다. 시간이 지남에 따라 다음 해에도 계속하여 정교화하고 활용할 수 있는 수업 계획 세트를 작성할 수 있다. 수업에 대한 라이브러리(library)가 커짐에 따라 그러한 논의에 학생들을 참여시키는 수업의 개수 및 빈도를 증가시키면서 수업 라이브러리에 계속 추가할 수 있다.

빈도와 더불어 언제 수학 행하기 과제를 수행하는 것이 학생들에게 가장 도움이 되는지를 결정하는 것도 중요하다. 과제를 해결하는 데 사용할 수 있는 절차를 가르친 후에 그러한 과제를 제시하면 많은 학생이 배운 대로 행하는 것을 볼 것이다. 이런 일이 일어나면, 학생들이 사고하고 추론할 기회가 제한되며, 학생들이 수학에 대해 무엇을 이해하고 있는지 거의 알 수 없게 된다. 이와는 대조적으로, 학생들이 구체적인 절차를 배우기 전에 수학 행하기 과제를 해결하는 데 참여시키면, 학생들은 과제에 참여함으로써 실제로 학습할 기회를 가지게 될 것이다. 이 과정에서 교사는 학생들이 상황을 어떻게 이해하고 있는지, 그리고 무엇을 이해하고 있는지를 알 수 있다.

그렇다면 수학 행하기 과제를 중심으로 한 전체 학급 논의에 학생들을 참여시키지 않는 날에는 무슨 일이 일어날까? 학생들은 절차를 이해하고 절차적 유창성을 개발하는 것과 같은 다른 활동에 참여할 시간도 필요하다(이러한 활동의 예는 Huinker &

Bill(2017)을 참조). 그러한 활동에는 동일한 수준의 계획이나 논의가 필요하지 않을 수도 있지만, 학생들을 참여시키는 활동의 수준과 종류에 관계없이 학생의 사고를 유도하고 지원할 수 있는 방법을 모색하기를 제안한다.

4 결론

5가지 관행을 여러분의 수업 도구의 핵심 구성 요소로 만드는 것은 하룻밤에 일어나지 않는다. 시간과 노력을 필요로 하는 개인적인 여정이다. 다른 여정과 마찬가지로, 누군가를 동반하면 필요할 때 조언을 구할 수 있을 뿐만 아니라 기쁨과 고난을 공유할 수 있는 사람이 있어 더 나은 경험을 할 수 있다.

여정 내내 직면했던 어려움을 기록하고, 이에 대해 어떻게 대처하고 있는지, 그리고 개인적인 승리를 기술하면서 저널을 작성하기를 격려한다. 발견한 내용을 트윗(tweet)하거나, 승리 또는 도전에 대한 블로그를 작성하거나, 기존 네트워크를 통해 도움을 요청하는 글을 게시하고 싶을 때가 있을 수 있다. 전문적인 네트워크를 확장함으로써 추가적인 통찰과 지원을 받을 수 있다.

완료된 수업의 문서를 보관하시오! 여기에는 수업 계획, 완료된 점검표, 학생 활동에 대한 사진 또는 스캔 이미지, 출구 티켓이 포함된다. 이러한 자료는 수업 직후에 수업에 대한 성찰을 뒷받침하는 증거를 제공할 뿐만 아니라 그 수업을 다시 가르칠 준비가 되었을 때에도 유용할 것이다. 이전에 가르쳤던 수업에서 무슨 일이 발생했는지, 즉 잘된 점, 그렇지 않은 점, 변경해야 할 점, 그대로 유지해야 할 점을 검토함으로써 이전에 가르쳤던 수업에 대한 계획을 시작할 수 있다. 매번 처음부터 계획을 세우는 대신에, 이전 작업을 기반으로 시간이 지남에 따라 수업(그리고 교수법)을 점진적으로 개선할 수 있다. 계획하고, 가르치고, 성찰하고, 수정하는 이 주기를 통해 계속해서 추가할 수 있는 좋은 수업의 창고를 구축할 수 있다.

우리가 여러분에게 줄 수 있는 최고의 조언은 "**포기하지 마라!**"이다. 한 교사는 다음과 같이 말한다.

> 5가지 관행을 배우고 실행하는 데 시간과 노력을 투자하는 것은 결코 쉬운 일이 아니며 나에게 시간이 오래 걸렸지만(아직도 갈 길이 멀지만) 투자할 만한 가치가 있습니다. 이 방법을 활용함으로써 학생들이 참여하고 서로로부터 진정으로 배우며 수학을 발견하며, 발견, 연결, 수정 등의 수학적 과정에 대한 통찰력을 얻는 '마법적인 순간'을 만들었습니다. 이는 책임과 작업량(workload)을 학생들에게 전환해서, 교사는 촉진자가 되고 학생들이 자신의 학습에 대한 책임을 질 수 있도록 권한을 부여합니다. 오늘날과 같은 시대에 이 5가지 관행은 학생들이 문제 해결과 비판적 사고로 나아갈 수 있도록 하는 매우 강력한 도구가 됩니다(Smith & Stein, 2018, p.131).

[부록 A] 과제 및 수업 계획을 위한 웹 기반 자원 (종합 목록은 아님)

1. 미국 수학 교사 협의회(National Council of Teachers of Mathematics, NCTM)

   1) **엄격하고 일관성 있는 활동**(Activities with Rigor and Coherencce, ARCs): 특정한 수학 주제를 다루고 8가지 효과적인 수학 교수 관행(NCTM, 2014) 및 효과적인 논의를 조율하기 위한 5가지 관행(Smith & Stein, 2018)의 실행을 지원하는 수업의 계열(유치원부터 12학년).
   http://www.nctm.org/ARCs/

   2) **일루미네이션**(Illunimations): 미국 수학 교사 협의회(NCTM)의 『**학교 수학을 위한 원리와 규준**』(2000)과 최고 관행(best practices)을 위한 미국 주지사 협회 및 주 학교 책임자 협의회의 『**학교 수학을 위한 공통 핵심 주 규준**』(2010)에 부합하는 수업 및 활동(유치원부터 12학년).
   http://illuminations.nctm.org/

   3) **금주의 문제**(Problems of the Week): 학년군(유치원-2학년, 3-5학년, 6-8학년)과 내용 영역별(대수, 기하, 삼각함수, 미적분) 과제와 해결 전략, 루브릭 및 교수법 제안.
   http://www.nctm.org/Classroom-Resources/CRCC/Math-Forum-Problems-of-the-Week-Resources/

2. 인사이드 수학(Inside Mathematics): 교육자를 위한 비디오 수업, 이달의 문제, 수행 평가 과제, 다양한 자원을 포함하는 유치원부터 12학년까지의 자원.
   http://www.insidemathematics.org/

3. 메탈리셔스(Mathalicious): 『공통 핵심 주 규준』에 맞춰 수학적 관행(mathematical practices)에 능숙해지고 개념적 이해를 쌓을 수 있도록 설계된 실제 수업. 일부 수

업은 무료이지만 모든 자원에 접근가능하려면 멤버십과 비용이 필요.
http://www.mathalicious.com

4. 로버트 카플린스키의 수업(Robert Kaplinsky's Lessons): 유치원부터 8학년, 대수 1, 대수 2, 기하를 위한 수업으로, 시각적 이미지와 일반적인 질문을 중심으로 학생들이 탐구하는 데 참여하도록 의도.
http://robertkaplinsky.com/lessons/

5. 학습 연구소(Institute for Learning): 5학년을 위한 소수 연산을 다루는 8개의 관련 수업 세트. 수업 가이드에는 과제, 목표, 예상되는 해결책, 평가적 질문과 발전적 질문, 그리고 수업 중 핵심 수학 아이디어가 분명히 드러나도록 전체 학급 논의에서 제기할 질문이 포함.
https://ifl.pitt.edu

[부록 B] 점검표

해결 방법	평가적 질문	발전적 질문	누가 무엇을	순서

[부록 C] 타이어스 교사의 점검표

해결 방법	평가적 질문	발전적 질문	누가 무엇을	순서
해결 방법 A. 십진 블록을 이용한 분해와 재합성 학생들은 십진 블록을 이용하여 69를 분해하고, 4개의 십을 제거한다. 학생들은 2개의 십과 9개의 일을 재합성한다. 69 - 40 = 60 - 40 = 20 20 + 9 = 29	• 자신의 생각을 말해 보세요. • 블록들은 마커에 관한 상황을 어떻게 보여주나요? • 69는 무엇을 나타내나요? 40은? • 왜 20에 9를 더했나요?	• (식이 없다면) 과제에 대한 자신의 모델을 나타낼 수 있는 식이 무엇인가요? • (식이 있다면) 자신이 만든 모델과 식이 서로 어떻게 연결되는지 보여줄 수 있나요? *제이시 69 - 9 = 60 - 40 = 20*	*조슬린* *69 - 40* *69 - 40 = 29* *랜던, 에요시아스, 에밀리아노, 앨리슨, 오리오, 라일라, 존, 데비온* *69+40=29* *마키야, 낸시*	**가장 인기있는* *첫 번째* *-조슬린이 공유*
해결 방법 B. 100 차트에서 10씩 뒤로 세기 100 차트의 69에서 시작해서 59, 49, 39, 29로 뛰어 센다. 69 - 40 = 69 - 10 = 59 59 - 10 = 49 49 - 10 = 39 39 - 10 = 29	• 과제를 해결하는 데 100 차트를 어떻게 사용했는지 보여주세요. • 뛰어 세기를 몇 번 해야 하는지 어떻게 알았나요? • 각각의 뛰어 세기는 무엇을 나타내나요? • 69가 무엇을 나타내나요? 59는 무엇을 나타내나요? • 100 차트에서 어느 방향으로 움직여야 하는지 어떻게 알았나요?	• 답이 맞는지 점검하는 데 100 차트를 어떻게 이용할 수 있나요? • 69와 29의 차이가 40임을 보여주기 위하여 100 차트를 어떻게 사용할 수 있나요?	*두주안은 69에서 시작했고, 뛰어 세기를 4번하여 29로 갔다.*	*두 번째* *-두주안* *(밑10과 비교)*
해결 방법 C. 빈 수직선에서 10씩 뒤로 세기 수직선을 그리고, 한 점을 69라 한다. 뒤로 4번 뛰어 세기하고 그 위에 10이라 각각 적고, 29에서 멈춘다. 69 - 40 = 29	• 과제를 해결하는 데 수직선을 어떻게 사용했는지 보여주세요. • 어떻게 세었는지 보여줄 수 있나요? • 뛰어 세기를 몇 번 해야 하는지 어떻게 알았나요? • 수직선에서 왜 뒤로 갔나요? • "10"이라고 적은 것은 무엇을 나타내나요? • 69에서 40을 뺄 때 왜 십의 자리만 변하나요?	• (식이 없다면) 과제를 해결하기 위해 네가 만든 모델을 나타낼 수 있는 식은 무엇인가요? • (식이 있다면) 자신이 세운 식의 부분이 모델과 어떻게 연결되는지 보여줄 수 있나요?	*보지 못함*	

해결 방법 D. 반올림 및 보상 학생들은 69에 1을 더해서 70을 만든다. 십진 블록으로 만들거나 그림을 그려서 70을 나타내고, 10을 4개 제거해서 3개의 10을 남긴다. 다음으로 처음에 1을 더한 것을 보상하기 위하여 30에서 1을 뺀다. 69 - 40 = 69 + 1 = 70 70 - 40 = 30 30 - 1 = 29	• 자신의 생각을 말해 보세요. • 왜 69에 1을 더했나요? 70은 무엇을 나타내나요? • 마커는 69개 같은데, 70은 어떤 의미인가요? • 왜 30에서 1을 뺐나요? 이것은 타이어스 교사가 준 마커의 개수와 관련하여 어떤 의미인가요?	• 타이어스 교사가 처음 가지고 있던 마커가 68이라면 자신의 전략이 어떻게 달라졌을까요? • 이 전략을 다른 문제에도 적용할 수 있을까요? 다음 문제에 시도해 보고 이 전략이 활용될 수 있는지 알아봅시다. • (모델이 없다면) 이 전략이 왜 효과가 있는지 설명할 수 있는 구체적인 모델이나 그림을 만들어 볼 수 있을까요?	*엘시* *100 차트를 이용하여 70 - 40 - 1*	*네 번째 -엘시*
해결 방법 E. 10씩 뺀 다음, 일의 자리를 더하지 않고 뺀다. 69를 분해한 다음 40을 뺀다. 20 + 9로 재합성하는 것이 아니라 남아있는 20에서 9를 잘못 뺀다. 69 - 40 = 60 - 40 = 20 20 - 9 = 11	• 자신의 생각을 말해 보세요. • 69가 무엇을 나타내나요? 40은? • 9는 무엇을 나타내나요? • 20에서 9를 왜 뺐나요?	• 자신이 세운 식과 모델이 어떻게 연결되는지 보여줄 수 있나요? • 60 - 40은 상황에서 어느 부분과 관련되나요? 20 - 9는 상황에서 어느 부분과 관련되나요?	*보지 못함*	
해결 방법 F. 반올림하고 1을 빼지 않고 더한다. 학생들은 69에 1을 더해서 70을 만든다. 십진 블록으로 만들거나 그림을 그려서 70을 나타내고, 10을 4개 제거해서 3개의 10을 남긴다. 다음으로 학생들은 30에 1을 잘못 더한다. 69 - 40 = 69 + 1 = 70 70 - 40 = 30 30 + 1 = 31	• 자신의 생각을 말해 보세요. • 왜 69에 1을 더했나요? 70은 무엇을 나타내나요? • 왜 30에 1을 더했나요? 이것은 타이어스 교사가 준 마커의 개수와 관련하여 어떤 의미인가요?	• 십진 블록으로 만들거나 그림을 그려서 타이어스 교사가 각 단계에서 몇 개의 마커를 가지고 있는지 보여줄 수 있나요? • 70 - 40은 69 - 40보다 더 많은가요? 적은가요? 왜 그런가요?	*보지 못함*	
학생들이 과제를 시작하지 못함	• 이 문제에서 구해야 하는 것이 무엇인가요? • 몇 개의 마커로 시작했나요? • 타이어스 교사가 친구에게 준 마커는 몇 개인가요?	• 그림을 그리거나 십진 블록을 활용하여 문제 상황을 보여줄 수 있나요?		

기타 1번 문제 오드리-선을 이용한 모델 이선-원을 69개 그림 리아 69 - 40 = 29 6 - 4 = 2 9 - 0 = 9 2번 문제 79 - 9 = 70 70 - 30 = 40 제이시, 마키야, 존	79 - 30 = 49 두주안, 조슬린, 이선, 에요시아스, 에밀리아노, 랜던, 오리오, 라일라, 앨리슨	80-30-1 = 49 엘시, 낸시, 라일리, 오드리		3번째 - 리아

[부록 D] 학생들이 책임감을 가지도록 하기 위한 자원

Chapin, S. H., O'Connor, M. C., & Anderson, N. C. (2009). *Classroom discussions: Using math talk to help students learn (2nd ed.)*. Sausalito, CA: Math Solutions.

이 책에서 저자들은 학생들의 수학적 사고와 학습을 지원하는 데 효과적이라고 판단한 5가지 말하기 행동을 설명한다: 다시 말하기, 다른 학생의 추론을 다시 말하도록 요청하기, 자신의 추론을 다른 학생의 추론에 적용하도록 요청하기, 학생들에게 추가 참여를 유도하기, 기다리는 시간을 활용하기(이러한 말하기 행동이 수업 맥락에서 어떻게 적용되는지에 대한 예시는 Smith & Stein(2018)을 참조하시오).

Herbel-Eisenmann, B. A., Cirillo, M., Steele, M. D., Otten, S., & Johnson, K. R. (2017). *Mathematics discourse in secondary classrooms: A practice-based resource for professional learning*. Sausalito, CA: Math Solutions.

이 자료는 교실에서 담화 관행을 변화시키는 데 도움을 줄 수 있는 일련의 말하기 행동과 도구들을 포함한다. 비디오 및 사례들은 중 · 고등학교 교실에서의 논의 기반 학습에 대한 강력한 예시를 제공한다.

Kazemi, E., & Hintz, A. (2014). *Intentional talk: How to structure and lead productive mathematical discussions*. Portsmouth, NH: Stenhouse.

이 책에서 저자들은 생산적인 교실 논의를 촉진하기 위하여 교사들에게 도움이 될 수 있는 일련의 원칙들과 도구 모음을 제시한다. 교실 장면들은 초등학교 교실에서의 생산적인 대화를 보여주는 사례를 제공한다.

Michaels, S., O'Connor, M. C., Hall, M. W., & Resnick, L. B. (2013). *Accountable Talk™ sourcebook: For classroom conversation that works*. Pittsburgh, PA: Institute for Learning, University of Pittsburgh.

이 자료는 책임감있는 대화의 세 가지 구성 요소인 공동체에 대한 책임감, 엄밀한 사고에 대한 책임감, 정확한 지식에 대한 책임감에 대한 개요와 각 구성 요소와 관련된 말하기 행동을 제공한다. (무료 다운로드는 다음의 사이트에서 가능하다 http://iflpartner.pitt.edu/index.php/educator_resources/accountable_talk)

[부록 E] 수업 계획 템플릿

<table>
<tr><td>학습 목표(잔여물)
학생들은 이 수업을 통해 어떤 것을 이해하게 될까요?</td><td>증거
이해의 증거로 학생들은 무엇을 말하고, 수행하며, 산출할까요?</td></tr>
<tr><td>과제
이 수업에서 학생들이 수행하게 될 주요 활동은 무엇인가요?</td><td>교수 지원 – 도구, 자원, 자료
학생들이 활동에 참여하고 추론하는 데 도움이 되도록 어떤 도구 또는 자원이 제공되나요?</td></tr>
<tr><td>사전 지식
학생들이 이 과제를 수행할 때 어떤 사전 지식과 경험을 활용하나요?
핵심 질문
수업이 진행되는 동안 학생들이 대답할 수 있기를 바라는 핵심 질문은 무엇인가요?</td><td>과제 시작
과제의 인지적 요구 수준을 감소시키지 않으면서 학생들이 과제를 이해하고 생산적인 작업을 시작할 수 있도록 과제를 어떻게 소개하고 설정할 것인가요?</td></tr>
<tr><td colspan="2">예상되는 해결 방법 및 교수 지원
학생들이 활동을 완료할 수 있는 다양한 방법에는 어떤 것이 있나요? 부정확한 해결 방법, 옳은 해결 방법, 미완성 해결 방법을 포함하도록 주의하시오.

학생들의 활동 탐색을 지원하고, 학생들이 수행한 것과 (교사가) 학생들이 배우기를 바라는 것이 연결되도록 어떤 질문을 할 수 있나요? 이러한 질문은 학생이 현재 무엇을 알고 있는지 평가하고 수업의 목표를 향해 나아가도록 발전시켜야 한다. 과제를 시작조차 못하는 학생들과 빨리 끝내는 학생들에게 물어볼 질문도 고려해야 한다.

예상되는 해결 방법 및 교수 지원과 관련된 세부 사항을 제공하기 위해 점검표를 활용하시오.</td></tr>
<tr><td colspan="2">과제를 공유하고 논의하기</td></tr>
<tr><td>선정하기와 계열짓기
학생들이 수업 중에 어떤 해결 방법을 공유하기를 원하나요?
어떤 순서로? 왜?</td><td>반응을 연결하기
어떤 구체적인 질문을 통해
- 교사가 학생들이 학습하기를 바라는 수학적 아이디어를 학생들이 이해하게 할 것인가요?
- 발표된 다양한 전략/해결 방법을 학생들이 연결할 수 있나요?</td></tr>
<tr><td colspan="2">숙제/평가
학생들이 무엇을 배웠고 무엇을 이해했는지 확인할 수 있도록 학생들에게 무엇을 하라고 요청할 것인가요?</td></tr>
</table>

* 음영 처리된 칸은 5가지 관행과의 연결을 나타냄.

출처 | 미국 수학 교사 협의회 (2017)의『행동하기: 6~8학년에서 효과적인 수학적 교수 관행을 실행하기』로부터 허가를 받아 재인쇄. 모든 권리 보유.

참고문헌

Aguirre, J., Herbel-Eisenmann, B., Celedon-Pattichis, S., Civil, M., Wilkerson, T., Stephan, M., Pape, S., & Clements, D. H. (2017). Equity within mathematics education research as a political act: Moving from choice to intentional collective professional responsibility. *Journal for Research in Mathematics Education, 48*(2), 124 - 147.

Aguirre, J., Mayfield-Ingram, K., & Martin, D. (2013). *The impact of identity in K - 8 mathematics: Rethinking equity-based practices*. Reston, VA: National Council of Teachers of Mathematics.

Arbaugh, F., Smith, M. S., Boyle, J. D., Stylianides, G. J., & Steele, M. D. (2018). We reason and we prove: *Putting critical skills at the heart of your mathematics teaching.* Thousand Oaks, CA: Corwin.

Ball, D. L., Lubienski, S. T., & Mewborn, D. S. (2001). Research on teaching mathematics: The unsolved problem of teachers' mathematical knowledge. *Handbook of Research on Teaching, 4,* 433 - 456.

Blanton, M., Brizuela, B. M., Gardiner, A. M., Sawrey, K., & Newman-Owens, A. (2015). A learning trajectory in 6-year-olds' thinking about generalizing functional relationships. *Journal for Research in Mathematics Education, 46*(5), 511 - 558.

Blanton, M. L., & Kaput, J. J. (2003). Developing elementary teachers' "algebra eyes and ears." *Teaching Children Mathematics, 10*(2), 70 - 77.

Boaler, J., & Brodie, K. (2004). The importance, nature, and impact of teacher questions. In D. E. McDougall & J. A. Ross (Eds.), *Proceedings of the twenty-sixth annual meeting of the North American Chapter of the International Group for the Psychology of Mathematics Education* (Vol. 2, pp. 774 - 790). Toronto: Ontario Institute for Studies in Education at the University of Toronto.

Boaler, J., & Humphreys, C. (2005). *Connecting mathematical ideas: Middle school video cases to support teaching and learning*. Portsmouth, NH: Heinemann.

Boaler, J., & Staples, M. (2008). Creating mathematical futures through an equitable teaching approach: The case of Railside School. *Teachers College Record, 110*(3), 608 - 645.

Boston, M. D., & Wilhelm, A. G. (2017). Middle school mathematics instruction in instructionally focused urban districts. *Urban Education, 52*(7), 829 – 861.

Boyle, J. D., & Kaiser, S. B. (2017). Collaborative planning as a process. *Mathematics Teaching in the Middle School, 22*(7), 407 – 411.

Burns, M. (2015, September 9). Using children's literature to teach math. Retrieved from http://www.marilynburnsmathblog.com/using-childrens-literature-to-teach-math/

Cartier, J. L., Smith, M. S., Stein, M. K., & Ross, D. K. (2013). *Practices for orchestrating productive science discussions.* Reston, VA: National Council of Teachers of Mathematics.

Chapin, S. H., O'Connor, C. & Anderson, N. C. (2009). *Classroom discussions: Using math talk to help students learn, Grades K – 6.* Sausalito, CA: Math Solutions.

Driscoll, M. J. (1999). *Fostering algebraic thinking: A guide for teachers, Grades 6 – 10.* Portsmouth, NH: Heinemann.

Falkner, K., Levi, L., & Carpenter, T. (1999). Children's understanding of equality: A foundation for algebra. *Teaching Children Mathematics, 6,* 232 – 236.

Felton-Koestler, M. (2016). Common Core confusion about modeling. *Teaching Children Mathematics, 23*(5), 269 – 272.

Franke, M. L., Webb, N. M., Chan, A. G., Ing, M., Freund, D., & Battey, D. (2009). Teacher questioning to elicit students' mathematical thinking in elementary school classrooms. *Journal of Teacher Education, 60*(4), 380 – 392.

Friel, S. N., & Markworth, K. A. (2009). A framework for analyzing geometric pattern tasks. *Mathematics Teaching in the Middle School, 15*(1), 24 – 33.

Hatano, G., & Inagaki, K. (1991). Sharing cognition through collective comprehension activity. In L. B. Resnick, J. M. Levine, & S. D. Teasley (Eds.), *Perspectives on socially shared cognition* (pp. 331 – 348). Washington, DC: American Psychological Association.

Herbel-Eisenmann, B., Cirillo, M., Steele, M. D., Otten, S., & Johnson, K. R. (2017). *Mathematics discourse in secondary classrooms: A practice-based resource for professional learning.* Sausalito, CA: Math Solutions.

Hiebert, J., Ballimore, R., & Stigler, J. W. (2003). The new heroes of teaching. *Education Week, 23*(10), 42, 56.

Hiebert, J., Morris, A. K., Berk, D., & Jansen, A. (2007). Preparing teachers to learn from teaching. *Journal of Teacher Education, 58*(1), 47 – 61.

Hiebert, J., & Wearne, D. (1993). Instructional tasks, classroom discourse, and students' learning in second–grade arithmetic. *American Educational Research Journal, 30*(2), 393 – 425.

Horn, I. S. (2012). *Strength in numbers: Collaborative learning in secondary mathematics.* Reston, VA: National Council of Teachers of Mathematics.

Horn, I. S. (2017). *Motivated: Designing mathematics classrooms where students want to join. Portsmouth,* NH: Heinemann.

Hufferd–Ackles, K., Fuson, K. C., & Sherin, M. G. (2015). The math–talk learning community: Looking back and looking ahead. In E. A. Silver & P. A. Kenney (Eds.), *Lessons learned from research: Vol. 1. Useful and useable research related to core mathematical practices* (pp. 125 – 134). Reston, VA: National Council of Teachers of Mathematics.

Huinker, D., & Bill, V. (2017). *Taking action: Implementing effective mathematics teaching practices K–Grade* 5. Reston, VA: National Council of Teachers of Mathematics.

Hung, M. (2015). Talking circles promote equitable discourse. *Mathematics Teacher, 109*(4), 256 – 260.

Hunt, J., & Stein, M. K. (forthcoming). Constructing goals for student learning through conversation. *Mathematics Teaching in the Middle School.*

Imm, K. L., Stylianou, D. A., & Chae, N. (2008). Student representations at the center: Promoting classroom equity. *Mathematics Teaching in the Middle School, 13*(8), 458 – 463.

Jackson, K. J., Shahan, E. C., Gibbons, L. K., & Cobb, P. A. (2012). Launching complex tasks. Mathematics *Teaching in the Middle School, 18*(1), 24 – 29.

Jacobs, V. R., & Philipp, R. A. (2010). Supporting children's problem solving. *Teaching Children Mathematics, 17*(2), 98 – 105.

Jansen, A., Cooper, B., Vascellaro, S., & Wandless, P. (2017). Rough–draft talk in mathematics classrooms. *Mathematics Teaching in the Middle School, 22*(5), 304–307.

Jilk, L. M. (2016). Supporting teacher noticing of students' mathematical strengths. *Mathematics Teacher Educator, 4*(2), 188–199.

Kazemi, E., Gibbons, L. K., Lomax, K., & Franke, M. L. (2016). Listening to and learning from student thinking. *Teaching Children Mathematics, 23*(3), 182–190.

Kazemi, E., & Hintz, A. (2014). *Intentional talk: How to structure and lead productive mathematical discussions.* Portsmouth, NH: Stenhouse.

Lambert, R., & Stylianou, D. A. (2013). Posing cognitively demanding tasks to all students. *Mathematics Teaching in the Middle School, 18*(8), 500–506.

Lampert, M., & Graziani, F. (2009). Instructional activities as a tool for teachers' and teacher educators' learning. *The Elementary School Journal, 109*(5), 491–509.

Leatham, K. R., Peterson, B. E., Stockero, S. L., & Van Zoest, L. R. (2015). Conceptualizing mathematically significant pedagogical opportunities to build on student thinking. *Journal for Research in Mathematics Education, 46*(1), 88–124.

Leavy, A., Hourigan, M., & McMahon, Á. (2013). Early understanding of equality. *Teaching Children Mathematics, 20*(4), 246–252.

Lewis, C., Perry, R., & Hurd, J. (2004). A deeper look at lesson study. *Educational Leadership, 61*(5), 18.

Louie, N. L. (2017). The culture of exclusion in mathematics education and its persistence in equity–oriented teaching. *Journal for Research in Mathematics Education, 48*(5), 488–519.

Marshall, A. M., Superfine, A. C., & Canty, R. S. (2010). Star students make connections. *Teaching Children Mathematics, 17*(1), 39–47.

Martin, D. B., Gholson, M. L., & Leonard, J. (2010). Mathematics as gatekeeper: Power and privilege in the production of knowledge. *Journal of Urban Mathematics Education, 3*(2), 12–24.

Michaels, S., O'Conner, M. C., Hall, M. W., & Resnick, L. B. (2013). *Accountable Talk™ sourcebook: For classroom conversations that work.* Pittsburgh, PA: Institute for Learning, University of Pittsburgh.

Mills, V. L. (2014). Mathematical goals: The alpha and omega of effective practice. *NCSM Summer Newletter, 44*(4), 2 – 3.

Monroe, E. E., Young, T. A., Fuentes, D. S., & Dial, O. H. (2018). *Deepening students' mathematical understanding with children's literature.* Reston, VA: National Council of Teachers of Mathematics.

Murata, A., & Fuson, K. (2006). Teaching as assisting individual constructive paths within an interdependent class learning zone: Japanese first graders learning to add using 10. *Journal for Research in Mathematics Education, 37*(5), 421 – 456.

Nasir, N. S., McKinney de Royston, M., O'Connor, K., & Wischnia, S. (2017). Knowing about racial stereotypes versus believing them. *Urban Education, 52*(4), 491 – 524.

National Council of Teachers of Mathematics. (2000). *Principles and standards for school mathematics.* Reston, VA: Author.

National Council of Teachers of Mathematics. (2014). *Principles to actions: Ensuring mathematical success for all.* Reston, VA: Author.

National Governors Association Center for Best Practices & Council of Chief State School Officers. (2010). *Common core state standards for mathematics.* Washington, DC: Author.

Polya, G. (2014). *How to solve it: A new aspect of mathematical method.* Princeton, NJ: Princeton University Press.

Reinhart, S. C. (2000). Never say anything a kid can say. *Mathematics Teaching in the Middle School, 5*(8), 478 – 483.

Santagata, R., & Bray, W. (2016). Professional development processes that promote teacher change: The case of a video–based program focused on leveraging students' mathematical errors. *Professional Development in Education, 42*(4), 547 – 568.

Schukajlow, S., & Krug, A. (2014). Do multiple solutions matter? Prompting multiple solutions, interest, competence, and autonomy. *Journal for Research in Mathematics Education, 45*(4), 497 – 533.

Senk, S. L., & Thompson, D. R. (Eds.). (2003). *Standards-based school mathematics curricula: What are they? What do students learn? Mahwah,* NJ: Lawrence Erlbaum Associates.

Shah, N. (2017). Race, ideology, and academic ability: A relational analysis of racial narratives in mathematics. *Teachers College Record, 119*(7), 1–42.

Sherin, M. G., & Dyer, E. B. (2017). Teacher self-captured video: Learning to see. *Phi Delta Kappan, 98*(7), 49–54.

Sherin, M. G., & Linsenmeier, K. A. (2011). Pause, rewind, reflect: Video clubs throw open the classroom doors. *The Learning Professional, 32*(5), 38.

Sherin, M. G., & van Es, E. A. (2009). Effects of video club participation on teachers' professional vision. *Journal of Teacher Education, 60*(1), 20–37.

Slobodkina, E. (1940). *Caps for sale: A tale of a peddler, some monkeys and their monkey business.* New York, NY: W. R. Scott.

Smith, M. S. (2001). *Practice-based professional development for teachers of mathematics.* Reston, VA: National Council of Teachers of Mathematics.

Smith, M., Bill, V., & Hughes, E. (2008). Thinking through a lesson protocol: A key for successfully implementing high-level tasks. *Mathematics Teaching in the Middle School, 14*(3), 132–138.

Smith, M. S., & Sherin, M. G. (2019). *The five practices in practice: Successfully orchestrating mathematics discussions in your middle school classroom.* Thousand Oaks, CA: Corwin.

Smith, M. S., Steele, M. D., & Raith, M. L. (2017). *Taking action: Implementing effective mathematics teaching practices in Grades 6–8.* Reston, VA: National Council of Teachers of Mathematics.

Smith, M. S., & Stein, M. K. (1998). Selecting and creating mathematical tasks: From research to practice. *Mathematics Teaching in the Middle School, 3*(5), 344–350.

Smith, M. S., & Stein, M. K. (2011). *5 practices for orchestrating productive mathematics discussions.* Reston, VA: National Council of Teachers of Mathematics.

Smith, M. S., & Stein, M. K. (2018). *5 practices for orchestrating productive mathematics discussions* (2nd ed.). Reston, VA: National Council of Teachers of Mathematics.

Sorto, M. A., & Bower, R. S. G. (2017). Quality of instruction in linguistically diverse classrooms: It matters! In A. Fernandes, S. Crespo, & M. Civil (Eds.), *Access & equity: Promoting high quality mathematics* (pp. 27–40). Reston, VA: National Council of Teachers of Mathematics.

Stein, M. K., Grover, B. W., & Henningsen, M. (1996). Building student capacity for mathematical thinking and reasoning: An analysis of mathematical tasks used in reform classrooms. *American Educational Research Journal, 33*(2), 455–488.

Stein, M. K., & Lane, S. (1996). Instructional tasks and the development of student capacity to think and reason: An analysis of the relationship between teaching and learning in a reform mathematics project. *Educational Research and Evaluation, 2*(1), 50–80.

Stein, M. K., Smith, M. S., Henningsen, M., & Silver, E. A. (2009). *Implementing standards based mathematics instruction: A casebook for professional development* (2nd ed.). New York, NY: Teachers College Press.

Stigler, J. W., & Hiebert, J. (2004). Improving mathematics teaching. *Educational Leadership, 61*(5), 12–17.

Suh, J. M., Johnston, C., Jamieson, S., & Mills, M. (2008). Promoting decimal number sense and representational fluency. *Mathematics Teaching in the Middle School, 14*(1), 44–50.

Turner, E. E., & Celedón–Pattichis, S. (2011). Mathematical problem solving among Latina/o kindergartners: An analysis of opportunities to learn. *Journal of Latinos and Education, 10*(2), 146–169.

Warshauer, H. K. (2015). Productive struggle in middle school mathematics classrooms. *Journal of Mathematics Teacher Education, 17*(4), 375–399.

Zbiek, R., & Shimizu, J. (2005). Multiple solutions: More paths to an end or more opportunities to learn mathematics. *Mathematics Teacher, 99*(4), 279–287.

찾아보기

ㄴ

ㄷ

ㄹ

ㅁ

ㅂ

ㅅ

ㅇ

ㅈ

ㅊ

ㅋ

ㅌ

ㅍ

ㅎ

기타